KB262662

산재보험료의 통합징수와 보상기준의 개편

합리적 산재보험의 정책방안 연구

산재보험료의 통합징수와 보상기준의 개편

합리적 산재보험의 정책방안 연구

이승길 · 이상국 · 이영선 · 황운희 지음

한국학술정보㈜

일반적으로 산재보험제도는 근로자의 업무상 부상 등 보험사고를 신속하고 공정하게 보상하고, 그 가족의 생존권을 보장하기 위한 것이다. 이러한 제도는 산업재해보상보험법에서 마련해 운영되고 있다. 그러나 산재보험에 있어 보험사고의 적용대상이 점차 확대되어 가고 있고, 반면에 보험재정에 대한 부담은 날로 늘어나고 있다. 이에 산재보험급여에 관한 합리적인 조정과 보험재정의 건전성을 조화롭게 하기 위해 제도를 개선할 필요가 있다. 그러나 이러한 법제도의 개선취지에도 불구하고 보험재정만을 강조하다 보면 근로자의 피해를 적절히 구제하는 것에는 소홀하기 쉽다. 결국 총체적으로 근로자가 업무상 재해를 입은 경우에 적절하고 합리적인 보상으로 보호할 당위성은 매우 중요하다.

산업재해보상보험법의 입법취지에 따른 재해근로자와 그 유족을 보호하기 위해 매우 불합리한 문제점은 바람직하게 개선하고, 그 제도를 효율적으로 운영해야 할 것이다. 퇴직연령이 지난 61세 이상인 고령자의 평균임금은 계속 늘어난다. 이를 바탕으로 재해근로자에게 휴업급여를 지급한다면 모두 불합리한 것에 공감할 것이다. 왜냐하면 산업 현장에서 열심히 근무하는 근로자보다 부당하게 높은 수준의 보험급여를 받게 될 우려가 있기 때문이다. 또한 산재보험료의 납부는 1년간 임금총액을 기준으로 보험료율을 곱하여 산정하고 납부하였는데 재해근로자의 보상기준인 평균임금은 3개월 단위로 산정해 보상한다면 역시 불합리하다. 국민연금 또는 건강보험은 모두 1년간의 소득을 기준으로 보험료를 산정해 징수하고 있다. 또한 4대 사회보험(산재보험, 고용보험, 건강보험, 국민연금)의 통합징수를 앞두고 보험료의 산정기준이 통일될 가능성이 있다. 이에 과연 지금처럼 산재보험료를 임금총액 기준으로 하는 산정기준을 소득기준으로의 전환이 합리적인지, 보상기준을 변경 시 보상수준은 어떻게 변경될 가능성이 있는지, 근로자에게 유·불리한지에 대하여 연구할 필요가 있다.

본 연구는 노동부 정책연구사업의 하나로 수행된 것을 기초로 한 것이며, 산업 현장 및 관련 전문가에게 이해를 돕고 향후 실무방향에 일조가 되었으면 하는 바람에서 출판하게 되었다. 모쪼록 본 책자가 산재보험에 관심을 갖고 합리적인 산재보험의 정책방안을 모색하는 데 도움이 되기를 바란다. 아울러 제 일처럼 기획과 편집을 맡아주신 한국학술정보(주) 출판사업부에 감사한 마음을 표한다.

2009년 10월
저자 일동

목 차

요약문

1. 연구목적

○ 산재보험료의 산정방식을 변경하기 위해 「고용보험 및 산업
  재해보상보험의 보험료징수 등에 관한 법률」의 개정을 추진
  하고 있음.

- 이 개정 법률안은 2010년 시행할 예정이며, 산재보험료의 산
  정기준을 '임금기준'에서 '소득세 부과기준'으로 변경되도록
  되어 있음.

○ 따라서 산재보험료의 산정기준이 변경될 경우 산재보험의 보
  상기준은 어떻게 개편 또는 개정하는 것이 합리적인지, 보상
  기준의 산정방법이나 산정단위기간, 보험종류별 보상기준의
  변경에 따른 문제점이 있는지 등에 대해 구체적으로 연구할
  필요성이 있음.

2. 산재보험료 산정기준의 변경에 대한 검토내용

(1) 산재보험료의 산정기준과 산재보험의 보상기준

○ 건강보험이나 국민연금과 같은 소득기준과 달리 산재보험의 산정기준은 임금기준으로 산정하므로 복잡하고 판단이 어려워 행정상 비효율성이 초래되는 문제점이 있어 개정할 필요성이 있음.

○ 건강보험이나 국민연금은 소득세법 제20조에 의한 소득을 기초로 산정기준을 정하되, 건강보험은 보수기준, 국민연금은 소득기준으로 표현하며, 해당 법률의 성격에 따라 보상수준, 급여의 종류 등에서 차이가 있음.

○ 따라서 산재보험료의 산정기준을 소득세법 제20조에 의한 근로소득에서 대통령령이 정하는 금품을 공제한 보수로 변경할 경우에 산재보험의 보상기준도 보수기준으로 변경할 필요성이 있음.

○ 산재보험의 보상기준을 임금에서 보수기준으로 변경한다면 현재 임금수준보다 보상수준이 높아지며, 그 원인은 소득세법 제20조에 의한 근로소득의 과세대상에서 차이가 나기 때문임.
  - 특별상여금은 임금범위에서 제외하나, 갑근세, 건강보험, 국민연금에서는 포함.

- 식대는 갑근세에서 10만 원까지 비과세로 하여 제외하며, 건
  강보험 및 국민연금에서도 제외하고, 산재보험에서는 포함함.
- 연장(야간)근로수당은 갑근세에서 1년에 240만 원까지 비과세
  로 하여 제외하나, 건강보험, 국민연금, 고용보험 및 산재보험
  에서는 포함.

○ 소득의 파악방법에 대하여는 국세청의 소득신고자료와 연말
  정산결과에 따라 보상수준을 확정하는 방안을 검토함.
- 검토결과 연말정산은 1년 단위로 차기연도 2월에 확정되고,
  연도 중에는 사업주의 원천징수자료로 보상수준을 결정해야
  하는 문제점이 있음.
- 연도 중에 재해가 발생한 경우 직전연도에 소득이 확정된 자
  는 연말정산결과에 따라 보상수준을 확정할 수 있으나, 취업
  후 1년 미만자는 소득확정이 곤란하여 보상수준을 확정하기
  가 곤란한 문제점이 있음.
- 소득확정이 곤란한 경우 임시로 가지급보험급여를 지급하고, 차
  기연도의 정산결과에 따라 차액을 보상하는 방안이 필요함.
- 소득파악이 어려운 일용근로자 등의 경우에는 현재와 같이
  고시하는 방안을 유지할 필요가 있음.

(2) 산재보상기준의 개정안에 대한 연구결과

○ 현재 평균임금은 3개월 단위를 기준으로 실제로 받고 있는
  임금총액을 반영하여 해당 기간의 역일수로 나누어 산정하고

있으나, 건강보험이나 국민연금이 1년 단위로 하고 있는 데 비하여 산정 기간이 매우 짧음.

○ 평균임금은 3개월 단위로 산정하면 재해 당시를 기준으로 근접하는 시기의 임금수준을 반영할 수 있는 장점이 있으나, 우연적이고 일시적인 기간의 임금수준이 반영되어 지나치게 보상수준이 높아지는 단점이 있음.

- 산재보험료는 1년간 임금총액을 기준으로 산정하여 납부하는 데 비해, 보상기준은 3개월 단위의 산정방법을 사용하여 보험료납입액에 비해 많음.

- 따라서 보상금액의 지출이 많아지면 보험재정이 악화되는 불합리성을 시정하기 위해 산정단위 기간을 1년으로 변경할 것을 경영계가 주장함.

○ 산재보험의 보상기준을 임금에서 보수로 변경할 경우 보상수준이 높아져 현재보다 유리하나, 3개월 단위 평균보수일액과 1년 단위 보수일액으로 산정하여 어느 방법이 보다 합리적인지 검토함.

- 검토결과 3개월 단위 평균보수일액은 평균임금이 산정방법을 그대로 이용하는 것에 불과하여 형평성의 논란을 그대로 반영하는 문제점이 있음.

○ 1년 단위 보수일액으로 변경하는 경우에는 우연적이거나 일시적인 보수변동에 따른 보상수준이 급증하는 문제를 해소할

수 있는 장점이 있으나, 재해발생시기와 소득확정시기의 사이에 기간격차로 인해 보상수준을 즉시 반영할 수 없는 단점이 있음.

(3) 보험급여의 종류별 보상수준에 대한 연구결과

○ **'휴업급여'**는 보상수준을 임금기준에서 보수기준으로 변경할 경우 보상수준이 높아지며, 평균임금을 기준으로 한 산정방법을 보수일액으로 변경하는 것이 보다 유리함.

– 재요양 기간 중의 휴업급여도 동일하게 보수일액을 기준으로 산정하는 것이 유리하나, 고령자의 휴업급여를 연령에 따라 4%씩 삭감하는 경우에는 보수기준의 비율이 커질 가능성이 있으므로 적정수준에 대한 재검토가 필요함.

○ **'상병보상연금'**은 휴업급여에 대신하여 지급하는 것이므로 폐질등급 제1급 내지 제3급의 경우에는 보상기준을 평균임금에서 보수일액으로 산정방법을 변경하는 것이 유리함.

– 그러나 최저임금을 기준으로 일정비율을 적용하는 경우에는 최저임금의 수준과 통상근로자의 보수수준 사이에 격차가 커질 우려가 있으므로 비율을 재조정할 필요가 있음.

○ **'장해급여'**는 장해보상일시금과 장해보상연금으로 구분하고 보상수준은 평균임금을 기준으로 지급하나, 보상기준을 보수기준으로 변경할 경우 1년 단위 보수일액으로 산정하는 것이

유리하고 합리적임.

- 그러나 장해재판정의 경우에는 처음 장해판정을 할 당시 평
  균임금을 기준으로 하고 재판정 시에 보수기준으로 변경하는
  경우 보상기준의 불일치문제가 발생할 우려가 있으므로 이를
  보완하거나 경과조치규정을 둘 필요가 있음.

○ '**유족급여**'에서 '유족보상일시금'과 '유족보상연금'의 경우 보상
  기준을 임금에서 보수로 변경할 경우 보상수준이 상승하게 됨.

- 일시금의 경우에는 보상기준을 1년 단위 보수일액으로 변경
  하는 것이 3개월 단위에 비하여 유리함.

- '유족보상일시금'의 경우 우리나라는 평균임금액의 1,300일분
  으로 300일이 높은 수준임.

※ 일본의 경우 유족보상일시금은 급부기초일액의 1,000일분

- '유족보상연금'의 경우 수급자격자 1인에 대해 5%씩 가산하
  기 때문에 일본보다 5~11%가 높은 편이고, 최고 한도인
  67%까지 인정함.

※ 일본의 경우 유족보상연금은 유족보상연급수급자격자가 (i) 1
  인인 경우 급부기초일액의 153일분(41%) <다만, 55세 이상의
  처 또는 일정한 장해상태인 처는 175일분(47%)>, (ii) 2인인
  경우 급부기초일액의 201일분(55%), (iii) 3인인 경우 급부기
  초일액의 223일분(61%), (iv) 4인인 경우 급부기초일액의 245
  일분(67%)임.

- 다만, 보상기준을 보수기준으로 변경함에 따라 보상수준이 높
  아질 가능성이 있으므로 가산율은 1인당 5%씩 가산하는 방

식을 그대로 유지할 것인지에 대한 재검토가 필요함.

○ **'장의비'**는 평균임금을 기준으로 산정하고 있으나, 보상기준
  을 평균보수일액보다 보수일액으로 변경하는 것은 유리함.

3. 산재보상기준의 개편방안

(1) 산재보상기준의 개편방안 요지

○ 산재보험의 보상기준은 현재 3개월 단위 평균임금의 산정기
  준에서 다른 보상기준으로 대체할 수 있는지, 대체가 가능하
  다면 어느 방법이 가장 합리적인지를 검토하여 대안을 모색
  하는 것임.

○ 따라서 국민연금법, 국민건강보험법, 공무원연금법 등에 의한 산
  정방법과 특성을 분석하여 합리적인 방안을 마련하고자 검토함.
- 그 결과 국민연금과 국민건강보험은 1년 단위로 산정하는 방
  법을 채택하나, 보수월액의 개념을 사용하고 1일 단위개념은
  사용하지 아니하는 것으로 판단됨.
- 공무원연금법은 3년 단위로 산정하고 기간격차에 따른 손실
  을 보완하기 위해 산정 시 공무원보수인상률을 반영하며, 보
  수월액으로 표현하고 1일단위의 개념은 사용하지 아니함.
- 따라서 산재보험법과는 산정기간의 차이가 있으므로 산정단

위를 연단위로 변경하더라도 1일단위의 개념은 별도로 사용
할 필요가 있음.

(2) 보상기준 개편의 주요 내용

1) 평균임금을 기준으로 산정하는 급여의 개정안

○ 평균임금을 다른 산정기준으로 대체할 수 있는지를 연구하기
위해 ㉠ 평균임금의 산정방법에 대한 장·단점, ㉡ 임금을
보수로 변경하는 보상기준의 도입효과, ㉢ 임금을 기준으로
한 산정방법과 소득을 기준으로 한 산정방법에 따른 차액발
생문제의 검토, ㉣ 국민연금법이나 국민건강보험법에 의한
소득월액과 보수월액의 비교, ㉤ 3개월 단위 평균보수월액의
개념도입과 산정기준의 문제점, ㉥ 평균임금을 대체하는 경
우 관련 용어의 도입, ㉦ 1년 단위 보상기준의 도입조건, ㉧
1년 단위 보수일액의 산정방법과 장·단점, ㉨ 평균임금의
산정방법과 적정수준의 불일치 사유, ㉩ 3개월 단위 평균보
수일액과 1년 단위 보수일액에 의한 차액비교를 검토함.

○ 산재보험의 보상기준을 개편하기 위해 평균임금을 기준으로
하는 휴업급여, 장해급여, 유족급여, 상병보상연금, 장의비를
구체적인 산정사례를 적용하여 보상기준의 변경이 합리적인
지, 문제점이 있는지에 대하여 검토함.

2) 평균임금을 기준으로 하지 않고 산정하는 급여의 개정안

○ 평균임금을 기준으로 산재보험의 보상기준을 산정하기가 곤

란한 근로자에 대하여는 평균임금산정특례, 고시방법 등에 대한 타당성을 검토함.

○ 평균임금에 의하지 아니하는 경우에 대하여는 ㉠ 산정단위 기간 미만 취업자의 보상수준 개편방안, ㉡ 근로형태가 특이한 근로자의 산정기준, ㉢ 직업병에 걸린 근로자의 산정방법으로서 보수를 산정하기 어려운 경우와 산정할 수 없는 경우를 검토, ㉣ 평균임금증감률, ㉤최고·최저보상기준금액, ㉥ 휴업급여의 부분휴업급여, 저소득근로자의 휴업급여, 재요양 기간 중의 휴업급여, 고령자의 휴업급여를 검토함.

4. 결론

○ 산재보험료의 산정기준을 보수기준으로 변경할 경우 보상기준도 임금에서 보수로 변경하는 것이 근로자에게 유리함.

○ 보수기준으로 변경하는 경우 보상기준의 산정단위 기간도 3개월 단위 산정 기간에서 1년 단위 산정 기간으로 변경하고, 보수단위금액은 1년 단위 보수일액으로 산정하는 방안이 바람직함.

○ 또한 관련 용어의 개정, 보상수준의 적정성 검토, 산정기준을 소득세법에 의할 경우 연말정산에 따른 문제점을 보완하여 법 개정을 추진함이 바람직함.

제1장

들어가면서

1장

들어가면서

Ⅰ. 연구의 목적

산업재해보상보험법(이하 '산재보험법'이라 한다)에 의한 산재보험은 자본주의 경제체제에서 불가피하게 발생하는 산업재해로 인한 근로자의 부상, 질병, 장해 또는 사망에 대하여 보상을 함으로써, 피재근로자와 그 유족의 생계를 보장하기 위하여 지급하는 사회보험급여를 말한다.[1] 이러한 산재보험은 산업재해로 인한 피재근로자의 육체적 고통과 노동능력의 상실에 따른 생계위협으로부터 피재근로자와 그 유족의 생존권을 보장하기 위한 것으로서 사회보험의 형식으로 유지할 필요가 있다. 산재보험의 성격은 그 시대의

---

[1] 산업재해보상보험법은 근로자의 업무상 재해를 신속·공정하게 보상하며, 재해근로자의 재활 및 사회복귀를 촉진하기 위하여 필요한 보험시설을 설치·운영하고, 재해예방과 그 밖에 근로자의 복지증진을 위한 사업을 시행하여 근로자의 보호를 하고자 하는 법률이다(법 제1조).

국가가 추구하는 이념에 따라 그것의 비중도 달라질 수밖에 없으나, 사회법이 추구하는 이념은 사회정의라고 할 수 있다. 이러한 사회법의 이념에 봉사하는 기능적 시각에서 보면, 산재보험을 생활보장제도의 하나로서 보는 것이 사회정의에 근접하는 것이라고 볼 수 있다. 따라서 산재보험제도는 피재근로자 및 그 가족의 생활안정을 보장하기 위하여 일정수준 이상의 보상수준을 유지할 필요가 있다.

산재보험은 본질적으로 사업주가 근로자를 고용하여 생산 활동을 하는 과정에서 불가피하게 발생하는 것이므로 기업의 위험책임을 인정하는 것에서 출발한다.[2] 그 결과 근로자가 사회인으로서 일상생활을 하면서 부딪치게 되는 일반적인 사회적 위험과는 다른 기업이라는 특수한 집단에서 발생하는 위험책임을 보전하기 위하여 사업주에게 기업책임의 일종으로 산재보상책임을 인정하게 되는 것이다.[3] 따라서 기업 내에서 업무를 수행하거나 수행하였던 결과로 인하여 근로자가 입게 되는 업무상 재해에 대해서는 당해 회사로부터 근로자가 받은 소득에 기초하여 재해 직전과 별다른 차이가 없이 보장되도록 할 필요가 있다. 근로자가 재해로 인하여 산재보험급여를 받게 되는 경우에 그 보상기준은 평상시 근로자가 당해 회사로부터 받고 있던 임금을 기초로 산정하여 지급하여야 할 당위성이 있다.

---

2) 위험책임이란 위험한 기계, 시설, 물질 등의 위험원 또는 위험한 행위로부터 발생한 손해를 그 위험원을 지배하고 있는 점유자, 소유자, 관리자에게 고의·과실의 유무를 묻지 아니하고 손해배상을 묻고자 하는 것을 말한다. 위험책임이란 개념은 1896년 막스 뤼멜른(Max Rüemelin)에 의하여 처음으로 사용되었으며, 그 후 널리 이용되었다: 이상국, "산재보상책임과 구상권의 행사", 한국학술정보(주), 2006, 57면.

3) 자세한 내용은 이상국, "산재보상책임과 구상권의 행사", 57면에서 60면 참조.

산재보험법은 위와 같은 이념에 따라 근로자의 재해로 인한 손실을 보전하기 위한 소득보장급여로서 각종 보험급여의 보상기준을 정하여 운영하고 있다. 산재보험법에 의한 보상기준은 재해 직전에 평상시 사업주로부터 받아 오던 소득으로서 임금을 기초로 하여 산재보험급여를 지급해 오고 있다. 이 경우 산재보상은 주로 근로자가 종속근로관계 아래에서 근로를 제공하고 그 대가로서 받는 임금을 '평균임금'이라는 산정방법에 따라 지급하는 보상방법을 채택하고 있다.

최근에는 산재보험료의 산정방식을 변경하기 위해 「고용보험 및 산업재해보상보험의 보험료징수 등에 관한 법률」을 개정하였다. 이 법률은 2010년부터 시행되었다. 개정 법률안에 따르면, 산재보험료의 산정기준이 '임금총액기준'에서 '소득세 부과기준'으로 변경되도록 되어 있다. 이와 같은 입법 동기를 고려할 때 임금기준을 보수기준으로 변경할 경우 보상기준이나 보상수준도 이에 따라 변경될 여지가 있다. 따라서 산재보험료의 산정기준이 변경될 경우 산재보험의 보상기준은 어떻게 개편하는 것이 합리적인지를 연구할 필요가 있고, 나아가 산재보험의 보상기준이 개편된다면, 보상기준의 산정방법이나 기간단위를 어떻게 변경하는 것이 타당한지도 검토할 필요가 있다.[4]

---

4) 이하에서는 산정방법 또는 산정기준이라는 용어를 사용하고자 한다. 이러한 용어는 의미상 별다른 차이가 없으나, 비교하는 대상에 따라 표현하는 방법에서 차이가 날 뿐이다.

Ⅱ. 연구의 범위와 방법

1. 연구의 범위

산재보험법은 사회보험으로서 기업에서 발생하는 근로자의 위험을 담보하는 위험책임의 특성을 갖게 된다. 이러한 산재보험은 위험책임의 분산이라는 사회보험의 원리에 따라 가입이 강제되고 산재보험의 운영에 필요한 보험료는 원칙적으로 전액을 '사업주'가 부담하게 되고, 국가는 예외적으로 보험사무의 사무집행에 소요되는 비용의 일부를 부담한다. 따라서 사업주가 부담하는 보험료가 산재보험의 보험재원으로 적립되고 국가가 이를 관리하며, 산재보험사업을 효율적으로 수행하기 위하여 산재보험법에 의하여 '근로복지공단'에 위탁·운영을 하고 있다. 산재보험료의 산정기준 변경에 따른 산재보험의 보상기준을 변경할 경우의 연구범위를 살펴보면 다음과 같다.

가. 산재보험료의 산정기준의 변경과 보상기준의 변경 가능성

현재 산재보험사업에 소요되는 재원조달을 위한 사업주가 근로자에게 지급하는 임금을 기준으로 산재보험료를 산정하여 납부하고 있다. 산재보험료의 산정기준을 임금에서 소득세법 제20조에 따른 소득자료에 기초한 보수(이하 '보수기준'이라 한다)로 변경한다면, 산재보험의 보상기준도 함께 변경되어야 법 집행의 통일성이나 업무의 효율성이 증대될 것이다. 그러나 보상기준의 변경으로 자칫 재해근로자나 그 유족이 받게 되는 보상수준이 저하되어서는 아니 된다. 이러한 문제를 예방하기 위해서 법률개정에 앞서 보상기준의 합리적 변경 가능성이 있는지, 보상기준의 변경에 따른 불이익이 있다면 이에 대한 보완책을 무엇인지를 검토하여야 한다. 따라서 보상기준을 임금기준에서 보수기준으로 변경하는 경우에 보상수준이 증가하는지, 변경하지 아니하고 그대로 유지하는 이원적 산정방법에 따른 문제점은 무엇인지 고찰할 필요가 있다. 동시에 일률적으로 보상기준을 변경하는 것이 불가능한 경우가 있는지, 보상기준을 변경하기 위한 정비대상으로서 전제조건이 필요한지에 대한 검토가 필요하다. 특히 문제가 되는 것은 근로기준법에 의한 임금이나 평균임금의 범위와 소득세법에 의한 과세대상으로서의 소득기준에 차이가 있기 때문에 구체적으로 불일치하는 금품은 무엇인지를 검토할 필요가 있다.

나. 소득세법에 의한 보수의 개념과 보수자료의 수집 가능성

산재보험은 사업주가 제공하는 임금자료를 기준으로 임금총액을 파악하여 평균임금을 산정하여 왔으나, 소득기준으로 변경하는 경우 구체적으로 소득을 어떠한 방법으로 파악하고 확정할 것인지가 의문이 대상이 된다. 중도취업자와 같이 소득확정을 하기 곤란한 경우에 어떠한 자료를 기초로 소득결정을 할 수 있는지에 대한 검토가 필요하다. 소득세법에 의한 소득신고와 연말정산의 시기, 개인별 소득의 확정 시기가 평균임금과 산정 기간과 상당한 차이가

난다. 따라서 중도에 취업한 근로자가 부상·질병 또는 사망하는
경우 재해발생의 시점에서 평균임금에 가늠하여 보수를 확정하고
산정하여야 할 필요가 있다. 이 경우 만약 소득을 확정하지 못한
경우에 어떻게 해야 하는 것인지, 소득을 확정하기가 곤란한 기간
중의 보상은 어떻게 처리할 것인지의 검토가 필요하다.

다. 평균임금을 대체하기 위한 산정방안

재해보상의 기준으로 평균임금을 대체할 보상기준을 어떻게 할
것인지에 대한 연구가 필요하다. 이러한 연구를 위해서는 우선 현
행 법률에 의한 평균임금의 산정방법, 입법취지, 평균임금의 장점
(유익성), 산정방법에 따른 비판(문제점)을 검토할 필요가 있다. 특
히 평균임금을 대체하기 위한 방안을 모색하기 위해서 다른 법률
에서 사용하는 산정방법을 고찰할 필요가 있다. 국민연금이나 공무
원연금의 보상기준은 무엇이며, 산정방법은 어떠한지, 산정단위의
기간은 평균임금과 어떻게 다른지를 규명하여 산재보험법에 의한
평균임금의 산정기준을 변경하여야 할 타당성이 있는지를 검토하
고자 한다.

또한 보상기준을 임금이나 보수를 기준으로 실제로 산정하는 방
안, 산정단위 기간을 3개월 단위 또는 1년 단위로 산정하는 방안을
각각 모색하고자 한다. 평균임금을 3개월 단위로 산정하는 방식을
고려할 때, 보수기준을 역시 3개월 단위 평균보수일액으로 변경할
여지가 있는지 검토할 필요가 있다. 그러나 평균임금의 산정방법을
그대로 원용하여 임금만 보수로 전환하여 산정방법을 정하는 경우

어떠한 문제점이 있는지에 대한 검토도 필요하다. 동시에 1년 단위의 보수일액을 산정하는 방법과 개념 도입의 문제를 검토할 필요가 있다. 만약 3개월 단위의 산정방법에서 1년 단위의 산정방식으로 전환한다면 과연 산정방법이 합리성이 있는지 여부, 보수기준의 도입에 따른 전제조건이 필요한 것인지 여부, 제도적 문제점이나 유익성은 무엇인지를 검토할 필요가 있다. 이와 더불어 보수의 개념, 국민연금과 같이 1년간 수령한 근로소득을 기준으로 보수월액이나 표준보수월액을 고려하여 산정방식을 도입할 수 있는지를 검토할 필요가 있다. 평균임금을 다른 산정방법으로 대체하는 경우에 관련 법률상의 용어를 변경할 필요성에 대하여도 검토하고자 한다.

라. 평균임금을 대체하기 위한 적정금액의 산정방안

평균임금을 다른 산정방법으로 대체하는 경우 적정금액의 산정방법은 무엇인지를 알아볼 필요가 있다. 적정금액의 산정은 첫째, 현재의 평균임금의 산정방법에 따른 보상수준을 변경하는 경우 그 적정수준은 얼마로 정해야 하는지를 알아보는 방안이 있다. 이러한 방법은 비교하고자 하는 집단을 대상으로 평균 또는 전체 임금을 조사하여 비교해야 하므로 본 연구과제의 대상에서 취급하기에는 부적절하기 때문에 추후 별도의 연구과제로 삼는 것이 바람직하다고 보아 제외한다. 둘째, 보상기준을 변경하여 사례를 특정하여 일률적으로 보상수준이 높아지거나 낮아지는 변동이 있는지를 검토하는 방안이 있다. 평균임금의 산정방법을 대체하는 방안에서는 오히려 제도변경의 가능성과 합리성을 판단하기 위한 연구이므로 둘째 방안이 타당하다고 본다. 따라서 둘째 방안을 채택하여 특정근로자의 임금체계를 사례로 들어 임금의 성질, 임금을 보수로 변경하여 3개월 단위 평균임금의 산정방법, 1년 단위로 산정하는 방법에 따라 산출하여 비교하고자 한다. 이에 따라 휴업급여와 장해급여, 유족급여 등 평균임금과 관련된 보상기준을 변경하여 산정하고 비교를 하고자 한다.

마. 평균임금증감률의 대체방안

산재보험의 보상기준이 임금에서 보수기준으로 변경된다면, 재해근로자가 1년 이상 장기간에 걸쳐 요양을 받거나 연금수급권자의 경우 평균임금의 변동률을 어떻게 반영하여야 할지 의문이 생기게 된다. 1년 이상 요양 중에 있는 경우에는 재해 당시를 기준으로 평균임금을 산정하여 보상하는 것은 불합리하다. 그렇다고 아무런 기준 없이 일률적으로 보상수준을 인상하는 것도 문제가 있으며, 그렇다고 다른 근로자의 임금 인상률을 그대로 반영하는 것도 객관성이 결여되므로 불합리하다. 과거에는 동일직종 동일근로자의 임금수준을 기준으로 한 것 역시 객관성이 결여되기 때문에 일정한 방법으로 통계를 내어 사용하여 왔으나, 그 역시 동일직종 동일근로자가 없거나 임금수준의 표본으로 삼기에는 여러 가지 불합리한 사유가 많아, 현재에는 전체 근로자의 평균임금 증감률을 기준으로 하고 있다. 이 경우 임금을 보수로 바꾸고, 3개월 단위 평균임금의 산정방법을 1년 단위 등 보수기준으로 변경한다면 평균임금 증감률을 그대로 사용하는 것이 불필요할 수 있다. 따라서 현재 평균임금을 기준으로 증감률을 산정하여 적용하는 보상기준에 대한 검토가 합리적인지 검토할 여지가 있다. 연금수급권자의 경우에도 마찬가지다.

바. 최고·최저보상기준금액의 적정한 산정방안

평균임금을 기준으로 산정하는 보상방법은 임금수준이 지나치게 높거나 낮은 경우에 보상방법상 여러 가지 불합리한 문제점이 발생한다. 따라서 임금수준이 지나치게 높다는 이유만으로 산재보험의 보상수준이 높아지는 반면 저임금근로자는 상대적으로 낮은 보상수준으로 받게 되어 사회보험법으로서의 소득재분배라는 이념과 배치된다는 점, 불합리한 임금분포를 그대로 수용한 결과 보상수준의 형평성이 결여된다는 비판을 받아 왔다. 따라서 평균임금을 산정하여 실제상의 임금수준을 반영하여도 지나치게 불합리한 경우에는 사회보험의 정책적 원리에 따라 규제하거나 보호할 수 있기 때문에 현행 산재보험법에서는 최고·최저보상기준을 정하여 운영하고 있다. 산재보험법 제36조 제7항에 의한 보험급여(장의비는 제외한다)를 산정할 때, 평균임금 또는 보험급여의 산정기준이 되는 평균임금이 전체 근로자의 임금평균액의 1.8배(이하 '최고보상기준금액'이라 한다)를 초과하거나, 2분의 1(이하 '최저보상기준금액'이라 한다)보다 적으면 그 최고보상 기준금액이나 최저보상 기준금액을 각각 평균임금으로 한다(휴업급여 및 상병보상연금은 제외한다)고 규정하고 있다. 이러한 최고·최저 보상기준을 보수기준으로 변경하는 경우 평균임금의 일정비율을 그대로 사용해야 하는지를 검토할 필요가 있다.

사. 평균임금산정특례에 의한 보상기준

통상근로자와 다른 일용근로자의 경우에는 평상시와 비교하여 임금수준이 저하되거나 근로형태상 임금과 관련된 자료를 수집하는 것이 어려운 사례에 해당한다. 특히, '건설일용공'의 경우에는 작업현장에 따라 작업 기간이 다르고, 일당 등 보수를 정하는 기준이 천차만별이기 때문에 임금이나 보수를 파악하는 것이 정말로 어렵다. 이런 근로자는 동일한 사업주 아래에 있더라도 하도급공사의 현장에 따라 근무조건이나 임금수준이 수시로 변동되어 일률적으로 임금을 파악하기 어려운 문제점이 있다. 또한 진폐근로자 등 직업병에 걸린 근로자의 경우에는 장기간에 걸쳐 임금수준이 저하되는 특성상 평균임금을 그대로 산정하기가 곤란하다. 5인 미만 사업체에 종사하는 근로자의 경우에는 임금자료가 없거나 폐업 또는 도산 등으로 임금산정이 곤란할 수 있다. 현장실습생이나 해외파견자, 중소기업의 사업주, 특수고용형태종사자의 경우에도 통상적인 방법으로 평균임금을 산정하기가 곤란하다. 이러한 경우에 산재보험의 보상기준을 '임금'기준에서 '소득'기준으로 변경하는 경우 보수를 어떻게 정할 것인지를 연구할 필요가 있다.

아. 휴업급여의 보상기준에 대한 개정안

일반근로자의 휴업급여는 산재보험법 제52조에서 '평균임금의 100분의 70'에 상당하는 금액으로 지급한다고 규정하고 있다. 그러나 저소득 근로자의 휴업급여는 산재보험법 제54조에서 최저보상기준금액을 규정하고 있다. 이 경우 보상기준을 보수기준으로 변경하는 경우 보상수준을 현재와 같은 수준으로 유지하는 것이 타당한 것인지, 아니면 최저보상금액 보상기준을 어떻게 변경하는 것이 적정한 것인지를 검토할 필요가 있다. 이를 위해서 임금과 보수를 기준으로 3개월 단위 또는 1년 단위로 산정 기간을 구분하여 보상금액을 산정하고 얼마나 차이가 나는지를 비교하고자 한다.

또한 재요양 기간 중의 휴업급여의 지급기준에 대한 개정 방안을 검토할 필요가 있다. 이 경우 보상기준의 변경에 따라 1일당 휴업급여의 지급액이 최저 임금액보다 적거나 재요양 당시 평균임금의 산정대상이 되는 임금이 없을 때 현재와 같이 최저임금을 그대로 적용하는 것이 타당한지를 검토하는 것이 필요하다. 또한 장해보상연금을 지급받고 있는 자가 재요양을 하는 경우에 1일당 장해보상연금액과 1일당 휴업급여액을 합한 금액이 장해보상연금의 산정에 적용되는 평균임금의 100분의 70을 초과하면 그 초과하는 금액 중 휴업급여에 해당하는 금액은 지급하지 아니한다고 규정하고 있다. 이 경우 휴업급여의 산정 시 평균임금을 대체하는 보상기준에 대한 검토가 필요하다.

자. 상병보상연금의 보상기준

상병보상연금의 경우에도 평균임금을 기준으로 보상금액을 산정하고 있다. 상병보상연금의 대상이 되는 폐질등급 3급 이상인 자에 대하여 평균임금의 해당 일수를 곱하여 산정하는데, 보상기준을 보수로 변경하거나 산정 기간을 1년 단위로 전환하여 산정하는 경우에 보상기준의 합리성이 있는지 혹은 보수수준이 높아질 가능성이 있는지를 검토할 필요가 있다. 보상기준에 따른 차액의 발생 가능성에 대하여는 등급별로 산정하여 비교할 필요가 있다. 또한 상병보상염금을 받고 있는 자라도 저소득근로자의 경우에는 보상수준이 지나치게 낮아 최저임금을 기준으로 인정비율을 곱하여 지급하고 있는데, 이에 대한 연구가 필요하다.

차. 장해급여의 보상기준에 대한 개정안

장해급여는 평균임금을 기초로 장해보상일시금이나 장해보상연금을 지급하고 있다. 장해등급의 보상기준을 보수기준으로 변경한다면 구체적으로 산정방법에 따른 보상금액이 얼마나 차이가 나는지를 검토하고자 한다. 산재보험법 제57조에 의하여 업무상의 사유로 부당을 당하거나 질병에 걸려 치유된 후 신체 등에 장해가 남은 경우에 지급하며, 그 등급기준은 1급부터 14급까지 분류하여 보상하고 있다. 이 경우 장해등급에 따른 보상기준을 평균임금의 지급방식에서 다른 지급방식으로 대체하는 경우 장해보상일시금과 장해보상연금에 대한 보상금액은 어떻게 산정하여야 합리적인지를 검토할 필요가 있다. 또한 장해보상연금을 평균임금에서 보수기준으로 변경하는 경우 보상수준이 높아질 가능성이 있는지에 대하여도 검토하고자 한다.

장해등급을 받은 후 재요양을 받거나 병합 장해를 받은 경우 연금수급자가 도중에 재판정을 받게 된다면, 보상기준은 변경하는 경우 연금이나 일시금의 산정방법은 어떻게 산정해야 하는지, 종전과 비교하여 불이익이 있다면 어떻게 보완하는 것이 필요한지, 근로기준법상 재해보상과의 상호관계는 어떻게 되는지 등에 대하여 각각 검토할 필요가 있다.

카. 유족급여 및 장의비의 보상기준

산재보상기준의 변경에 따른 유족급여는 유족보상일시금 또는 유족보상연금으로 구분하여 검토할 필요가 있다. 특히 유족보상연금의 경우에는 보수기준의 변경에 따라 장기간에 걸쳐 보상수준에 영향을 미치게 된다. 따라서 보상기준을 임금에서 보수로 변경하는 경우 3개월 단위 산정기간이나 1년 단위의 산정기간을 단위로 하는 방안에 따라 보상수준에 중대한 영향을 미치게 되므로 이에 대한 검토가 필요하다. 이 경우 유족보상연금의 급여기초일액과 가산율의 관계에서 보상수준의 증가에 대한 타당성을 검토할 필요가 있다. 장의비의 경우에도 정액방식으로 보상을 하는 경우 3개월 단위 또는 1년 단위로 산정하는 경우 얼마나 차이가 나는지 등에 대한 검토가 필요하다.

타. 경과조치 및 제도보완의 문제

산재보험의 보상기준을 임금에서 보수기준으로 변경하거나 산정방법을 3개월 단위 평균임금에서 1년 단위 보수기준으로 변경되는 경우 발생할 수 있는 불이익이 있다면, 입법시행 당시를 기준으로 한 경과조치가 필요할 것이므로 이에 대한 검토가 필요하다. 또한 보상기준의 변경에 따라 현행규정을 그대로 적용하기가 곤란한 경우에는 불가피하게 보상제도의 보완이 필요하다.

2. 연구의 방법

 본 연구과제는 산재보험의 보상기준을 소득세법에 의한 소득기준으로 변경하는 경우에 보상기준의 산정방법 및 개선안에 대한 검토를 통하여 개정안을 제시하고자 한다. 이를 위해서 평균임금을 산정하는 방법, 3개월 단위 평균보수일액으로 산정하는 방법, 1년 단위의 보수일액으로 산정하는 방법을 각각 고려하여 검토하고자 한다. 이 경우 보상기준을 보수기준으로 산정하여 평균임금과 평균보수일액을 각각 비교하여 어느 방법이 유리한지 판단하여야 한다. 또한 평균임금에 대체하여 법령을 개정하는 경우 현행 법령에서 임금 및 평균임금 등 관련 용어를 변경할 필요가 있다. 이에 대하여는 다음과 같이 대조식으로 제시하고자 한다. 다만, 용어의 선택은 대체 안에 대한 예시에 불과하다. 따라서 평균임금의 경우 평균보수일액이나 보수일액 중에서 정책적으로 선택하여 사용함이 바람직하다고 본다.

<법안 비교표>

현행법률(예시)	개정안(예시)
제56조(재요양 기간 중의 휴업급여) ①재요양을 받는 자에 대하여는 재요양 당시의 <u>임금을 기준으로 산정한 평균임금의</u> 100분의 70에 상당하는 금액을 1일당 휴업급여 지급액으로 한다. 이 경우 <u>평균임금</u> 산정사유 발생일은 대통령령으로 정한다. ②제1항에 따라 산정한 1일당 휴업급여 지급액이 <u>최저임금액</u>보다 적거나 재요양 당시 <u>평균임금</u> 산정의 대상이 되는 <u>임금이 없으면 최저임금액</u>을 1일당 휴업급여 지급액으로 한다.	**제56조(재요양 기간 중의 휴업급여)** ① ······<u>보수를 기준으로 산정한 평균보수일액의</u> 100분의 70에 ······ 한다. 이 경우 <u>평균보수일액의</u> 산정 사유 발생일은 대통령령으로 정한다. ②제1항에 따라 산정한 1일당 휴업급여 지급액이 <u>최저보수액</u>보다 적거나 재요양 당시 <u>평균보수일액</u> 산정의 대상이 되는 <u>보수가 없으면 최저보수일액</u>을 1일당 휴업급여 지급액으로 한다.

제2장

산재보험료 산정기준 및 산재보험 보상기준의 내용

2장

산재보험료 산정기준 및 산재보험 보상기준의 내용

Ⅰ. 산재보험료 산정기준의 변경 내용

1. 산재보험료 산정기준의 변경과 추진 배경

가. 산재보험료의 산정기준과 문제점

산재보험제도는 1963년 '산업재해보상보험법'이 처음으로 제정된 후 여러 차례의 개정을 거쳐 확대·적용되어 왔다. 1963년 입법 제정 당시에는 '광업'과 '제조업'의 2개 업종으로서 한정하고, 상시 '500인 이상'을 사용하는 사업장에 국한하여 극히 일부의 대기업체에만 적용되었고, 전국의 64개 사업장에 종사하는 근로자 8

만 1,798명이 산재보험의 혜택을 받는 데 불과하였다. 그 후 2005. 12. 29까지 22차에 걸친 개정을 하였고, 이러한 과정을 거쳐서 2003. 12. 31 근로자를 사용하는 모든 사업 또는 사업장으로 확대하였고, 같은 법 시행령을 2003. 5. 7 개정을 하여 '상시 1인 이상'을 사용하는 사업에까지 확대하여 적용하게 되었다.[1] 이와 같은 산업재해보상보험법은 산재보험의 범위가 인적 규모의 측면에서 확대하여 발전해 왔다. 그러나 산업재해보상보험법(이하 '산재보험법'이라 한다) 제5조 단서에서는 "위험률·규모 및 장소 등을 고려하여 대통령령으로 정하는 사업은 그러하지 아니하다."고 하여 적용 제외의 여지를 남기고 있다.

최근에는 산재보험급여가 증가하는 반면에, 보상수준이 불합리하거나 허위 또는 부당한 방법으로 보험급여를 청구하는 사례가 늘어나고 있고, 임금수준에 따른 근로자의 급여수준이나 보상수준에서도 차이가 나는 문제, 임금을 위주로 한 금전적 보상에 편중되고 재활촉진이 미흡하다는 문제 등에 대해 비판을 받아 오다가 2007년 12월 14일 전면개정을 통하여 상당부분이 개선되었다.[2] 이에

---

1) 이후 2004년 1월 29일 개정, 2005년 12월 29일 개정, 2007년 4월 11일 전부 개정, 2007년 5월 17일 개정, 2007년 12월 14일 개정, 2007년 12월 31일 개정, 2008년 2월 29일까지 개정을 거쳐 현재에 이르고 있으며, 이 중에서 산재보험료의 징수에 관한 부분은 2003년 12월 23일 [고용보험 및 산재보험료징수 등에 관한 법률]로 분리되어 고용보험법상의 보험료 징수 부분과 통합이 되었다.

2) 이에 대하여는 2004년부터 2005년까지 관계전문가로 구성된 [산재보험제도발전위원회]를 운영하여 논의와 연구용역을 거쳐 2005년 말 재정·징수, 요양·재활, 보험체계 등 13개 핵심과제별 개선방향을 도출하였다. 2006년 제도개선방향에 대한 충분한 공론화와 협의를 위해 노사정위원회에 특별위원회의 형태로 [산업재해보상보험발전위원회]를 노사정 3인과 공익 8인(위원장 포함) 등 총 17인의 위원으로 구성하였다. 2006. 5. 23 발족 이래 노사단체에서 각각 논의 의제를 제안하고 산재근로자 단체 등의 의견청취, 공개토론회 등을 통해 각계의 의견을 수렴하면서 제도개선방안을 모색하였다. 이에 따라 6개월간의 논의 끝에 2006. 12. 13, 5개 분야 80개 항목에 이르는 제도개선방안에 대한 합의를 도출하여 2006년 말부터 노사정 합의안을 반영하여 제도를 전면 개선하기

따라 산재보험법은 적용범위나 사업규모 이외에 내용적인 측면에서 건강보험·국민연금·고용보험·산재보험(이하 '4대 보험'이라 한다) 중에서 가장 다양하고 높은 수준의 보험혜택을 줄 수 있는 선진화된 보험체계를 갖추게 되었다.[3] 이후 산재보험법은 2008년 2월 28일 '조세법'의 개정에 따라 일부 개정이 이루어졌으나, 여전히 산재보험료의 산정방법이나 징수기준이 각기 달라 비효율적이라고 비판을 받고 있다. 건강보험이나 국민연금은 소득을 기준으로 보험료를 징수하여 왔음에도 불구하고, 고용보험이나 산재보험은 임금을 기초로 한 보험료 징수방식을 채택하여 왔기 때문에 사업주에게 행정상의 불편을 초래하여 4대 보험의 통합징수에 대한 필요성이 끊임없이 제기되어 왔다.

나. 보상기준의 변경과 소득기준의 통일문제

또한 최근(2008. 9. 12)에 노동부는 '고용보험 및 산업재해보상보험의 보험료징수 등에 관한 법률'에 대한 개정안에서 소득세법에

에 이르렀다. 산업재해보상보험법(전부개정 2007. 12. 27, 법률 제8694호) 같은 법 시행령(전부개정 2008. 6. 25, 대통령령 제20875호), 같은 법 시행규칙(전면개정 2008. 7. 1, 노동부령 제304호)이 앞에서 논의할 합의안을 수용하여 개정한 것이다. 이에 대한 2007년 12월 14일 개정된 법률의 주요 내용을 살펴보면 다음과 같다. 첫째, 요양급여를 부당하게 장기간 지연하거나 재활치료 등이 소홀한 문제점, 둘째, 휴업급여를 연령이나 소득활동연령을 경과한 고령자에게도 계속적으로 증액하여 지급하는 불합리한 문제점, 셋째, 고액 임금을 받는 자와 저임금 근로자 간에 평균임금의 격차로 인한 휴업급여의 차이로 인한 문제점, 넷째, 장해등급을 결정함에 있어서 신체부위나 등급 간에 장해등급을 결정함에 있어서 구분이 애매모호하여 분쟁의 소지가 있는 점과 장해급여 선급금 지급기간 및 이자 공제의 문제점, 다섯째, 유족급여를 지급함에 있어서 금품 위주의 일시금의 지급에 따른 보험재정의 악화 및 수급자의 재산탕진에 따른 실질적인 보호가 어려운 점, 여섯째, 보험급여가 지나치게 금품 위주로 편중되어 직업재활에 대한 지원방안이 미흡한 점, 일곱째, 중소기업 사업주에 대한 평균임금 적용기준의 문제점에 대한 개정이 이루어졌다.
3) 이상국, "산재보상책임과 구상권의 행사", 57면.

따른 보수를 기준으로 보험료를 산정하는 방안을 입법 예고하였다. 이러한 입법동향에 따른 산재보험료의 산정기준을 변경하는 것을 전제로 산재보험의 보상기준을 변경하는 방안을 연구할 필요가 있다. 이와 관련하여 건강보험이나 국민연금과 같은 방식으로 보험료의 산정기준을 변경할 때, 산재보험의 보상기준도 변경해야 하는지 그 타당성을 검토할 필요가 있게 된다. 또한 산재보험의 보상기준을 현재와 같이 임금을 기초로 하는 산정기준을 변경하게 된다면, 평균임금은 어떻게 대체되어야 하는지는 문제가 된다.

그러나 보상기준에 대한 검토가 단순히 행정효율이라는 측면만을 고려하여 자칫 형식에 치우친 나머지 실질적·구체적으로 표출되는 문제점이 없는지 간과해서는 아니 될 것이다. 각종 법률은 보험급여의 수급권자, 보험급여의 종류나 보상방식, 보상원리 등에서 특수한 입법목적이 있다. 따라서 건강보험법이나 국민연금법의 입법목적, 다양한 특성을 무시한 채 일률적으로 통합하기에는 여러 가지로 어려움이 있다.[4] 이러한 특성을 고려하면, 구체적으로 보상기준을 무엇으로 해야 하고, 보상기준에 따른 산정방법은 어떻게 되는지, 산재보험의 보상기준을 변경하는 경우 불리한 점은 없는지를 구체적으로 검토할 필요가 있다.

소득을 파악하는 방법에 있어서도 건강보험 및 국민연금은 기본적으로 소득세법을 기준으로 하지만, 소득의 범위에서는 근로소득과 재산소득, 경제활동참가 여부 등에 대한 해석에 대해 여전히 통

---

[4] 따라서 국민의 불편을 해소하기 위한 제도적 방안을 마련하기에는 쉽지 않은 면도 있다. 그러나 보험료의 산정방법에 대하여는 상당부분 연구가 진행되어 이미 소득세법에 의한 근로소득을 기준으로 보험료를 징수하고자 하는 개정안이 마련되어 2008년 9월 18일 입법예고를 하는 단계에 이르고 있다.

일되어 있지 않다. 소득의 산정방법에서도 이들 법률은 보수월액이나 보수표준월액으로 각기 다른 방식을 정해 서로 달리 운영하고 있다. 이와 같은 법률의 유사성 또는 차이점에도 불구하고 2008년 9월 12일 입법 예고된 「고용보험 및 산업재해보상보험의 보험료징수 등에 관한 법률」에 의하면, 4대 보험의 보험료 산정기준을 통일하기 위하여 현행 임금기준에서 [소득세 과세대상인 근로소득]으로 변경할 예정이다. 이에 따라 산재보험료 산정기준이 소득세법을 근거로 보수기준으로 변경된다면 산재보험의 보상기준도 임금기준에서 보수기준으로 변경될 여지가 있다. 이러한 과제에 대한 연구를 위해 산재보험을 건강보험과 국민연금과 비교하여 소득세법에 따른 산정기준을 소개하면 다음과 같다.

[표 2-1] 4대 사회보험의 보험료 산정기준

	고용보험	산재보험	건강보험	국민연금
보험료 산정기준	임금총액		과세대상근로소득 (단, 비과세근로소득 중 국외 근로소득 150만 원까지 및 직급보조비 포함)	과세대상근로소득 (단, 비과세근로소득 중 초과근로소득 및 국외 근로소득 150만 원까지 포함)

2. 산재보험료 산정기준의 변경 내용

가. 산재보험료의 산정과 임금총액기준

산재보험은 사용자가 납부하는 보험료에 의해 기금이 조성되고 운영되는 사회보험이다. 산재보험료는 사용자가 근로자에게 노동의 대가로서 지급하는 임금총액을 기준으로 보험료율을 곱하여 산정한다.[5] 이러한 임금총액을 기준으로 산재보험료의 산정하는 것과는 달리 국민연금이나 건강보험은 소득세법에 따른 소득을 기준으로 하고 있다.[6]

국민연금의 보험료는 가입자 자격취득 시의 신고 또는 정기결정에 의하여 결정되는 기준소득월액에 보험료율을 곱하여 산정한다. 기준소득월액이란 국민연금의 보험료 및 급여산정을 위하여 가입자가 신고한 소득월액에서 천 원 미만을 절사한 금액을 말하며, 최저 22만 원에서 최고금액은 360만 원까지의 범위로 결정한다. 따라서 신고한 소득월액이 22만 원보다 적으면 22만 원을 기준소득월액으로 하고, 360만 원보다 많으면 360만 원을 기준소득월액으로 한다. 이와 같이 소득을 파악하는 기준이 법률에 따라 차이가 나는 것은 보험료의 납부를 위한 산정범위를 정한 것이라는 특성을 지닌다.[7]

---

5) 이 경우 산정하는 기준은 임금은 '임금총액'으로서 근로자가 개인별로 받게 되는 임금으로서 임금의 성질을 지닌 평균임금을 기초로 모든 근로자의 임금을 합산한 임금총액을 기준으로 보험료를 산정하고, 해당 업종별로 보험료율을 곱하여 보험료를 산정·납부하는 방법이다.

6) 국민연금보험료를 산정하는 경우에 기준소득월액에 보험료율을 곱하여 산정한다. 사업장가입자의 기준소득월액 결정방법은 ① 신규입사자 및 납부 재개한 자: 신규취득 및 납부재개 시에 신고한 금액을 기준으로 결정하고, 다음 연도 정기 결정한 기준소득월액을 적용하는 월의 전월까지 적용하고, ② 전년도 중 3개월 이상 사업장에 근로하는 자: 사업장에서 신고한 "전년도 중 해당 사업장에서 근로한 기간에 받은 소득총액"을 기준으로 결정하고, 근로자의 경우: 해당 연도 4월부터 다음 연도 3월까지 적용하며, 개인사업장 사용자의 경우: 해당 연도 7월부터 다음 연도 6월까지 적용한다. 사업장가입자의 경우 보험료율인 소득의 9%에 해당하는 금액을 본인과 사업장의 사용자가 각각 절반, 즉 4.5%씩 부담하여 매월 사용자가 납부하여야 한다. 사업장가입자의 연금 보험료는 가입자가 개별적으로 납부할 수 없고, 사용자에 의하여 일괄적으로 납부하여야 한다. 등급은 1년에 한 번 산정하므로 실제 보수의 4.5%와는 맞지 않을 수 있다. 예를 들어 기준소득월액이 1,060,000원인 봉급자의 경우 매월 95,400원을 연금 보험료로 납부해야 하는데 그중 47,700원은 본인이, 47,700원은 사용자가 부담하게 된다.

나. 보험료징수법에 의한 보수기준

2008. 9. 12. 입법 예고된 [고용보험 및 산업재해보상보험의 보험료 징수 등에 관한 법률(이하 '보험료징수법'이라 한다)]의 개정안의 주요 내용을 살펴보면 다음과 같다.

첫째, 보험료징수법 제2조 제3호에서 근로기준법에 의한 임금총액을 기준으로 보험료를 산정하였으나, 소득세법 제20조에 따른 소득을 기초로 보수의 범위를 정해 보험료를 산정하고자 한다. 또한 산재보험법 제5조에서 상시 5인 미만인 사업의 폐업·도산 등으로 임금을 확인하기 곤란한 경우 이를 보수 확인으로 변경하였다. 이에 대한 기준임금은 기준보수로 변경할 경우 동일한 수준인지 의문이 된다. 그러나 보험료의 산정기준은 본 연구에서 제외한다.

둘째, 보험료징수법 제13조 제5항에 따르면, 산재보험료는 사업주가 경영하는 사업의 임금총액에 같은 종류의 사업에 적용되는 보험료율을 곱한 금액으로 산정하게 된다. 이때 임금총액의 추정

---

7) 노동부에서는 4대 사회보험의 통합징수를 고려하여 2010년 시행을 전제로 입법 개정안을 마련하여 입법예고를 한 상태이다. 물론 입법예고안이 타당성이 있는가에 대하여 반대의견이 없는 것은 아니다. 소득기준으로 변경하는 것에 대하여 다음과 같은 비판을 하고 있다. 즉 산재보험과 고용보험은 근로기준법의 임금을 기준으로 발전해 온 제도인데 보험료의 징수를 위한 편의성만을 강조하여 소득기준으로 바꾸게 되면 보험급여와 보험료의 부담이 증가하게 되어 근로자와 사업주 모두에게 상당한 부담이 된다는 견해이다. 그 근거로 (ⅰ) 소득이 임금보다 높기 때문에 기준금액이 높아져 보험료가 늘어나게 되는 것이다. 임금은 근로기준법상의 근로의 대가이지만 소득은 학자금이나 의료지원금과 같은 복리후생적 금품과 사업주 지급하는 일회성 금품까지도 모두 포함되기 때문에 기준금액이 높아지게 진다. 물론 보험요율을 조정할 수는 있으나 사업장마다 임금과 소득의 비율이 천차만별이기 때문에 복리후생적인 급여가 많은 사업장일수록 보험료 부담이 늘어나게 된다. (ⅱ) 보험료는 소득기준으로 납부하면서 보험급여는 현재와 같이 임금기준으로 지급하는 것은 균형이 맞지 않은 문제점이 있다. 특히, 산재보험료는 근로자의 임금을 기초로 하고 있고, 고용보험료는 근로자들이 일부부담을 하는데 보험료는 소득을 기준으로 하고 보상은 임금을 기준으로 하게 된다면 상대적으로 보험료의 부담이 근로자나 사용자 모두에게 현재보다 늘어날 여지가 있다. 이러한 경우에 임금기준으로 보상기준을 정하는 것이 타당한지 의문이다.

또는 임금총액을 결정하기가 곤란한 경우에 보험료를 산정하는 방식으로 보수총액으로 변경하여 추정액을 결정하게 된다.[8]

셋째, 보험료징수법 제14조 제3항에 따르면, 산재보험료율은 매년 6월 30일 현재 과거 3년 동안의 임금총액을 기준으로 산재보험급여의 비율을 기초로 하여 결정하게 되어 있는데, 이 경우 임금총액을 보수총액으로 변경한다.[9]

넷째, 보험료징수법 제17조 제1항에 따르면, 사업주는 보험연도마다 그 1년 동안 사용할 근로자에게 지급할 임금총액의 추정액에 보험료율을 곱하여 산정금액을 개산보험료로 납부하는데, 이 경우 임금총액의 추정액은 보수총액의 추정액으로 변경된다. 보험료징수법 제20조에 따른 보험료 징수 시에 보험료산정을 위한 기초자료를 확보하기 어려운 경우에 적용되는 특례조치로서 임금수준은 보수수준으로 변경된다. 따라서 특례산재보험료를 월 단위기준임금으

---

8) 건설업이나 벌목업과 같은 사업은 일정한 임금액이 사전에 정해지지 아니하거나 작업공정이 매우 복잡하거나 추상성을 지닌 경우가 많아 이에 따른 인건비를 확정하기가 매우 어렵다. 또한 이러한 사업은 작업의 공사 기간에 따라 인건비 투입액이 매우 유동적이기 때문에 실제임금을 산정하기가 곤란하다. 그렇다고 하여 일정한 기준 없이 보험료를 산정하기에는 너무나도 객관성이 결여되고, 공정성이 담보되지 아니하여 부득이하게 노동부장관이 노무비율을 고시하는 방법으로 임금총액에 가늠하고 있다. 따라서 일반건설업과 하도급 건설업의 경우에는 총공사금액에 노무비율을 곱하여 임금총액을 추정하도록 하고 있으며, 벌목업의 경우에는 벌목 재적량을 기준으로 노무비단가를 곱하여 임금총액을 추정하고 있다.

9) 여기서 '임금총액'이란 근로기준법 제2조 제5호에 의한 임금으로서 사용자가 근로의 대가로 근로자에게 지급하는 임금, 봉급, 그 밖에 어떠한 명칭이든지 지급하는 일체의 금품을 의미하다. 그러나 사용자가 지급하는 금품일지라도 근로의 대가가 아닌 은혜적·호의적으로 지급하는 것은 제외한다. 또한 제외하는 금품은 ① 사용자에게 지급의무가 없는 것, ② 근로자의 권리로서 보장되어 있지 않는 것, ③ 실비 변상적으로 지급하는 것, ④ 기구의 손료로 지급하는 것, ⑤ 복리후생의 명목으로 지급하는 것 등으로 구분할 수 있다. 이 외에 임금총액에 산입되지 않는 것은 결혼축의금, 조의금, 재해위로금, 휴업보상금 등이 있고, 작업상 필수적으로 지급하는 현물급여로서 작업복, 작업모, 안전화 등이 있으나, 이러한 것들은 취업규칙이나 단체협약에 규정하는 것과는 상관없이 임금총액에 포함하지 않고 있다.

로 산정하게 되어 있는데, 이를 월 단위기준보수로 변경할 수 있다.

다섯째, 보험료징수법 제47조 제1항에 따르면, 산재보험법 제122조 제1항에 따라 산재보험의 적용을 받는 해외파견근로자의 산재보험료 산정의 기초가 되는 임금액은 그 사업에 사용되는 동일직종 근로자의 임금액 그 밖의 사정을 고려하여 노동부장관이 정하는 금액으로 한다고 규정하고 있는데, 이 경우 임금이나 임금액은 보수나 보수액이라는 용어로 대체된다.

여섯째, 보험료징수법 제48조에 따르면, 산재보험법 제123조 제1항에 따라 산재보험의 적용을 받는 현장실습생의 산재보험료 산정의 기초가 되는 임금액은 현장실습생에게 지급하는 모든 금품이라고 규정하고 있는데, 이 경우에 임금액은 보수액으로 변경된다. 이 외에 보험료징수법 제49조에 따른 중소기업사업주에게 적용되는 산정기초로서의 임금액은 보수액으로 변경되며, 보험료징수법 제49조의 2에 따른 자영업자에 대한 보험료의 산정기준인 임금액도 보수액으로 변경된다. 또한 보험료징수법 제49조의 3에 따른 특수형태종사자에 대한 보험료산정기초로서의 임금액은 보수액으로 변경된다.

3. 소득의 기준이나 범위가 서로 다른 문제점

첫째, 소득세법 제20조에 의한 소득에서 기준으로 하는 국민건강법이나 국민연금법이 완전히 일치하지 않고 있다. 산정기준 및 기준년도를 살펴보면, 국민건강보험의 경우에는 당해연도 보수총액을 기준으로 하고, 국민건강보험은 전년도 소득총액을 기준으로 하며, 고용보험과 산재보험은 당해연도 임금총액을 기준으로 하고 있다.[10] 이러한 차이는 입법목적이나 운영원리를 특성에 따른 결과로 보인다.

둘째, 소득의 범위를 살펴보면, 국민연금법에 의한 소득월액에 포함되는 소득의 범위는 기본급, 각종 수당 등 근로의 대가로 지급되는 모든 금품을 포함하며, 단지 소득세법상 비과세소득인 월 10만 원 이하의 식사대는 제외한다.[11] 소득세법 제12조에 의하면, 너목에 의한 '대통령령이 정하는 식사 또는 식사대'와 더목에 의한 '근로자 또는 그 배우자의 출산이나 6세 이하의 자녀의 보육과 관련하여 사용자로부터 지급받는 급여로서 월 10만 원 이내의 금액'은 비과세 대상이 된다. 소득세법 제20조에 의하면 근로소득에서 같은 법 제12조 제4호에 의한 비과세소득을 차감한 소득으로 부과액을 산정한다. 여기에서 소득세법 제12조 제4호 거목에 의한 비과세되는 급여란 생산 및 그 관련 직에 종사하는 근로자로서 급여수준 및 직종 등을 고려하여 대통령령이 정하는 근로자가 연장시간근로·야간근로 또는 휴일근로로 인하여 받는 급여를 말한다. 그러나 소득세법에 의하면 갑근세는 과세대상소득을 기준으로 부과하는 입장을 취하고 있다.

셋째, 소득산정방법을 살펴보면, 건강보험과 국민연금은 1년 단위를 기준으로 보수월액을 산정하나, 해외근로소득에 대한 세제혜

---

10) 소득을 파악하는 기준연도에 대해서도 소득세법은 당해연도를 기준으로 하고 있는 반면, 국민연금은 전년도를 기준으로 한다. 그러나 건강보험이나 고용보험 및 산재보험은 당해연도 기준으로 한다.

11) 소득세법 시행령 제17조의 2(비과세되는 식사대 등의 범위)에 의하면, 법 제12조 제4호 나목에서 "대통령령이 정하는 식사 또는 식사대"라 함은 ① 근로자가 사내급식 또는 이와 유사한 방법으로 제공받는 식사 기타 음식물, ② 제1호에 규정하는 식사 기타 음식물을 제공받지 아니하는 근로자가 받는 월 10만 원 이하의 식사대에 해당하는 것을 말한다.

택 등 구체적으로 해당법률의 입법목적에 따라 차이를 보이고, 부과대상소득 및 비과세대상소득의 포함 여부도 각각 달리하고 있다.

넷째, 소득기준 및 범위 등에 대한 비교[표 2 - 2]를 기준으로 살펴보면, 소득세법 제20조를 과세대상의 기준과 소득의 범위, 산정기준연도, 용어의 사용 등 불일치하는 요소가 많다. 구체적으로 소득의 범위를 보면, 특별상여금의 경우 건강보험이나 국민연금은 포함하고 있으나, 고용보험 및 산재보험은 이를 포함하지 않고 있다. 야간근로수당의 경우에 건강보험은 1년에 240만 원까지는 포함하지 않고 있으나, 국민연금이나 고용보험 및 산재보험은 이를 포함하고 있다. 소득세법의 경우에는 야간근로수당에 대하여 비과세로 하고 있다. 이와 같이 소득을 포함하는 기준이나 범위가 각기 달라 보험료의 산정이나 보상에서 차이가 나기 마련이다.

[표 2-2] 소득기준 및 범위 등에 대한 비교

갑근세			건강보험	국민연금	고용 · 산재보험
당해연도 과세대상소득기준			당해연도 보수총액기준	전년도 소득총액기준	당해연도 임금총액기준
부과범위	과세대상소득	특별상여금	포함	포함	불포함
		고용보험기금에서 지원하는 산전후휴가급여 및 육아휴직수당	포함	불포함	불포함
		봉급, 급료, 보수, 세비, 임금, 상여 등	포함	포함	포함
	비과세소득	국외근로소득(월 150만 원 불포함)	불포함	전액포함	전액포함
		야간근로수당(1년 240만 원까지 불포함)	불포함	전액포함	전액포함
		기타 비과세	불포함	불포함	임금성에 따라 포함

※ 「사회보험 적용 · 징수 일원화 방안」('05.11. 빈부격차 · 차별시정위원회)

또한 산정기준에 대한 개념[표 2-3]을 살펴보면, 소득세법에서는 '소득'이라는 용어를 사용하고 있는 반면, 건강보험에서는 '보수총액기준'이라는 용어를 사용하고, 국민연금에서는 '소득총액기준'이라는 용어를 각기 달리 사용하고 있다. 고용보험 및 산재보험에서는 임금총액을 기준으로 하고 있다.

[표 2-3] 소득에 관한 용어의 차이

소득세법	국민건강보험법	국민연금법	고용·산재보험법
소득	보수총액	소득총액	임금총액

4. 소득 기준으로의 변경에 따른 보수수준의 차이

최근까지 산재보험료의 산정은 근로자가 사용자로부터 받는 개인별 임금총액을 합산하여 당해 사업의 임금총액으로 보고, 여기에 해당사업의 업종별로 고시되는 보험료율을 곱하고 있다. 따라서 개인별로 보면, 근로자가 당해연도에 걸쳐 받게 되는 임금총액을 기초로 보험료를 산정하여 납부하는 방식이다. 이러한 산정방법을 분석하면, 근로자의 임금총액을 기준으로 1년간 보험료를 산정하여 납부하는 것이다.

그러나 산재보험의 보상기준은 그 지급사유가 발생한 날로부터 3개월간 지급받은 임금총액을 기초로 산정하여 보상기준을 산정하고 있다. 따라서 보험료의 납부를 위한 산정단위 기간과 산재보험을 지급하기 위한 산정단위 기간이 불일치한다는 문제점이 있다.

이러한 산정단위 기간의 불일치문제에도 불구하고 보상기준을 다시 임금기준에서 소득세법에 의한 보수기준으로 변경한다면 종전보다 보수수준이 높아질지, 아니면 낮아질지 의문이 생긴다.

2005년 9월 한국경총의 표본조사(근로자 1,930명)에 의하면, 과세소득이 임금보다 약 4% 정도 높은 것으로 나타났다.[12) 보상수준이 높아지는 원인을 살펴보면, 임금의 범위와 과세대상 여부에 있다. 임금과 과세대상소득 간의 차이는 '성과(특별)상여금'과 '초과(연장)근로수당', '식사대'에 있다. 또한 기업규모별로 보면, 과세소득인 성과급 비중이 높은 대기업은 현재보다 보험료의 부담이 늘어나고, 성과급 비중이 낮고 비과세되는 식사대 및 초과근로수당의 비중이 높은 중소기업은 보험료의 부담이 줄어들게 된다. 이러한 연구결과에 의하면, 보험료의 산정수준이나 산재보험의 보상수준이 높아질 것으로 보인다. 따라서 산재보험의 각종 보험급여는 '근로기준법상의 평균임금'을 기준으로 보상하고 있는데, 이를 소득세법에 의한 소득자료를 기준으로 한다면 임금기준보다 유리한지, 소득

---

12) 노동부 연구용역, "산재·고용보험징수체계 개편에 따른 재정분석효과", 한국보험학회(순천향대 김용하 교수, 2006년) 결과에 의하면 피보험자 관리수준에 따라 보험재정에 미치는 효과가 다르게 나타난다. 현재 고용·산재보험은 근로자별로 보험료를 산정하지 않고 사업장의 임금총액을 기준으로 보험료를 징수하고 있으나, 징수체계를 부과고지 제도로 개편할 경우 개별 근로자별로 보험료를 산정하여야 한다. 피보험자 수가 산재보험의 가입근로자 수준으로 유지되면, 과세소득기준의 보험료수입은 임금기준보다 약 16.7% 늘어날 것으로 추정하고 있다. 예를 들어, 3년간(2003-2005년) 산재보험의 임금자료와 건강보험의 과세소득자료를 활용하여 근로자의 임금과 과세소득을 비교해, 한편, 피보험자 수가 건강보험의 가입자와 같은 수준으로 떨어질 경우, 보험료수입은 약 2.56% 감소할 것으로 추정된다. 따라서 피보험자 관리를 철저히 하면, 보험료 수입은 늘어날 것으로 예상되며, 피보험자 관리가 부실하면 보험료 수입은 감소될 수 있다. 근로복지공단의 2005년도 고용보험 및 산재보험 적용사업장의 임금총액과 과세대상 근로소득을 비교분석에 따르면, 고용보험은 전체 적용대상 사업장 1,015,602개소 중 350,302개소 분석(34.5%), 산재보험은 전체 적용대상 사업장 987,623개소 중 362,734개소 분석(36.7%)되고 있다.

기준이 높아질지, 특정 직장생활의 영역을 벗어난 경제활동에서의 소득도 과세소득에 포함되고 있는지를 검토할 필요가 있다.

또한 소득세법에 의한 소득의 범위나 기준을 그대로 보수기준으로 전환할 수 있는지는 이러한 관점에서 검토할 가치가 있다. 소득의 범위는 근로관계를 전제로 당해 사업에서 발생한 소득에 대하여만 보수로 보아 보험료를 산정하고, 보상기준으로 삼아야 할 것이다. 국민건강보험법은 근로관계에 있는 특정 사업장의 소득만을 기초로 하지 아니하고, 다른 영역에서의 소득에 대하여도 합산함으로써 소득수준이 상대적으로 높게 나타내고 특성이 있다.

Ⅱ. 현행 산재보험 보상기준의 내용

1. 현행 산재보험의 보상기준

가. 평균임금의 증감기준

산재보험의 산정은 해당 근로자의 평균임금을 산정하여야 할 사유가 발생한 날부터 1년이 지난 이후에는 매년 전체 근로자의 임금 평균액의 증감률에 따라 평균임금을 증감하되, 그 근로자의 연령이 60세에 도달한 이후에는 소비자물가변동률에 따라 평균임금을 증감하도록 규정하고 있다. 2008년 고시된 기준을 살펴보면, '전체 근로자의 임금 평균액의 증감률'은 5.51% 증가, '소비자물가변동률'은 2.26% 상승하였다.

나. 평균임금의 산정특례

보험급여를 산정할 때 해당 근로자의 근로 형태가 특이하여 평균임금을 적용하는 것이 적당하지 아니한 일용근로자에 대해서는 통상근로계수를 적용한다. 이 경우 일용근로자에 대해서는 '일당에 0.73(통상근로계수)을 곱한 금액'을 평균임금으로 보고 있다. 보험급여를 산정할 때 진폐 등 직업병에 걸린 사람에게는 그 근로자와 임금수준이 비슷한 근로자의 평균임금을 준용한다.

다. 최고·최저 보상기준 금액

보험급여(장의비는 제외함)를 산정할 때 그 근로자의 평균임금이 전체 근로자의 임금 평균액의 1.8배(최고 보상기준 금액)를 초과하거나, 2분의 1(최저 보상기준 금액)보다 적으면 그 최고 보상기준 금액이나 최저 보상기준 금액을 각각 그 근로자의 평균임금으로 한다. 다만, 휴업급여 및 상병보상연금을 산정할 때에는 최저 보상기준 금액을 적용하지 아니한다. 최고 보상기준 금액 또는 최저 보상기준 금액은 매년 고시한다. 2008년 고시 '최고 보상기준 금액'은 157,220원, '최저 보상기준 금액'은 46,933원이다.

라. 요양급여의 보상기준

요양급여는 근로자가 업무상의 사유로 부상을 당하거나 질병에 걸린 경우에 산재보험 의료기관에서 요양을 인정하게 된다. 다만, 치료 기간이 3일 이내인 경우에는 요양급여를 지급하지 않는다. 산재보험법 제40조 제2항에 따른 요양의 범위에는 '진찰 및 검사', '약제 또는 진료재료와 의지 그 밖의 보조기의 지급', '처치, 수술, 그 밖의 치료', '재활치료', '입원, 간호 및 간병', '이송' 등이 있다. 요양의 범위에는 한방요양을 포함하며, 한방요양을 받을 수 있는 상병은 ① 양방요법으로 외과적 치료를 받은 후 한방요법에 의한 요양이 필요한 외상, ② 요통, 염좌, 근골격계 질환, ③ 뇌혈관 및 심장질환 등 업무상 질병, ④ 기타 한방요양의 필요성이 인정되는 내과질환 등이다.

한방요양의 방법은 첫째, 상병상태에 따라 한방 의료기관에서 입원, 통원치료, 둘째, 요양승인 기간 중 양방과 한방 의료기관에서 각각 다른 날짜에 통원치료가 가능한 경우를 들 수 있다.[13] 요양급여의 신청은 근로자가 하는 것이 원칙이나 근로자의 동의를 받아 산재보험 의료기관이 대행할 수 있다. 요양급여에 관한 결정을 하기 전에는 건강보험 요양급여를 우선 받을 수 있다.

여기서 요양급여 산정기준은 요양급여의 범위 및 요양에 소요된 비용의 산정기준은 「국민건강보험법」 제42조 제4항의 규정에 의하여 보건복지부장관이 고시하는 요양급여 비용의 내역에 의한다. 다

---

13) 근로복지공단에서 보상기준으로 승인하고 있는 한방요양급여는 한방 의료보험 요양급여기준 및 진료수가 기준을 원칙적으로 적용하되, 산재보험 요양급여 산정기준을 추가 적용하고 있다. 여기서 한방 의료보험 요양급여기준 및 진료수가 기준에 해당하는 요양의 범위는 ① 진찰료, 입원료, ② 투약(가미소요산 등 56종) 및 처방조제료, ③ 침술, 구술, 부항술 처치료, ④ 양도락 검사, 맥전도 검사, 경락기능 검사를 말하며, 한방의 첩약, 물리치료는 산재급여의 대상에서 제외된다. 여기서 유의해야 할 점은 첫째, 입원 환자는 다른 의료기관 통원치료가 불가능하다는 점이다. 다만, 한의과(한방) 의료기관에 요양 중인 환자가 약제의 투약 등으로 의과(양방)의료기관의 통원 진료가 필요한 경우는 가능하다. 둘째, 동일상병에 대하여 2개 이상의 의료기관을 이용하는 통원치료는 불가능하며, 동일상병에 대하여 양·한방 중복투약도 승인하지 않는다. 따라서 양·한방 진료가 동시에 가능한 의료기관에 한하여 요양이 인정된다.

만, 요양급여의 범위 및 요양에 소요된 비용 중 동 기준에서 정한 사항이 근로자 보호를 위하여 적당하지 아니하다고 인정되는 경우 또는 보험재정에 상당한 부담을 초래하여 보험재정의 건전성을 해할 우려가 있다고 인정되는 경우에는 노동부장관이 산업재해보상보험심의위원회의 심의를 거쳐 고시하는 「산업재해보상보험 요양급여산정기준」에 의한다.

산재보험 의료기관은 한국산재의료원 소속 의료기관, 종합전문요양기관, 지정받은 의료기관 및 보건소(보건의료원 포함)로 구분한다. 이 중에서 '종합전문요양기관(통상 '대형종합병원'이라 칭함)'은 법에 의해 당연히 산재보험 의료기관으로 된다(통상 '당연지정제'라 칭함). 산재보험 의료기관이 위법행위를 한 경우 지정취소, 진료제한, 과징금 부과 등의 조치를 할 수 있으며, 산재보험 의료기관에 대해 평가를 실시하여 지정취소 등 조치나 행정적·재정적 우대 조치를 하도록 하고 있다. 요양 기간의 연장이 필요한 경우 산재보험 의료기관은 근로복지공단에 진료계획을 제출하여야 하며, 근로복지공단은 진료계획을 심사하여 치료 기간의 변경 등 조치를 할 수 있다.

마. 휴업급여

휴업급여는 업무상 재해를 입은 근로자가 요양으로 취업하지 못한 기간에 대하여 급여를 지급한다. 다만, 취업하지 못한 기간이 3일 이내인 경우에는 급여를 지급하지 않는다. 법 개정(2008. 7. 1. 시행)에 따라 부분휴업급여, 저소득 근로자의 휴업급여, 고령자의 휴업급여, 재요양 기간 중의 휴업급여제도를 도입하고 있다. 산재보험법 제52조에서는 일반적인 휴업급여의 기준으로서 "요양으로 취업하지 못한 기간에 대하여 1일당 평균임금의 70%를 지급"하도록 규정하고 있다. 또한 특수한 경우로서 산재보험법 제53조에 의한 부분휴업급여와 법 제54조에 의한 저소득근로자의 휴업급여, 법 제55조에 의한 고령자의 휴업급여, 법 제56조에 의한 휴업급여를 규정하고 있다.

부분휴업급여(법 제53조)는 요양 기간 중 취업한 경우 취업한 기간에 대해서는 당해 근로자의 평균임금에서 취업하여 발생한 임금을 뺀 금액의 90%를 휴업급여로 지급한다. 저소득 근로자의 휴업급여(법 제54조)는 평균임금의 70%가 최저 보상기준 금액(전체 근로자 임금평균액의 1/2)의 80%보다 적으면 평균임금의 90%를 휴업급여로 지급한다. 이 평균임금의 90%가 최저임금액에 미달하면 최저임금을 휴업급여로 지급한다.

고령자의 휴업급여(법 제55조)는 휴업급여를 받는 근로자가 61세가 되면 그때부터 65세까지 매년 4%p씩 감액하여 지급한다(65세 이후에는 20%p를 감액하여 지급함). 다만 61세 이후 업무상 재해를 당하여 요양하거나 61세 이전에 질병이 발생하고 그 질병으로 61세 이후에 최초로 요양을 하는 경우에는 2년간 감액을 유예한다. 재요양 기간 중의 휴업급여(법 제56조)는 재요양 당시 임금의 70%를 휴업급여로 지급한다. 다만, 재요양 당시 임금의 70%가 최저임금에 미달하거나 재요양 당시 임금이 없는 경우에는 최저임금을 휴업급여로 지급한다.

바. 장해급여

장해급여는 근로자가 업무상의 사유로 부상을 당하거나 질병에 걸려 치유된 후 신체 등에 장해가 있는 경우에 지급한다. 여기에서 '치유'란 부상 또는 질병이 완치되거나 치료의 효과를 더 이상 기대할 수 없고 그 증상이 고정된 상태에 이르게 된 것을 말한다. 장해급여에 대하여는 산재보험법 제57조에서 장해등급(1급~14급)에 따라 장해보상연금과 장해보상일시금으로 지급하고, 연금은 1년분(평균임금×연금일수)을 12등분하여 매월 25일에 지급하도록 규정하고 있다. 제1급~제3급은 장해보상연금만 지급하고, 제4급~제7급은 연금과 일시금 중 선택이 가능하며, 제8급~제14급은 일시금만 지급한다.

장해보상연금을 받는 경우 선급금의 지급에 대하여는 산재보험법 제57조 제4항 및 시행령 제54조에 명시되어 있다. 장해보상연금의 경우 수급권자의 신청에 따라 선급금을 지급하며, 선급금에 대해서는 연 2%의 이자를 공제한다. 이 경우 선급금은 제1급~제3급은 1년분부터 4년분까지의 50%를 지급하고, 제4급~제7급은 1년분부터 2년분까지의 50%를 지급한다. 또한 장해보상연금의 수급권이 산재보험법 제58조에 의하여 소멸한 경우에는 차액 일시금 지급(법 제57조 제5항)한다. 따라서 장해보상연금의 수급권자가 사망하거나 외국에 거주하기 위하여 출국하는 경우 등 수급권이 소멸한 경우에 이미 지급한 연금액을 지급 당시의 각각의 평균임금으로 나눈 일수의 합계가 장해보상일시금의 일수에 못 미치면 그 못 미치는 일수에 수급권 소멸 당시의 평균임금을 곱하여 산정한 금액을 유족 또는 그 근로자에게 일시금으로 지급한다.

산재보험법 제59조에 의하면, 근로복지공단은 장해보상연금 수급권자 중 그 장해상태가 호전되거나 악화되어 치유 당시 결정된 장해등급이 변경될 가능성이 있는 자에 대하여는 그 수급권자의 신청 또는 직권으로 장해등급을 재판정할 수 있다. 여기서 '장해등급 재판정 대상자'는 '정신·신경장해', '척추 신경근 장해', '관절 운동장해', '진폐증'이 있는 자를 말한다. 장해등급 재판정은 장해보상연금의 지급결정을 한 날부터 2년이 지난날부터 1년 이내에 1회만 실시하며, 장해등급의 재판정 결과 장해등급이 변경되면 그 변경된 장해등급에 따라 장해급여를 지급한다.

사. 간병급여

간병급여는 요양급여를 받은 자 중 치유 후 의학적으로 간병이 필요하여 실제로 간병을 받는 자에게 지급한다(법 제61조). 간병급여는 상시간병급여와 수시 간병급여로 구분된다.[14] 상시 간병급여는 신경계통 기능의 장해1급 등으로 일상생활에 필요한 동작을 하기 위하여 항상 다른 사람의 간병이 필요한 사람에게 지급하며, 2008년 상시 간병급여액은 1일당 38,240원이다. 수시 간병급여는 신경계통 기능의 장해2급 등으로 일상생활에 필요한 동작을 하기 위하여 수시로 다른 사람의 간병이 필요한 사람에게 지급하며, 상시

---

14) 요양을 종결한 산재근로자가 치유 후 의학적으로 상시 또는 수시로 간병이 필요하여 실제로 간병을 받는 자에게 보험급여로서 간병급여를 지급하여 주는 제도이다. 간병급여의 경우에는 보상기준의 변경에도 불구하고, 임금기준과 관련성이 없으므로 개정할 필요가 없다고 본다.

간병급여액의 2/3에 해당하는 금액으로서 2008년 수시 간병급여액은 1일당 25,490원이다. 간병급여는 임금기준으로 산정하는 것이 아니므로 보수기준의 변경에 따른 연구과제로서 검토할 의미가 없다.

아. 유족급여

유족급여는 근로자가 업무상 사유로 사망한 경우에 유족에게 급여를 지급하는 금품을 말한다. 일반적인 유족급여에 대하여는 산재보험법 제62조 제1항 및 제2항에 명시되어 있다. 유족급여는 연금이나 일시금으로 구분되며, 유족보상일시금은 근로자 사망 당시 연금 수급권자가 없는 경우에 지급한다. 유족보상연금은 기본금액(평균임금의 47%)과 가산금액(유족보상연금 수급자격자 1인당 5%임, 한도 20%)을 합산한 금액을 지급한다.

유족보상일시금은 평균임금의 1,300일분을 지급한다. 유족보상연금은 선급금의 제도가 없어서 일시에 목돈을 받고자 하는 경우에는 수급권자의 신청에 의해 최대 50%까지 일시금으로 받을 수 있고 나머지 50%에 대해서는 연금의 형태로 지급받는다(법 제62조 제3항). 또한 차액일시금의 지급에 관한 규정(법 제62조 제4항)을 두어 유족보상연금을 받던 자가 그 수급자격을 잃은 경우 다른 수급자격자가 없고 이미 지급한 연금액을 지급 당시의 각각의 평균임금으로 나누어 산정한 일수의 합계가 1,300일에 못 미치면 그 못 미치는 일수에 수급자격 상실 당시의 평균임금을 곱하여 산정한 금액을 수급자격 상실 당시의 유족에게 일시금으로 지급하도록 하고 있다.

자. 상병보상연금

상병보상연금은 요양급여를 받는 근로자가 요양을 시작한 지 2년이 지난 날 이후에 부상이나 질병이 치유되지 않고 폐질 제1급~제3급에 해당하는 상태가 계속되면 휴업급여 대신 지급한다. 법 개정(2008. 7. 1. 시행)으로 저소득 근로자의 상병보상연금을 규정하고, 고령자의 상병보상연금에 대한 감액규정을 도입하였다. 산재보험법법 제66조에서 상병보상연금액은 평균임금의 329일분(제1급), 291일분(제2급) 및 257일분(제3급)을 지급하도록 규정하고 있다.

또한 저소득 근로자의 상병보상연금(법 제67조)에서 평균임금이 최저임금액에 70분의 100을 곱한 금액보다 적을 때에는 최저임금액의 70분의 100에 해당하는 금액을 그 근로자의 평균임금으로 보아 산정하여 상병보상연금을 지급하도록 규정하고 있다. 고령자의 상병보상연금(법 제68조)에 대하여는 상병보상연금을 받는 근로자가 61세가 되면 그때부터 65세까지 매년 4%p씩 감액하여 지급하며, 65세 이후에는 20%p를 감액하여 지급하도록 규정하고 있다.

차. 장의비

장의비는 근로자가 업무상의 사유로 사망한 경우에 장제(葬祭)를 지낸 유족에게 지급한다. 다만, 장제를 지낼 유족이 없거나 그 밖에 부득이한 사유로 유족이 아닌 자가 장제를 지낸 경우에는 그 장제를 지낸 자에게 지급한다. 장의비는 유족에게 평균임금의 120일분을 지급한다. 다만, 유족이 아닌 장제를 지낸 자에게 지급할 경우에는 평균임금의 120일분의 범위에서 실제로 든 장제비용을 지급한다

(법 제71조). 장의비는 고시하는 최고·최저금액을 기준으로 지급하며, 2008년 '최고금액'은 11,531,470원, '최저금액'은 8,222,860원이다.

카. 직업재활급여

장해급여자가 노동력을 회복하여 재활할 수 있도록 직업재활급여를 지급하며, 이 경우 장해등급 제1급~제9급 해당자이어야 한다. 산재보험법 제72조 내지 제75조에서는 직업재활급여, 직업훈련비용, 직업훈련수당, 직장복귀지원금에 대하여 규정하고 있다. 직업재활급여는 장해급여자의 직업훈련과 관련하여 지급하는 급여와 장해급여자를 직장에 복귀시킨 사업주에게 지급하는 급여로 구분된다. 장해급여자의 직업훈련과 관련하여 지급하는 급여는 직업훈련비용과 직업훈련수당으로 세분된다. 직업훈련비용은 직업훈련을 실시한 직업훈련기관에 지급하며, 직업훈련비용 금액은 고시금액의 범위에서 실제 드는 비용으로 하되, 직업훈련비용을 지급하는 훈련기간은 12개월 이내로 한다. 2008년 고시 '직업훈련비용 상한액'은 직업훈련생 1인당 150만 원이며, 장애인고용촉진공단의 위탁훈련 상한액은 1인당 8백만 원이다. 직업훈련수당은 직업훈련으로 인하여 취업하지 못하는 기간에 대하여 근로자에게 지급하며, '직업훈련수당액'은 최저임금액 상당금액으로 지급한다.

장해급여자를 직장에 복귀시킨 사업주에게 지급하는 급여는 직장복귀지원금, 고용을 유지하거나 직장적응훈련 또는 재활운동을 실시하는 사업주에게 직장적응훈련비 및 재활운동비로 구분하여 지급한다. 이 경우 직장복귀지원금은 고시금액의 범위에서 사업주가 장해급여자에게 지급한 임금액으로 하되, 그 지급 기간은 12개월 이내로 한다. 2008년 고시 '직장복귀지원금 상한액'은 장해 제1급~제3급은 월 60만 원, 제4급~제9급은 월 45만 원이며, 직장적응훈련비 및 재활운동비는 고시금액의 범위에서 실제 드는 비용으로 하되, 그 지급 기간은 3개월 이내로 한다. 2008년 고시 '직장적응훈련비 상한액'은 월 45만 원, '재활운동비 상한액'은 월 15만 원이다.

2. 산재보험의 보상기준과 변경 가능성에 대한 검토

가. 임금의 보상기준과 보수로의 변경 가능성

(1) 산정기준과 보상기준의 이원화에 따른 문제점

산재보험료의 산정기준을 과세소득기준으로 변경한다면 산재보험의 보상기준을 이에 따라 변경해야 할 당위성이 있는지를 살펴볼 필요가 있다. 역사적으로 최초로 산재보험을 도입한 독일이나 영국 등 선진국의 경우에는 오래전부터 임금지불내역을 기초로 산재보험료를 산정하여 왔다. 산재보험제도가 1920년경에 처음 도입될 당시에는 사무직근로자에게만 적용하였고, 이후 생산직으로 확대되었다. 비교적 안정적인 직장에서 일하는 일반근로자를 대상으로 하여 임금자료를 기초로 보험료를 부과하고 근로자의 소득을 파악하여 산정하기가 용이하였기 때문이다.[15] 근로자에 대한 임금지불기록은 사업주가 예산관리의 한 부분으로 취급하는 것이기 때

---

15) 자세한 내용은 이상국, 산업재해보상보험법, (주)청암미디어, 2001, 681면 이하 참조.

문에 산재보험의 비용을 예측하는 데 도움이 되었기 때문이다. 이러한 임금지불액은 기록의 편의성뿐만 아니라 계산방법의 원칙을 수립하여 사용할 수 있고, 재해 가능성을 정확하게 산정하여 반영할 수 있는 장점을 지닌다.

그러나 산업발달에 따라 다양한 관점에서 효율적으로 산재보험료를 산정하기 위한 지표를 찾아왔고, 최근에는 산재보험료의 산정기준을 소득기준으로 변경하고자 하는 입법동향이 나타나고 있다. 이 경우 산재보험의 보상기준도 변경하여야 할 당위성이 있는지 의문이 생긴다. 만약 산재보험료의 징수기준이 변경됨에도 보상기준을 그대로 유지한다면 어떠한 문제가 생기는지 살펴보면 다음과 같다.

첫째, 보험행정상의 이원체계로 인해 불편이나 복잡성이 초래될 수 있다. 산재보험료의 산정기준은 소득으로 하고, 산재보험의 보상기준은 임금으로 한다면 사업주는 근로소득을 기준으로 보험료를 산정하고, 산재보험은 임금을 기준으로 보상을 해야 한다. 이러한 경우에 사업주는 소득 자료와 임금자료를 별도로 구분하여 관리해야 하고 소득세법상의 비과세 부분에 해당하는지 혹은 공제대상인지를 일일이 확인하는 동시에 다른 한편 임금에 해당하는지를 확인해야 할 행정상 불편이 늘어날 것이다.

둘째, 산재보험료를 소득세법에 의한 소득기준으로 1년 단위로 납부하고, 산재보험은 평균임금을 기준으로 3개월 단위로 보상금액을 산정하여 지급한다면 보험료납부액과 보험급여 간에 수지상 재정적 불균형이 초래된다. 이로 인하여 보험료를 덜 내고 많은 보상을 받게 되며, 보험재원의 부족분이 사업주에게 전가되어 형평성의 문제가 제기된다.

셋째, 산재보험료의 재원과 지출에 대한 지표기준이 서로 달라 보험수리가 매우 복잡해지게 된다. 이러한 제도적 문제점으로 인해 보험관리가 불명확하고 어려워지기 쉽다.

넷째, 근로자나 사업주는 매년 개별적인 소득세에 따른 보험료의 산정 및 납부문제, 보상금액의 청구기준이 달라 이의신청 등 민원업무가 증가하거나 확정정산 과정에서의 복잡성으로 인해 행정상 비효율성이 증대된다.[16] 이러한 불필요한 사회적 비용증가를 예방지하기 위해서는 가급적 보험료의 산정기준과 산재보험의 보상기준을 일치시키는 것이 가장 바람직하다. 따라서 산재보험료 산정기준과 산재보험의 보상기준이 일치하도록 변경해야 할 당위성이 있다.

(2) 임금성의 판단과 범위에 대한 검토

산재보험의 보상기준을 임금에서 소득에 기초한 보수기준으로 변경하는 경우 근로기준법 제2조에 의한 임금의 의미와 소득세법 제20조에 의한 근로소득에 대하여 살펴볼 필요가 있다. 근로기준법 제2조 제5호에서 '임금'이란 사용자가 근로의 대가로 근로자에게 지급하는 임금, 봉급, 그 밖에 어떠한 명칭으로든지 지급하는 일체의 금품을 말한다고 규정하고 있다. 따라서 근로기준법은 임금의 범위를 구체적으로 정하지 아니하고 해석에 맡기고 있다. 따라서 사용자가 근로의 대가로 지급하는 금품은 명칭에 불문하고 모두

---

16) 산재보험료의 납부는 보험가입자인 사용자가 보험연도마다 1년간의 기간 내에 사용할 근로자에게 지급하는 임금총액의 추정액에 보험료율을 곱하여 산정한 개산보험료를 3월 31일까지 근로복지공단에 자진신고를 거쳐 납부하거나 4회로 구분하여 분할 납부하고 있다. 이 후 다음 연도 초에 근로자에게 실제로 지급한 임금총액에 보험료율을 곱하여 산정한 확정보험료를 신고·납부를 하게 된다. 이러한 과정에서 개산보험료와 확정보험료를 서로 비교하면 보험료의 차액이 발생하거나 일부 부족한 금액이 나타나게 되는데, 이러한 과정을 보험료정산이라고 한다.

임금으로 볼 수 있으나, 구체적 금품에 따라 해석상 다툼이 있는 경우에는 법원의 판결에 의하여 해결하고 있다. 사용자가 지급하는 금품이 임금성이 있는지의 판단은 근로기준법 제2조 제5호의 정의규정에 의해 판단한다.

첫째, 사용자가 근로자에게 지급하는 금품이어야 한다. 명칭이 '임금'이라 하더라도 사용자가 지급하지 않는 금품은 임금으로 볼 수 없다. 따라서 고객에게 직접 받는 봉사료, 고용촉진훈련의 수강생에게 지급하는 훈련수당 등은 근로기준법상 임금이 아니다.

둘째, 근로의 대가로 지급하는 금품이어야 한다. 근로의 대가라 함은 사용종속관계 아래서 제공되는 근로에 대한 보수로서 근로기준법 제2조 제1호에 의한 근로자가 같은 조 제3호에 의한 사용자의 지시·명령에 따라 근로를 제공하고 받은 반대급부를 말한다.

셋째, 임금의 범위에서 제외하는 금품이 있다. 사용자가 근로자에게 지급하는 금품 중에는 근로의 제공과는 전혀 무관하게 지급하는 것은 대가로 볼 수 없으므로 임금의 범위에서 제외된다. 따라서 ㉠ 의례적·호의적·은혜적으로 지급하는 경조금, 축의금, 포상금이나 ㉡ 근로자의 복리후생을 위해 일시적 또는 일부 근로자에게 지급하는 교통비, 자녀학자금 등(장기적으로 모든 근로자에게 일률적으로 지급하는 경우는 순수한 의미의 복리 후생비로 볼 수 없으므로 근로기준법상 임금에 해당함), ㉢ 작업복구입비, 출장비, 판공비, 기밀비 등의 실비변상적임 금품은 임금이 아니다. 따라서 명칭만으로 임금 여부를 판단하여서는 아니 된다.

[표 2-4] 근로기준법상 임금의 범위 예시

포함 여부	지급방법	임금의 종류
임금 총액에 산입되는 것	①통화로 지급되는 것	○ 기본급 ○ 연·월차, 유급휴가수당 ○ 임금직책수당 ○ 특수작업수당, 위험작업수당, 기술수당 ○ 연장, 야간, 휴일근로수당 ○ 일, 숙직 수당 ○ 장려, 개근수당 ○ 단체협약 또는 취업규칙, 근로계약에서 근로조건의 하나로서 근로자에게 정기적, 일률적으로 지급하도록 명시되어 있거나 관례적으로 계속하여 지급하여 온 사실이 인정되는 다음의 것 ー상여금, 통근비, 사택수당, 교육수당, 급식대(주식대보조금, 잔업식사대, 조근식사대) ー별거수당, 월동·연료수당, 지역수당(한·냉·벽지수당), 물가수당, 조정수당
	②현물로 지급되는 것	법령 또는 단체협약, 취업규칙, 근로계약서의 규정에 의하여 지급되는 현물급여(예시: 급식, 정기승차권)
	③고용보험료 등의 산정범위에 속하는 것으로 노동부장관이 고시한 금품	○ 노동조합 및 노동관계조정법 제24조의 규정에 의한 노동조합의 전임자가 그 전임 기간 중 사업주 또는 노동조합으로부터 급여의 명목으로 지급받는 금품 ○ 사용자의 귀책사유로 인하여 휴업한 기간 중 근로자가 근로기준법 제45조 제1항의 규정에 의하여 지급받는 휴업수당 ○ 근로기준법 제72조의 규정에 의한 산전후휴가 기간 중 사업주로부터 급여의 명목으로 지급받는 금품
임금 총액에 산입되지 않는 것	①성질상 임금으로 인정하지 않는 것	㉠ 통화로 지급되는 것 ○ 의례적·호의적·은혜적으로 지급하는 경조금, 축의금, 포상금 등 ○ 재해위문금, 휴업보상금 ○ 근로자의 복리후생을 위해 일시적 또는 일부 근로자에게 지급하는 교통비, 자녀학자금 등(장기적으로 모든 근로자에게 일률적으로 지급하는 경우에는 순수한 의미의 복리후생비로 볼 수 없으므로 근로기준법상 임금에 해당함) ○ 실비변상으로 지급되는 것(예: 기구손실금, 작업용품대, 작업상 제공하는 피복비, 출장여비, 판공비, 기밀비 등) ㉡ 현물로 지급되는 것 ○ 근로자로부터 대금을 징수하는 현물급여 ○ 작업상 필수적으로 지급되는 현물급여(예: 작업복, 작업화 등) ○ 복리후생시설로서 지급되는 현물급여(예: 주택설비, 조명, 용수, 의료 등의 제공, 영양식품의 지급 등)
	② 기타 임금총액에 포함되지 않는 것	퇴직금(단체협약, 취업규칙 등에 규정함을 불문한다)

(3) 임금기준을 소득세기준으로 변경과 불이익 여부

산재보험의 보상기준을 임금에서 보수로 변경하면, 근로자가 현재 받고 있는 보상수준에 비하여 유리하거나 불리한지를 검토할 필요가 있다.[17] 만약 보상기준의 변경으로 인하여 보험수급권자에게 유리하거나 적어도 현재수준과 별다른 차이가 없다면 이해관계 당사자의 별다른 저항 없이 보상기준을 변경할 수 있을 것이다. 그러나 산재보험의 보상기준의 변경으로 종전의 평균임금을 기준으로 산정한 보상기준보다 불리하다면, 재해근로자나 유족의 저항이 우려되기 때문에 이에 대한 검토가 필요하다.[18]

근로기준법 제2조에 의한 임금개념과는 달리 소득세법에 의한 소득의 범위는 보다 명확하고 구체적이다. 오히려 임금범위보다 소득범위가 넓다면, 소득세기준으로 보상기준을 변경하는 것이 불리하다고 할 수 없다. 사업주가 지급하는 금품을 근로기준법에서는 임금으로 해석하지 않는 경우에도 소득세법에서는 근로소득으로 판단하여 포함하기 때문이다. 따라서 어떠한 금품이 소득세기준에 포함될 여지가 있는지, 보수기준으로 산정하는 것이 유리한지 판단해야 한다. 보상기준을 변경할 경우에 예상되는 쟁점은 다음과 같다.

첫째, 보상기준의 변경에 따라 어느 소득계층이 유리한지 검토할 필요가 있다. 대기업에 근로하는 고소득계층에 속하는 근로자의 경우에는 특별상여금이나 성과급 등으로 인해 과세대상이 되는 금품

---

17) 이때 유의할 점은 보상기준의 변경에 따른 유리 여부의 판단은 수리적 방법에 의한 검토가 필요하나, 본 연구과제에서는 이를 제외하고 산정방법의 적정성에 국한하여 검토하고자 한다. 따라서 소득계층을 고려한 임금분포를 기준으로 적정수준을 얼마로 할 것인지에 관한 연구는 향후 별도의 연구과제로 할 필요가 있다.

18) 그렇다면, 임금을 단순히 보수로 변경하는 경우에 사업주가 부담하는 보험료의 증가는 어떻게 되는지도 문제가 될 수 있으나, 이에 관한 연구는 제외하기로 한다.

이 늘어나고 이에 따라 보상기준을 변경하는 경우에는 보상수준이 높아질 가능성이 매우 높다. 그러나 임금분포를 기준으로 유리한지를 판단하는 것은 부적절하다고 본다.

둘째, 개별근로자의 입장에서 산재보험의 보상기준을 변경하는 경우에 임금으로 산정한 것보다 보수를 기준으로 산정하는 것이 유리한지를 판단할 필요가 있다. 개별근로자의 입장에서 사용자가 지급하는 금품이 현재까지 과세대상에서 제외하고 있으나, 소득기준으로 변경된다면 산정기준에서 제외하던 금품이 보상기준에 포함되어 보상수준도 높아질 가능성이 있다. 따라서 보상기준의 변경은 개별적으로 현재 보상기준이 유리한지를 규명할 필요가 있다. 현재까지 사용자가 근로자에게 지급하던 금품에 대하여 임금성 여부를 둘러싸고 법적 다툼이 벌어졌으나, 향후 과세대상으로 변경한다면 보상기준이 보다 명확해져 분쟁이 해소될 여지가 있다.

셋째, 임금기준으로 보수기준으로 변경할 경우 소득세의 증가에 대한 검토가 필요하다. 사용자가 임금체계를 개선하여 그동안 비과세대상이었던 금품을 과세대상으로 정리하게 된다면, 일시적으로 소득세의 부담은 늘어날 수 있다. 그 결과 과세대상에 포함되는 금품만큼 사업주가 보험료를 납부하게 되고, 근로자는 근로소득으로 인정된 만큼 보상수준이 향상될 것이다. 따라서 개별 근로자의 입장에서 보상수준이 임금에서 보수기준으로 변경되더라도 현재 지급받고 있는 금품이 그대로 전환된다면 현재보다 불리하지 않다. 아래의 [표 2 - 5]는 소득세법과 4대 사회보험법의 비교를 비교하여 금품의 포함 여부를 나타낸 것이다.

[표 2-5] 과세대상과 4대 보험의 금품범위에 대한 비교

		갑근세	건강보험	국민연금	고용·산재보험
		당년도 과세대상소득 기준	당년도보수총액기준	전년도소득총액기준	당년도임금총액기준
부과범위	과세대상소득	특별상여금	포함	포함	특정상여금 불포함
		고용보험기금에서 지원되는 산전후휴가급여 및 육아휴직수당	포함	불포함	불포함
		봉급, 급료, 보수, 세비, 임금, 상여 등	포함	포함	포함
	비과세소득	국외근로소득 (월 150만 원 불포함)	국외근로소득	국외근로소득 (전액 포함)	국외근로소득 (전액 포함)
		야간근로수당 등(1년 240만 원까지 불포함)	야간근로수당(1년 240만 원까지 불포함)	야간근로수당 (전액 포함)	야간근로수당 등 (전액 포함)
		기타 비과세	불포함	불포함	기타 비과세 중 식대 경우도 포함
					불포함

나. 다른 법률에 의한 보수 또는 소득에 대한 검토

(1) 국민건강보험법에 의한 보수에 대한 검토

1) 가입대상자와 근로자의 개념의 유사성

국민건강보험법 제3조(정의) 제1호에서는 '근로자'라 함은 직업의 종별에 불구하고 근로의 대가로서 보수를 받아 생활하는 자(법인의 이사 기타 임원을 포함한다)로서 규정하고 있어 근로기준법과 대체로 일치하나, 공무원과 사립학교교직원을 제외하는 점에서 차이가 난다. 또한 같은 조 제2호에서 '사용자'라 함은 ㉠ 당해 근로자가 소속되어 있는 사업장의 사업주, ㉡ 당해 공무원이 소속되어 있는 기관의 장으로서 대통령령이 정하는 자, ㉢ 당해 교직원이 소속되어 있는 사립학교(「사립학교교직원 연금법」 제3조에 규정된 사

립학교를 말한다. 이하 이 조에서 같다)를 설립·운영하는 자라고
규정하고 있어 사용자의 범위가 상대적으로 광범위하다.

2) 보수월액의 산정과 보수가 불명확한 경우의 고시방법

국민건강보험법에서는 임금이라는 용어를 사용하지 아니하며, 보
험료를 징수하기 위한 목적으로 국민건강보험법 제62조(보험료)에
서 보수월액을 사용한다. 보수월액은 연간총보수를 근무월수로 나
눈 금액을 말하며, 급여와 부정기적인 수당을 포함한다.[19] 국민건
강보험법 제62조 제2항에 따르면, 보험료는 가입자의 자격을 취득
한 날이 속하는 달의 다음 달부터 가입자의 자격을 상실한 날의 전
날이 속하는 달까지 징수하도록 한다. 이때 직장가입자의 월별 보험
료 액은 제63조의 규정에 의하여 산정한 보수월액을 기초로 한다.[20]
국민건강보험법 제63조(보수월액) 제1항에서는 "보수월액은 직장가
입자가 지급받는 보수를 기준으로 하여 산정하되, 대통령령이 정하
는 기준에 따라 상·하한을 정할 수 있다."고 규정하고 있다.

그러나 휴직 기타의 사유로 보수의 전부 또는 일부가 지급되지
아니하는 가입자(이하 '휴직자 등'이라 한다)의 보험료는 당해 사유
가 발생하기 전월의 보수월액을 기준으로 보험료를 산정한다. 같은
조 제3항에 의하면, 보수는 근로자 등이 근로의 제공으로 인하여
사용자·국가 또는 지방자치단체로부터 지급받는 금품(실비변상적

---

19) 종전에는 보수월액을 일정액별로 등급을 정하고 각 등급별로 표준이 되는 금액을 정하
   여 여기에 보험료율을 곱하여 보험료를 산정하게 되는데, 그 표준이 되는 금액을 표준
   보수월액이라고 정하였다. 표수보수월액에 관한 제도는 2004년 법 개정 시에 폐지되
   었다.
20) 지역가입자의 월별 보험료 액은 세대단위로 산정하되, 지역가입자가 속한 세대의 월별
   보험료 액은 제64조의 규정에 의하여 산정한 보험료부과점수에 국민건강보험법 제65
   조 제3항의 규정에 따른 보험료 부과점수당 금액을 곱한 금액으로 한다.

인 성격의 것을 제외한다)으로서 대통령령이 정하는 것을 말한다. 이 경우 보수 관련 자료가 없거나 불명확한 경우 등 대통령령이 정하는 사유에 해당하는 경우에는 보건복지가족부장관이 정하여 고시하는 금액을 보수로 본다. 보수월액의 산정 및 보수가 지급되지 아니하는 사용자의 보수월액의 산정 등에 관하여 필요한 사항은 대통령령으로 정한다.21) 국민건강법에서의 보수에 대한 명확한 개념을 정의하지 않고 있다.

3) 보수총액의 범위와 제외되는 금품

국민건강보험법에 의한 소득으로서 보수총액에 포함되는 금품을 살펴보면 다음과 같다. 보수에는 근로자가 봉급·급료·보수·세비·임금·상여·수당과 이와 유사한 성질의 금품을 포함한다. 다만, [퇴직금, 현상금·번역료 및 원고료와 소득세법의 규정에 의한 비과세근로소득]을 제외한다. 소득세법상의 [근로소득원천징수영수증]상의 ⑯ 계와 ⑰ 국외근로소득의 합계를 말한다. 보수의 범위에는 비과세소득 중 ⑱ 야간근로수당, ⑲ 기타 비과세보수는 제외한다. 제외되는 구체적 금품의 항목은 다음과 같다.

○ **식대**: 월 10만 원까지(연간 120만 원)에 한하여 보수에서 제외
○ **자가운전보조금**: 근로자 본인 소유차량으로 근로자가 직접 운전하여 사용자의 업무수행에 이용하고, 시내출장 등에 소요된 실제여비를 받는 대신에 그 소요경비를 당해 사업장의

---

21) 대통령령으로 정하는 보수의 범위에 대하여는 국민건강보험법 시행령에 명시되었다. 시행령 제33조 제1항에서는 '법 제63조 제3항 전단에서 대통령령이 정하는 것'이라 함은 근로의 제공으로 인하여 받은 봉급·급료·보수·세비·임금·상여·수당과 이와 유사한 성질의 금품 중 퇴직금, 현상금·번역료 및 원고료, 「소득세법」의 규정에 의한 비과세 근로소득(다만, 「소득세법」 제12조 제4호 자목·가목 및 피목의 규정에 의하여 비과세되는 소득, 직급보조비 또는 이와 유사한 성질의 금품은 제외한다)으로 규정하고 있다.

규칙 등에 의해 정하여진 지급기준에 따라 받는 금액 중 월 20만 원 이내의 금액까지 보수에서 제외(근로자 소유차량으로 사용자의 업무수행에 이용하고 그에 소요된 실제비용을 지급받으면서 별도로 교통비를 지급받는 경우 교통비는 보수에 포함됨)

○ **국외근로소득**: 소득세법상 월 150만 원 한도 내에서 비과세 처리가 되더라도 국민건강보험법 시행령 제33조에 의거하여 전액 보수에 포함.

○ **비과세(보수 제외) 학자금의 범위**: 비과세 대상이 되기 위해서는 ①근로자가 종사하는 사업체의 업무와 관련 교육·훈련을 위하여 지급받는 학자금으로서 ②당해 업체의 규칙 등에 정해진 지급기준에 의하여 지급되고, ③교육·훈련 기간이 6개월 이상인 경우에는 교육·훈련 후 교육 기간을 초과하여 근무하지 않는 경우 반환하는 조건일 것(자녀학자금은 소득세법 제52조에 의거 특별공제 대상일 뿐 비과세 소득이 아니므로 보수에 포함)의 요건을 모두 갖춘 근로자 본인의 학자금으로서 초·중등교육법 및 고등교육법에 의한 학교(외국에 있는 이와 유사한 교육기관 포함) 및 근로자직업훈련촉진법에 의한 직업능력개발 훈련시설의 입학금·수업료·수강료 기타 공납금 중 당해연도 납입한 금액에 한하여 보수에서 제외

○ **스톡옵션(stock option)**: 스톡옵션은 근로계약 당시 일정한 조건을 부여하고 그 조건이 성취되었을 때, 주식매입선택권을 행사할 수 있도록 한 일종의 성과급이므로, 주식 매입에 따른 차액은 행사 당해연도의 근로소득에 포함되며 건강보험료 산정 시 보수에 포함함.

○ **인정상여**: 법인세법에 의하여 상여로 처분된 금액으로서 근로소득으로 인정된 급여는 보수에 포함. 다만, 인정상여가 아닌 회사 필요경비로 쓰인 내역을 입증할 경우 보수에서 제외

○ **퇴직수당 또는 퇴직위로금**: 소득세법시행령 제38조에 의거하여 퇴직으로 인하여 받는 소득으로서 퇴직소득에 속하지 아니하는 퇴직위로금, 퇴직공로금 기타 이와 유사한 성질의 급여는 근로소득에 포함되므로 보수에 포함. 퇴직예고수당은 퇴직소득에 포함으로 보수에 불포함.

○ **연봉제 근로자가 퇴직금의 일정액을 매월 보수에 포함시켜 받는 금액**: 연봉계약 체결 시 노·사 간 합의(계약)로 퇴직금에 대한 지급규정이 있고 매월 일정금액을 보수에 포함하여 지급할 경우, 소득세법은 근로소득원천징수 의무이행 시 근로소득으로 신고를 하고, 근로자가 근로계약서에 의거하여 근로 기간을 이행하였을 경우 선납한 근로소득금액 중 퇴직금에 대한 부분은 퇴직소득으로 재정산하게 되므로 계약서 등 관련서류 제출 시 해당 퇴직금은 보수에서 제외

○ **출산수당·보육수당**: 소득세법 제12조 제4호 더목에 의거하여 근로자 또는 그 배우자의 출산이나 6세 이하의 자녀의 보육과 관련하여 사용자로부터 지급받는 급여로서 월 10만 원 이내의 금액은 보수에서 제외

○ **공무원의 대민활동비 및 초과근무수당**: 국민건강보험법시행령 제33조 제1항 제3호 나목에 의해 이와 유사한 성질의 금품으로 인정하여 보수에 포함.

○ **창립기념일 등의 사유로 직원에게 임시적 명목으로 지급하는 격려금**: 근로의 제공과는 무관하게 창립기념일을 맞아 임의적 명목으로 지급하였다고 하나, 이는 소득세법 제12조 제4항 규정에 의거하여 비과세 소득에 해당하지 아니하며 또한 동지급액은 근로자가 근로를 제공하여 발생된 소득으로 보아야 하므로 보수에 포함.

○ **생산직근로자 등의 야간근로수당 등**: 소득세법 시행령 제17조 제1항에 의거하여 생산직 근로자의 월정액급여가 100만 원 이하인 경우 월 20만 원을 일률적으로 적용하거나 또는 월 20만 원을 초과한 금액으로 적용하더라도 연간 240만 원 한도 내에서만 보수총액에서 공제함.

○ **우리 사주 출연금**: 국세는 근로소득 금액에서 소득공제를 하고 있으나, 이는 단순히 소득세법상의 소득공제일 뿐이며, 국민건강보험법상 우리 사주 출연금은 본인의 소득이므로 보수에 포함. 그러나 3년 내에 자사주를 인출할 경우, 인출한 당해연도 국세청 연말정산 시 전년도에 소득공제 받은 금액을 포함하여 근로소득으로 과세하므로, 이 경우 우리 사주 인출 기관에서 원천징수 세액 관련 증빙서류를 첨부하여 전년도 국세청 연말정산 시 소득 공제된 우리 사주 출연금이 당년도 총급여에 포함되었는지를 입증할 경우, 우리 사주 출연금만큼 제외하여 총보수를 산정함.

○ **출산휴가 기간 동안 지급받은 급여**: 출산휴가 기간 동안 사업장으로부터 지급받는 급여와 고용보험에서 지급받는 급여는 근로소득에 포함되므로 보수에 포함하고 근무월수에도 포함.

(2) 국민연금법에 의한 소득에 대한 검토

1) 연금가입자와 노사당사자 개념의 유사성

국민연금법 제1항에서 정하고 있는 근로자의 개념은 '근로자'란 직업의 종류가 무엇이든 사업장에서 노무를 제공하고 그 대가로 임금을 받아 생활하는 자(법인의 이사와 그 밖의 임원을 포함한다)를 말한다. 다만, 대통령령으로 정하는 자는 제외한다(제1호). 또한 '사용자'란 사업주나 사업경영자를 말한다(제2호). 이러한 경우에는 산재보험법 또는 근로기준법에서 정하고 있는 근로자의 개념과 별다른 차이가 없다.

2) 평균소득월액·기준소득월액의 정의

산재보험법에서는 임금이라는 용어를 사용하는 반면, 국민연금법 제2조 제1항 제3호에서는 ['소득'이란 일정한 기간 근로를 제공하여 얻은 수입에서 대통령령으로 정하는 비과세소득을 제외한 금액 또는 사업 및 자산을 운영하여 얻는 수입에서 필요경비를 제외한 금액을 말한다]고 규정하고 있다. 이 경우 국민연금가입자(이하 '가입자'라 한다)의 종류에 따른 소득범위는 대통령령으로 정한다. 따라서 임금 대신에 소득세법에 의한 '소득'이라는 용어를 사용하고 있다. 월소득이란 매월 받는 소득을 말하며, 월소득은 매월 근무일수나 연장근로 등에 따라 수당이 늘어나는 경우에 다를 수밖에 없다. 월소득은 실제근무를 하고 매월 받게 되는 소득을 말한다.

또한 국민연금법 제2조 제1항 제4호에서 평균소득월액이라는 단위개념을 사용하며, '평균소득월액'이란 매년 사업장가입자 및 지역가입자 전원(全員)의 기준소득월액을 평균한 금액을 말하며, 그

산정방법은 대통령령으로 정한다. 또한 같은 조 제1항 제5호에서
['기준소득월액'이란 연금 보험료와 급여를 산정하기 위하여 가입
자의 소득월액을 기준으로 하여 대통령령으로 정하는 금액을 말하
며, 그 결정방법 및 적용 기간 등에 관하여는 대통령령으로 정한
다]고 규정하고 있다. 따라서 기준소득월액은 산정방법으로 알아볼
필요가 있다. 국민연금법에서는 임금 대신에 소득을 기준으로 파악
하며, 산정단위도 평균소득월액이나 기준소득월액을 사용하여 현재
산재보험법과 상당한 차이를 나타내고 있다.

3) 국민연금법의 소득총액과 비과세소득의 범위

(가) **국민연금 부과대상이 되는 소득**은 소득총액으로서, 소득세법
제20조의 규정에 의한 근로소득에서 동법 제12조 제4호의
규정에 의한 비과세소득을 차감한 소득을 말한다. 다만, 소
득세법 제12조 제4호의 규정에 의한 비과세근로소득에는 다
음에 해당하는 급여액을 포함하고 있다.

○ **국외근로소득(소득세법 시행령 제16조 제1항 제1호의 규정에
의하여 비과세되는 급여)**: 국외근로 또는 「남북교류협력에 관
한 법률」에 의한 북한 지역에서 근로를 제공(원양어업선박 또
는 국외 등을 항행하는 선박이나 항공기에서 근로를 제공하는
것을 포함)하고 받는 보수 중 월 150만 원을 초과하는 금액

○ **야간근로수당 등(소득세법 제12조 제4호 거목의 규정에 의하
여 비과세되는 급여)**: 생산 및 관련 직에 종사하는 근로자로
서 월정급여 100만 원 이하 근로자가 대통령령이 정하는 연
장시간근로·야간근로 또는 휴일근로로 인하여 받는 급여액

중 연 240만 원을 초과하는 금액(광산근로자 및 일용근로자일 경우는 당해 야간근로수당 등의 총액을 비과세소득으로 보아 포함하지 않음)

(나) **중간정산 퇴직금**은 소득에 포함되지 않으며, 연봉제 시행 시 매월의 급여액에 포함하여 지급하는 퇴직금 상당액은 퇴직금의 선급에 해당하므로 근로소득에 포함되지 않는다. 다만, 근로소득으로 신고하는 경우에는 포함된다. 고용보험기금에서 지원되는 산 전후 휴가급여 및 육아휴직급여는 소득세법상 근로소득에는 포함되나, 근로의 대가로 지급되지 아니한 금품으로서 국민연금법상의 소득으로 보지 않는다.

(다) **소득세법에 의한 실비변상적인 성질의 급여** 등 기타 비과세 근로소득으로 예시하면 다음과 같다.

○ 근로자가 매월 받는 식사비용 중 비과세되는 10만 원 이하 금액

○ 취지수당: 방송·통신·일간신문 등을 경영하는 언론기업 및 방송법에 의한 방송채널사용사업의 기자(상시 고용된 논설위원, 만화가 포함)가 받는 취재수당

○ 초·중등교육법에 의한 초·중·고교 교사 교원이 받는 연구보조비

○ 일직·숙직료 또는 여비로서 실비변상 정도의 지급액

○ 자가운전보조금: 종업원 소유차량을 종업원이 직접 운전하여 사용자의 업무수행에 이용하고 시내출장 등에 소요된 실제여비를 지급받는 대신에 그 소요경비를 당해 사업체의 규칙 등에 의하여 정하여진 지급기준에 따라 지급받는 금액(해당 사

원에만 지급 경우임. 모든 사원에게 일률적으로 지급할 경우
과세대상임)

○ 법령·조례 등에 의해 무보수 위원(학술원·예술원회원 포함)
이 받는 수당

○ 승무 중인 선원에게 지급하는 식료

○ 법령·조례에 의하여 제복을 착용하는 자가 받는 제복·제모
및 제화

○ 특수 작업 또는 그 직장 내에서만 착용하는 피복

○ 특수 분야에 종사는 군인이 받는 낙하산강하위험수당, 수중파
괴 작업위험수당, 잠수부위험 수당 등

○ 승선수당, 함정근무수당, 항공수당

○ 광산근로자가 지급받는 입갱수당 또는 발파수당

○ 벽지에 근무함으로 인하여 받는 벽지수당

○ 천재·지변·기타 재해로 인하여 받는 급여

○ 병장급(단기복무 부사관 포함) 이하의 복무 중인 병이 받는
급여

○ 법률에 의하여 동원된 자가 동원직장에서 받는 급여

(3) 공무원연금법에 의한 보수에 대한 검토

1) 공무원연금법의 적용대상

공무원연금법의 적용은 국가공무원 및 지방공무원과 대통령령이
정하는 국가 또는 지방자치단체의 기타 직원을 포함한다. 다만, 군
인은 따로 군인연금법이 적용되며, 선거에 의하여 취임하는 공무원
은 장기간 근속을 할 수 없으므로 제외한다. 국가 또는 지방자치단

체의 기타 직원에 해당하는 자는 ① 청원경찰법에 의하여 국가 또는 지방자치단체에 근무하는 청원경찰, ② 「청원산림보호직원배치에 관한 법률」에 의하여 국가 또는 지방자치단체에 근무하는 청원산림보호직원, ③ 국가 또는 지방자치단체의 위원회 등의 상임위원과 전임직원으로서 매월 정책의 보수 또는 이에 준하는 급여를 받는 자, 다만, 한시적인 자문위원회와 법령에 의하지 아니하는 위원회 등의 상임위원과 전임위원은 제외한다. ④ 기타 국가 또는 지방자치단체의 정규공무원 외의 직원으로서 수행업무의 계속성과 매월 정액의 보수지급 여부 등을 참작하여 행정안전부장관이 인정하는 자를 말한다.

2) 공무원연금법에 의한 연금급여의 종류

공무원연금은 장기소득보장을 목적으로 하는 장기급여와 단기보험사고에 대비하는 단기급여가 있다. 장기급여에는 퇴직급여(퇴직연금, 조기퇴직연금, 퇴직연금일시금, 퇴직연금공제일시금, 퇴직일시금), 장해급여(장해연금, 장해보상금), 유족급여(유족연금, 유족연금일시금, 유족연금부가금, 유족연금특별부가금, 유족일시금, 유족보상금) 및 퇴직수당이 있다. 단기급여에는 공무상요양비, 공무상요양일시금, 재해부조금, 사망조위금이 있다. 이러한 급여는 급여의 성격별로 볼 때 소득보장급여, 근로보상급여, 재해보상급여 및 부조급여로 구분해 볼 수 있다. 퇴직급여와 유족급여는 공무원이 퇴직 또는 사망함으로써 소득을 상실했을 때 그 소득을 보장해 주기 위해 지급하는 연금제도의 가장 기본이 되는 급여이다. 이는 국민연금과 같은 소득보장적인 성격의 급여이다.[22]

3) 보수월액과 평균보수월액의 차이

공무원연금법에서도 보수월액이라는 용어를 사용하나, 1일 단위 보수일액은 규정하지 않고 있다. 다만, 공무원연금법 제3조 제1항 제4호에서 ['보수월액'이라 함은 공무원의 종류 및 급별에 따라 지급되는 월급여액으로서 봉급과 기말수당의 연 지급 합계액을 12개월로 평균한 금액과 대통령령이 정하는 수당액을 합한 금액을 말한다. 다만, 연봉을 받는 공무원의 보수월액은 공무원의 종류 및 급별 등을 고려하여 대통령령이 정하는 금액을 말한다]고 규정하고 있을 뿐이다. 따라서 실제로 지급하는 다양한 금품을 보수로 보아 보수월액 또는 평균보수월액을 산정하고 있다.

'보수월액'은 공무원의 종류 및 급별에 따라 지급하는 봉급월액과 기말수당 및 연근수당의 연지급액의 합계액을 12개월로 평균한 금액을 기준으로 산정한다. 보수월액은 월별로 실제 지급되는 금액과는 다르며, 해당 월 기준봉급월액에 각종 수당의 월평균지급금액을 더한 금액을 말한다. 따라서 보수월액은 월봉급액 상당액과 그 월봉급액 상당액기준으로 산정한 기말수당 및 정근수당(가산금 중 추가가산금은 제외한다)의 연 지급 합계액을 12개월로 평균한 금액으로 한다. 공무원의 퇴직연금의 경우에는 재직 기간 20년에 대해 평균보수월액의 50%를 기본으로 하고, 20년을 초과하면, 매 1년 재직 기간에 대해 평균보수월액의 2%를 가산한다. 성과급적 연봉

---

22) 퇴직급여와 유족급여는 20년 미만 재직한 자에 대해서 퇴직 또는 사망한 때에 일정액을 일시금으로 지급하고, 20년 이상 재직한 자에 대해서는 연금과 일시금 또는 공제일시금 중에서 본인이 선택하여 지급을 받을 수 있다. 이 경우 연금은 퇴직자 또는 그 유족이 생존하고 있는 동안 매월 보수의 일정한 비율을 지급하게 된다(김중양 · 최재식, 『공무원연금제도』, 법우사, 2004, 39면).

제의 적용대상공무원은 보수규정에서 정한 연봉월액 중 월봉급액 상당액을 보수월액으로 본다. 공무원연금법에서 사용하는 평균보수월액은 3년 단위를 기초로 하여 산정하되, 공무원보수인상률을 반영하여 산정하고 있다.

'평균보수월액'이라 함은 급여의 사유가 발생한 날(퇴직으로 급여의 사유가 발생하거나 퇴직 후에 급여의 사유가 발생한 경우에는 퇴직한 날의 전날을 말한다. 이하 같다)이 속하는 달부터 소급하여 3년간(재직 기간이 3년 미만인 경우에는 그 재직 기간을 말한다)의 보수월액을 공무원보수인상률 등을 고려하여 대통령령이 정하는 바에 따라 급여의 사유가 발생한 날의 현재가치로 환산한 후 이를 합한 금액을 해당 월수로 나눈 금액을 말한다(공무원연금법 제3조 제5호). 다만, 퇴직연금·조기퇴직연금 및 유족연금(공무원이었던 자가 퇴직연금 또는 조기퇴직연금을 받다가 사망하여 그 유족이 유족연금을 받게 되는 경우를 제외한다)의 산정의 기초가 되는 평균보수월액은 급여의 사유가 발생한 당시의 평균보수월액을 공무원보수인상률 등을 고려하여 대통령령이 정하는 바에 따라 연금의 지급이 시작되는 시점의 현재가치로 환산한 금액을 말한다.

(4) 소득세법과 사회보험에 따른 포함 여부에 대한 검토

산재보험법에서는 근로자의 근로에 대한 대가로 지급하는 금품을 임금, 임금총액으로 표현하고, 임금의 산정을 위해 평균임금, 통상임금의 단위개념을 사용한다. 그러나 소득세법에서는 월급여 대신에 월정급여라는 용어를 사용하며, '월정액급여'라 함은 매월 직급별로 받는 봉급·급료·보수·임금·수당 그 밖에 이와 유사한

성질의 급여(당해연도 중에 받는 상여 등 부정기적인 급여와 실비
변상적 성질의 급여를 제외한다)의 총액으로 정의하고 있다.[23]

　또한 국민건강보험법이나 국민연금법에서는 보수월액이나 표준
보수월액이라는 용어를 사용하고 있어 각 법률에 따라 용어의 개
념이 불일치하고 있다. 또한 과세대상이 되는 범위에 대하여도 소
득세법 제20조를 원칙적으로 인용하고 있으나, 일부 근로소득의 범
위에 대하여는 여전히 불일치하고 있다. 국외근로소득에 대하여 소
득세법에서는 비과세대상으로 하나, 국민건강보험에서는 소득으로
보고 있다. 이와 같이 근로소득의 범위에 대한 법률상의 차이를 비
교하여 살펴보면 다음과 같다.[24]

---

23) 소득세법 시행령 제16조 제1항 제1호의 규정에 의해 비과세되는 급여란 국외 또는
　　[남북교류협력에 관한 법률]에 의한 북한 지역에서 근로를 제공(원양어업 선박 또는
　　국외 등을 항행하는 선박이나 항공기에서 근로를 제공하는 것을 포함한다)하고 받는
　　보수 가운데 월 150만 원 이내의 금액을 말한다.
24) 노동부연구용역, '산재·고용보험징수체계개편에 따른 재정효과분석', 한국보험학회
　　(2006. 9), 29면.

[표 2-6] 근로소득의 범위와 임금의 포함 여부에 대한 비교

(포함 ○, 불포함 ×)

소득세법상 각종수당			갑근세	건강보험	국민연금	고용산재
각종수당	수당설명	한도				
특별상여금	관례적으로 지급한 사례가 없고, 기업이윤에 따라 일시적·불확정적으로 사용자의 재량이나 호의에 의해 지급하는 경우: 경영성과 배분금, 격려금, 생산 장려금, 포상금, 인센티브 등(고용산재보험에서는 임금으로 보지 않음)	전액	○	○	○	×
고용보험기금에서 지원되는 산전후휴가급여 및 육아 휴직수당	국민연금에서는 소득세법상 근로소득에는 포함되나 근로의 대가로 지급되지 아니한 금품으로써 국민연금법상의 소득으로 보지 않음	전액	○	○	×	×
국외근로소득	① 국외 또는 북한 지역에서 근로를 제공하고 받은 급여 ② 공무원 등이 국외 등에서 근무함으로서 국내에서 지급받은 금액을 초과하여 받은 금액	월 15만 원	×	○	○	○
야간근로 수당 등	·월정급여 100만 이하이고 다음에 해당하는 자로서 근로기준법에 의한 연장시간근로·야간근로 또는 휴일근로로 인하여 통상임금에 가산하여 받는 급여 중 ① 공장에서 근로를 제공하는 생산 및 관련 종사자나 운전원 및 관련 종사자 ③ 어업을 영위하는 자에게 고용되어 근로를 제공하는 자로서 선원법에 의하여 받는 생산수당	연 240만 원	×	×	○	○
	·상기 조건에 해당하는 일용 및 광산근로자는 연 240만 원을 초과하더라도 전액 비과세한다.	전액				
비과세 식사대	모든 근로자	월 10만 원	×	×	×	○
출산, 보육수당	근로자 또는 그 배우자의 출산이나 6세 이하의 자녀의 보육과 관련하여 사용자로부터 지급받는 급여	월 10만 원	×	×	×	○

소득세법상 각종수당			갑근세	건강보험	국민연금	고용산재
각종수당	수당설명	한도				
실비변상적급여 / 취재수당	방송·통신·일간신문 등을 경영하는 언론기업 및 방송법에 의한 방송채널사용사업의 기자(상시 고용된 논설위원, 만화가 포함)가 받는 취재수당	월 20만 원	×	×	×	×
초·중·고교 교사	초·중등교육법에 의한 교원이 받는 연구보조비	월 20만 원	×	×	×	×
일·숙직비, 여비	일직·숙직료 또는 여비로서 실비변상 정도의 지급액	실비변상정도의 지급액	×	×	×	×
자가운전 보조금	종업원 소유차량을 종업원이 직접 운전하여 사용자의 업무수행에 이용하고 시내출장 등에 소요된 실제여비를 지급받는 대신에 그 소요경비를 당해 사업체의 규칙 등에 의하여 정하여진 지급기준에 따라 지급받는 금액(해당 사원에만 지급경우임)	월 20만 원	×	×	×	×
기타 실비변상적인 급여	근로자의 근로소득 중 중요성이나 발생 빈도나 금액의 크기로 보아 비중이 크지 않으므로 추가 열거는 생략함					

다. 근로소득의 파악방법과 확정문제에 대한 검토

(1) 소득세법에 의한 근로소득의 범위와 과세범위

1) 근로소득에 포함되는 모든 대가의 범위

소득세법 제20조에 의한 근로소득에 대하여 구체적으로 정하고 있다. 근로소득이란 명칭여하에 불구하고 근로를 제공하고 지급받는 모든 대가를 말한다. 다만, 근로소득으로 보지 아니하는 급여와 비과세소득은 제외된다. 소득세법 제20조에 의한 근로소득의 범위에 해당하는 금품을 살펴보면 다음과 같다. ① 기밀비(판공비를 포함한다)·교제비 기타 이와 유사한 명목으로 받는 것으로서 업무를 위하여 사용된 것이 분명하지 아니한 급여, ② 종업원이 받는 공로금·위로금·개업 축하금·학자금·장학금(종업원의 수학 중인 자녀가 사용자로부터 받는 학자금·장학금을 포함한다) 기타 이와 유사한 성질의 급여, ③ 근로수당·가족수당·전시수당·물가수당·출납수당·직무수당 기타 이와 유사한 성질의 급여, ④ 보험회사·증권회사 등 금융기관의 내근사원이 받는 집금수당과 보험가입자의 모집, 증권매매의 권유 또는 저축의 권장으로 인한 대가 기타 이와 유사한 성질의 급여, ⑤ 급식수당·주택수당·피복수당 기타 이와 유사한 성질의 급여, ⑥ 주택을 제공받음으로써 얻는 이익[다만, 주주 또는 출자자가 아닌 임원(주권상장법인 또는 코스닥상장법인의 주주 중 제40조의 규정에 의한 소액주주인 임원을 포함한다)과 임원이 아닌 종업원(비영리법인 또는 개인의 종업원을 포함한다) 및 국가·지방자치단체로부터 근로소득을 지급받는 자가 재정경제부령이 정하는 사택을 제공받는 경우를 제외한다], ⑦ 종업원이 주택(주택에 부수된 토지를 포함한다)의 구입·임차에 소요되는 자금을 저리 또는 무상으로 대여받음으로써 얻는 이익, ⑧ 기술수당·보건수당 및 연구수당, 그 밖에 이와 유사한 성질의 급여, ⑨ 시간 외 근무수당·통근수당·개근수당·특별공로금 기타 이와 유사한 성질의 급여, ⑩ 여비의 명목으로 받는 연액 또는 월액의 급여, ⑪ 벽지수당·해외근무수당 기타 이와 유사한 성질의 급여, ⑫ 종업원이 계약자이거나 종업원 또는 그 배우자 기타의 가족을 수익자로 하는 보험·신탁 또는 공제와 관련하여 사용자가 부담하는 보험료·신탁부금 또는 공제부금(이하 이 호에서 '보험료 등'이라 한다)으로 정하고 있다.[25]

또한 ⑬ 퇴직으로 인하여 받는 소득으로서 퇴직소득에 속하지 아
니하는 퇴직위로금·퇴직공로금 기타 이와 유사한 성질의 급여, ⑭
휴가비 기타 이와 유사한 성질의 급여, ⑮ 퇴직보험, 퇴직일시금신
탁,「근로자퇴직급여보장법」제16조 제2항의 규정에 따른 보험 또
는 신탁이 해지되는 경우 종업원에게 귀속되는 환급금(다만, 종업원
이 당해 환급금을 지급받는 때에「근로자퇴직급여 보장법」제8조
제2항의 규정에 의하여 퇴직금을 미리 정산하여 지급받는 경우에는
그러하지 아니하다). ⑯ 계약 기간 만료 전 또는 만기에 종업원에게
귀속되는 단체환급부보장성보험의 환급금, ⑰ 법인의 임원 또는 종
업원이 당해 법인 또는 당해 법인과「법인세법 시행령」제87조의
규정에 의한 특수 관계에 있는 법인(이하 이 호에서 '당해 법인 등'
이라 한다)으로부터 부여받은 주식매수선택권을 당해 법인 등에서
근무하는 기간 중 행사함으로써 얻은 이익(주식매수선택권 행사 당
시의 시가와 실제 매수가액과의 차액을 말하며, 주식에는 신주인수
권을 포함한다)을 포함한다(소득세법 시행령 제38조).[26]

---

25) 다만, ㉮ 종업원의 사망·상해 또는 질병을 보험금의 지급사유로 하고 종업원을 피보
    험자와 수익자로 하는 보험으로서 만기에 납입보험료를 환급하지 아니하는 보험(이하
    '단체순수보장성보험'이라 한다)과 만기에 납입보험료를 초과하지 아니하는 범위 안에
    서 환급하는 보험(이하 '단체환급부 보장성보험'이라 한다)의 보험료 중 연 70만 원
    이하의 금액, ㉯ 법률 제7379호「근로자퇴직급여 보장법」부칙 제2조의 규정에 의한
    퇴직보험 또는 퇴직일시금신탁과 법인임원의 퇴직보험 또는 퇴직일시금신탁으로서 재
    정경제부령이 정하는 것(이하 이 절에서 '퇴직보험 또는 퇴직일시금신탁'이라 한다)의
    보험료 등, ㉰「건설근로자의 고용개선 등에 관한 법률」에 의하여 공제계약사업주가
    건설근로자퇴직공제회에 납부한 공제부금, ㉱ 임직원의 고의(중과실을 포함한다) 외의
    업무상 행위로 인한 손해의 배상청구를 보험금의 지급사유로 하고 임직원을 피보험자
    로 하는 보험의 보험료, ㉲「과학기술인공제회법」에 따른 퇴직연금급여사업으로서 다
    음의 요건을 모두 갖춘 퇴직연금에 가입한 종업원을 위하여 사용자가 과학기술인공제
    회에 납부한 부담금으로서 (1) 사용자는 종업원의 연간 임금총액의 12분의 1에 해당하
    는 금액 이상의 부담금을 현금으로 매년 1회 이상 정기적으로 납부할 것, (2) 퇴직연
    금 가입자가 55세 이상으로서 가입 기간이 10년 이상인 경우에 연금을 지급할 것, (3)
    연금의 지급 기간이 10년 이상일 것에 해당하는 것은 제외한다.

2) 갑종근로소득의 범위

소득세법 제20조(근로소득) 제1항에서는 근로소득을 갑종소득과 을종소득으로 구분한다. 갑종소득의 범위에는 ㉮ 근로의 제공으로 인하여 받는 봉급·급료·보수·세비·임금·상여·수당과 이와 유사한 성질의 급여, ㉯ 법인의 주주총회·사원총회 또는 이에 준하는 의결기관의 결의에 의하여 상여로 받는 소득, ㉰ 「법인세법」에 의하여 상여로 처분된 금액, ㉱ 퇴직으로 인하여 받는 소득으로서 퇴직소득에 속하지 아니하는 소득이 포함된다. 또한 근로소득의 범위에 대하여는 소득세법 시행령 제38조에서 구체적으로 정하고 있다. 따라서 관례적으로 지급한 사례가 없고, 기업이윤에 따라 일시적·불확정적으로 사용자의 재량이나 호의에 의해 지급하는 경우, 즉 경영성과 배분금, 격려금, 생산 장려금, 포상금, 인센티브 등도 포함한다. 고용보험기금에서 지원되는 산 전후 휴가 급여 및 육아휴직수당은 포함한다.

3) 을종근로소득의 범위

을종소득의 범위에는 ㉮ 외국기관 또는 우리나라에 주둔하는 국제연합군(미국군을 제외한다)으로부터 받는 급여, ㉯ 국외에 있는 외국인 또는 외국법인(국내지점 또는 국내영업소를 제외한다)으로부터 받는 급여를 포함한다. 다만, 소득세법 제120조 제1항 및 제2항에 규정하는 외국인의 국내사업장과 「법인세법」 제94조 제1항 및 제2항에 규정하는 외국법인의 국내사업장의 국내원천소득금액을 계산함에 있어서 필요경비 또는 손금으로 계상되는 것을 제외

---

26) 급여를 금전 이외의 것으로 받는 경우 그 수입금액의 계산은 소득세법 시행령 제51조 제5항 각 호의 규정에 의한다.

한다. 같은 조 제2항에 의하면, 근로소득금액은 제1항 각 호의 소
득의 금액(비과세소득을 제외하며, 이하 '총급여액'이라 한다)에서
제47조의 규정에 의한 근로소득공제를 한 금액으로 한다. 그러나
내국법인의 종업원으로서 대통령령이 정하는 요건을 갖춘 종업원
단체(이하 '우리사주조합'이라 한다)에 가입한 자가 당해 법인의 주
식을 그 조합을 통하여 취득한 경우에 그 조합원이 당해 법인의 주
주 중 대통령령이 정하는 금액 미만의 주식을 소유하는 주주(대통령
령이 정하는 당해 법인의 지배주주와 대통령령이 정하는 특수 관계
에 있는 주주를 제외하며, 이하 '소액주주'라 한다)의 기준에 해당하
는 때에는 그 주식의 취득가액과 시가와의 차액으로 인하여 발생하
는 소득은 근로소득으로 보지 아니한다(소득세법 제20조 제3항).

4) 근로소득으로 보지 아니하는 급여

위와 같은 대부분의 근로소득은 과세대상 소득에 포함되므로 아
래 근로소득으로 보지 아니하는 급여는 다음과 같다.

○ 우리사주조합원의 자사주 취득이익

○ 선원의 재해보상보험료

○ 단체순수보장성보험료

○ 퇴직보험료 등

○ 종업원이 출·퇴근을 위하여 차량을 제공받는 경우 운임에
   상당하는 금액(차량제공 대신 출·퇴근보조금을 받는 금액은
   근로소득에 해당함)

○ 사택제공이익

○ 사내근로복지기금으로부터 받는 장학금 등

○ 연구보조비와 연구활동비: 대학·전문대학 등 교원, 중소기업·
  벤처기업부설연구소와 직접 연구 활동에 종사하는 자가 받은
  연구보조비(활동비)로서(과세대상급여＋연구보조비)의 15%

○ 경조금: 근로자에게 지급한 경조금 중 사회통념상 타당하다고
  인정되는 금액

○ 근로자가 받는 주택보조금

○ 주식매수선택권(스톡옵션) 행사이익

5) 비과세소득의 대상

소득세법 제12조에 의하여 소득세를 과세하지 아니하는 실비변
상적 금품에 대하여는 소득세법 시행령 제12조 내지 17조의 2에서
비과세대상을 명시하고 있다. 소득세법 시행령 제12조(실비변상적
급여의 범위)에 의하면, 법 제12조 제4호 아목에서 "대통령령이 정
하는 실비변상적인 성질의 급여"라 함은 ㉠ 법령·조례에 의한 위
원회 등의 보수를 받지 아니하는 위원(학술원 및 예술원의 회원을
포함한다) 등이 받는 수당, ㉡ 「선원법」에 의하여 받는 식료, ㉢
일직료·숙직료 또는 여비로서 실비변상 정도의 금액(종업원의 소
유차량을 종업원이 직접 운전하여 사용자의 업무수행에 이용하고
시내출장 등에 소요된 실제여비를 받는 대신에 그 소요경비를 당
해 사업체의 규칙 등에 의하여 정하여진 지급기준에 따라 받는 금
액 중 월 20만 원 이내의 금액을 포함한다), ㉣ 법령·조례에 의하
여 제복을 착용하여야 하는 자가 받는 제복·제모 및 제화, ㉤ 병
원·시험실·금융기관·공장·광산에서 근무하는 자 또는 특수한
작업이나 역무에 종사하는 자가 받는 작업복이나 그 직장에서만

착용하는 피복, ㉫ 특수 분야에 종사하는 군인이 받는 낙하산강하위험수당 · 수중파괴작업위험수당 · 잠수부위험수당 · 고전압위험수당 · 폭발물위험수당 · 비행수당 · 비무장지대근무수당 · 전방초소근무수당 · 함정근무수당 및 수륙양용궤도차량승무수당, 특수 분야에 종사하는 경찰공무원이 받는 경찰특수전술업무수당과 경호공무원이 받는 경호수당, ㉯ 「선원법」의 규정에 의한 선원으로서 기획재정부령이 정하는 자(제16조 및 제17조의 규정을 적용받는 자를 제외한다)가 받는 월 20만 원 이내의 승선수당, 경찰공무원이 받는 함정근무수당 · 항공수당 및 소방공무원이 받는 함정근무수당 · 항공수당 · 화재진화수당, ㉰ 광산근로자가 받는 입갱수당 및 발파수당을 말한다.

또한 ㉠ 「유아교육법」, 「초 · 중등교육법」 및 「고등교육법」에 따른 학교 및 이에 준하는 학교(특별법에 따른 교육기관을 포함한다)의 교원, ㉡ 「특정연구기관육성법」의 적용을 받는 연구기관, 특별법에 따라 설립된 정부출연연구기관, 「지방자치단체출연 연구원의 설립 및 운영에 관한 법률」에 따라 설립된 지방자치단체출연연구원에서 연구활동에 직접 종사하는 자(대학교원에 준하는 자격을 가진 자에 한한다) 및 직접적으로 연구활동을 지원하는 자로서 기획재정부령으로 정하는 자, ㉢ 「기술개발촉진법 시행령」 제15조 제1항 제1호 또는 제3호에 따른 중소기업 또는 벤처기업의 기업부설연구소에서 연구 활동에 직접 종사하는 자의 어느 하나에 해당하는 자가 받는 연구보조비 또는 연구활동비 중 월 20만 원 이내의 금액은 실비변상적 금품으로 처리한다.

이 외에 실비변상적 금품으로는 ㉠ 「방송법」에 의한 방송, 「신문 등의 자유와 기능보장에 관한 법률」에 의한 통신·신문(일반일간신문·특수일간신문 및 외국어일간신문을 말하며 당해 신문을 경영하는 기업이 직접 발행하는「잡지 등 정기간행물의 진흥에 관한 법률」에 따른 정기간행물을 포함한다)을 경영하는 언론기업 및「방송법」에 의한 방송채널사용사업에 종사하는 기자(당해 언론기업 및「방송법」에 의한 방송채널사용사업에 상시 고용되어 취재활동을 하는 논설위원 및 만화가를 포함한다)가 취재활동과 관련하여 받는 취재수당 중 월 20만 원 이내의 금액(이 경우 취재수당을 급여에 포함하여 받는 경우에는 월 20만 원에 상당하는 금액을 취재수당으로 본다), ⓛ 근로자가 기획재정부령이 정하는 벽지에 근무함으로 인하여 받는 월 20만 원 이내의 벽지수당, ⓒ 근로자가 천재·지변 기타 재해로 인하여 받는 급여가 있다.

소득세법 시행령 제14조에 의하면, 대통령령으로 국제연합과 그 소속기구의 기관에 근무하는 자로서(시행령 제1항), 법 제12조 제4호 자목에서 "대통령령이 정하는 자가 받는 급여"라 함은 외국정부 또는 국제기관에 근무하는 자중 대한민국국민이 아닌 자가 그 직무수행의 대가로 받는 급여(시행령 제2항)에 대하여는 비과세로 정하고 있다. 소득세법 시행령 제15조에 의하면, 법 제12조 제4호 카목의 규정에 의한 군인·군무원이 받는 급여와 선급급여를 포함하는 것으로 규정하여 비과세로 하고 있다. 또한 국외근로자의 범위에 북한 지역, 재외공관, 원양어업선박 또는 국외 등을 항행하는 선박이나 항공기에 종사하는 자를 포함하여 비과세의 대상으로 하고 있다.

따라서 소득세법 시행령 제16조 제1항에서 ㉠ 국외 또는「남북

교류협력에 관한 법률」에 의한 북한 지역(이하 이 조에서 '국외
등'이라 한다)에서 근로를 제공(원양어업선박 또는 국외 등을 항행
하는 선박이나 항공기에서 근로를 제공하는 것을 포함한다)하고 받
는 보수 중 월 100만 원(원양어업 선박 또는 국외 등을 항행하는
선박에서 근로를 제공하고 받는 보수의 경우에는 월 150만 원) 이
내의 금액(제1호), ⓛ 공무원과 「재외공무원복무규정」 제24조의 규
정에 의하여 직무수행 기타 복무에 관하여 재외공관장의 감독을
받는 자(특별법에 의하여 설립된 정부출연기관의 종사자로서 「외교
통상부와 그 소속기관 직제」 제2조 제2항의 규정에 의한 재외공관
에 파견되어 근무하는 자를 포함한다)가 국외 등에서 근무하고 받
는 수당 중 당해 근로자가 국내에서 근무할 경우에 지급받을 금액
상당액을 초과하여 받는 금액(제2호)에 해당하는 자가 받는 급여에
대하여 비과세대상의 범위로 인정한다(시행령 제16조 제1항).

이 규정에 의한 급여에는 그 근로의 대가를 국내에서 받는 경우
를 포함한다(같은 조 제2항). 원양어업선박 또는 국외 등을 항행하
는 선박이나 항공기에서 근로를 제공하고 보수를 받는 자의 급여
는 원양어업선박에 승선하는 승무원이 원양어업에 종사함으로써
받는 급여와 국외 등을 항행하는 선박 또는 항공기의 승무원이 국
외 등을 항행하는 기간의 근로에 대하여 받는 급여에 한한다(같은
조 제3항). 또한 생산직근로자가 받는 야간근로수당 등의 범위에
대하여는 소득세법 시행령 제17조에서 규정하고 있다. 같은 법 시
행령 제1항에 의하면, 법 제12조 제4호 거목에서 "대통령령이 정하
는 근로자"라 함은 월정액급여 100만 원 이하인 근로자(일용근로자
를 포함한다)로서 ㉠ 공장 또는 광산에서 근로를 제공하는 자로서

통계청장이 고시하는 한국표준직업분류에 의한 생산 및 관련 종사
자 중 기획재정부령이 정하는 자(제1호), ⓒ 어업을 영위하는 자에
게 고용되어 근로를 제공하는 자로서 기획재정부령이 정하는 자(제
2호), ⓒ 통계청장이 고시하는 한국표준직업분류에 의한 운전원 및
관련 종사자와 배달 및 수하물 운반종사자 중 기획재정부령이 정
하는 자(제3호)에 해당하는 자를 말한다. 이 경우 월정액급여는 제4
항의 규정에 의한 월정액급여에서 「근로기준법」에 의한 연장시간
근로·야간근로 또는 휴일근로로 인하여 통상임금에 가산하여 받
는 급여 및 「선원법」에 의하여 받는 생산수당(비율급으로 받는 경
우에는 월 고정급을 초과하는 비율급)을 차감한 급여를 말한다(시
행령 제17조 제1항).

　소득세법 제12조 제4호 거목에서 "대통령령이 정하는 연장시간
근로·야간근로 또는 휴일근로로 인하여 받는 급여"라 함은 ⊙ 「
근로기준법」에 의한 연장시간근로·야간근로 또는 휴일근로로 인
하여 통상임금에 가산하여 받는 급여 중 연 240만 원 이내의 금액
(광산근로자 및 일용근로자의 경우에는 당해 급여총액), ⓒ 제1항
제2호에 규정하는 근로자가 「선원법」에 의하여 받는 생산수당(비율
급으로 받는 경우에는 월 고정급을 초과하는 비율급) 중 연 240만
원 이내의 금액에 해당하는 금액을 말한다(같은 조 제2항). 같은 조
제1항 제2호의 규정에 의한 어업의 범위는 통계청장이 고시하는
한국표준산업분류(이하 '한국표준산업분류'라 한다)에 의한다(같은
조 제3항).

　여기서 '월정액급여'라 함은 매월 직급별로 받는 봉급·급료·
보수·임금·수당 그 밖에 이와 유사한 성질의 급여(당해연도 중

에 받는 상여 등 부정기적인 급여와 제12조의 규정에 따른 실비변
상적 성질의 급여를 제외한다)의 총액을 말한다(같은 조 제4항). 비
과세되는 식사대 등의 범위에 대하여는 소득세법 제12조 제4호 너
목에서 "대통령령이 정하는 식사 또는 식사대"라 정하고 있는데,
㉠ 근로자가 사내급식 또는 이와 유사한 방법으로 제공받는 식사
기타 음식물(제1호), ㉡ 제1호에 규정하는 식사 기타 음식물을 제
공받지 아니하는 근로자가 받는 월 10만 원 이하의 식사대(제2호)
에 해당하는 것을 말한다(시행령 제17조의 2).

(2) 근로소득의 파악방법과 확정문제

1) 근로소득세의 과세 기간

소득세법에 의한 보수기준으로 산재보험의 보험료를 산정하거나
산재보상을 하기 위해서는 근로자의 개인별 소득세를 어떻게 파악
하고 확정할 것인지가 문제가 된다. 소득세의 과세 기간은 산재보
험료의 산정을 위한 보험연도와 일치하는지 하는 관점에서 살펴볼
의미가 있다. 소득세를 부과하기 위한 소득 기간의 산정을 언제부
터 언제까지인가 하는 점을 살펴볼 필요가 있다. 소득세법 제5조
제1항에 의하면 소득세는 1월 1일부터 12월 31일까지의 1년분의
소득금액에 대하여 과세한다. 거주자가 사망한 경우에는 1월 1일부
터 사망한 날까지의 소득금액에 대하여 소득세를 과세한다(같은 조
제2항). 사업자는 소득세법 제127조 제1항 제4호에 의하여 갑종에
속하는 근로소득이나 제6호에 의한 퇴직소득을 원천 징수하여 납
부하여야 한다.

2) 근로소득에 대한 원천징수와 소득세의 납부방법

원천징수 의무자가 갑종에 속하는 매월분의 근로소득을 지급하는 때에는 근로소득 간이세액표에 의하여 소득세를 원천 징수한다(소득세법 제134조 제1항). 원천징수 의무자는 ㉠ 해당 연도의 다음 연도 2월분 근로소득을 지급하는 때(2월분의 근로소득을 2월 말일까지 지급하지 아니하거나 2월분의 근로소득이 없는 경우에는 2월 말일로 한다. 이하 같다), ㉡ 퇴직자의 퇴직하는 달의 근로소득을 지급하는 때에 해당하는 때에는 제137조 또는 제138조의 규정에 의하여 소득세를 원천 징수하며, 제1호의 경우 다음 연도 2월분의 근로소득에 대하여는 제1항에 규정하는 바에 따라 소득세를 원천 징수한다(소득세법 제134조 제2항). 소득세법 제128조 제1항에 의하여 원천징수 의무자는 원천 징수한 소득세를 그 징수일이 속하는 달의 다음 달 10일까지 대통령령이 정하는 바에 의하여 원천 징수하여 관할 세무서·한국은행 또는 체신관서에 납부하여야 한다.

다만, 상시고용인원수 및 업종 등을 참작하여 대통령령이 정하는 원천징수 의무자는 원천 징수한 소득세를 그 징수일이 속하는 반기의 마지막 달의 다음 달 10일까지 납부할 수 있다.[27] 이 경우 일용근로자 외의 근로소득자가 2 이상의 사용자로부터 급여를 받는 경우에는 그 주된 근무지의 원천징수 의무자가 그 지급하는 근로소득의 범위 안에서 법 제47조 제5항의 규정에 의한 근로소득공제

---

27) 소득세법 제134조 제1항의 규정에 의하여 소득세를 원천 징수하는 때에는 근로소득에 대하여 [별표 2] 근로소득간이세액표의 해당란의 세액을 기준으로 하여 원천 징수한다(소득세법 시행령 제194조 제1항). 이 경우 종 된 근무지의 원천징수 의무자가 원천 징수하는 때에는 당해 근로자 본인에 대한 기본공제와 표준공제만 있는 것으로 보고 해당란의 세액을 적용한다(같은 조 제2항).

를 하여야 한다(소득세법 시행령 제104조 제1항).[28]

원천징수 의무자가 일용근로자의 근로소득을 지급하는 때에는 그 근로소득에서 근로소득공제를 한 금액에 원천징수 세율을 적용하여 계산한 산출세액에서 근로소득 세액공제를 한 소득세를 원천징수한다(소득세법 제134조 제2항). 근로소득세에 대한 세액공제를 받은 거주자에 대한 소득세를 원천 징수하는 때에는 당해 공제액을 대통령령이 정하는 바에 의하여 공제하고 원천 징수한다(소득세법 제134조 제4항). 근로소득자의 근무지가 변경됨에 따라 월급여액이 동일한 고용주에 의하여 분할 지급되는 경우의 소득세는 변경된 근무지에서 그 월급여액 전액에 대하여 원천 징수하여야 한다(소득세법 제134조 제5항).

그러나 정상적으로 정해진 시기에 급여를 받지 못한 경우에는 근로소득지급 시기를 의제하여 적용한다. 따라서 근로소득을 지급하여야 할 원천징수 의무자가 1월부터 11월까지의 급여액을 당해 연도의 12월 31일까지 지급하지 아니한 때에는 그 급여액을 12월 31일에 지급한 것으로 본다(소득세법 제135조 제1항). 원천징수 의무자가 12월분의 급여액을 다음 연도 2월 말일까지 지급하지 아니한 때에는 그 급여액은 2월 말일에 지급한 것으로 본다(소득세법 제135조 제2항). 또한 법인이 이익 또는 잉여금의 처분에 의하여 지급하여야 할 상여를 그 처분을 결정한 날부터 3개월이 되는 날

---

28) 소득세법 시행령 제104조 제2항에 의하면, 근로소득자로서 그 주된 근무지의 근로소득이 근로소득공제액에 미달하는 경우에는 주된 근무지의 원천징수 의무자가 종 된 근무지의 근로소득과 합산하여 법 제137조의 규정에 의한 연말정산을 하는 때에 근로소득공제를 하여야 한다. 일용근로자에 대한 근로소득공제액은 그 일용근로자가 근로를 제공한 날의 일급여액에서 공제한다(같은 조 제3항).

까지 지급하지 아니한 때에는 그 3개월이 되는 날에 상여를 지급한 것으로 본다. 다만, 그 처분이 11월 1일부터 12월 31일까지의 사이에 결정된 경우에 다음 연도 2월 말일까지 그 상여를 지급하지 아니한 때에는 그 상여는 2월 말일에 지급한 것으로 본다(소득세법 제135조 제3항).

3) 근로소득세의 연말정산과 소득의 확정

근로자 개인의 소득은 연말정산에 의하여 확정된다. 이때 근로소득세액의 연말정산은 위해서는, 주된 근무지의 원천징수 의무자가 당해연도 다음 연도 2월분의 근로소득 또는 퇴직자의 퇴직하는 달의 근로소득을 지급하는 때에는 이를 받는 자의 당해연도 근로소득금액 또는 퇴직하는 달까지의 당해연도 근로소득금액에서 그 근로소득자가 소득세법 제140조의 규정에 의하여 신고한 내용에 따라 종합소득공제를 한 후 이를 종합소득과세표준으로 하여 종합소득산출세액을 계산하고, 소득세법 제134조 제4항 각 호의 세액공제를 한 후 당해연도에 이미 원천 징수하여 납부한 소득세를 공제하고 그 차액을 원천 징수한다(소득세법 제137조 제1항). 이 경우에 당해연도 이미 원천 징수하여 납부한 소득세가 당해 종합소득산출세액에서 소득세법 제134조 제4항 각 호의 세액공제를 한 금액을 초과하는 때에는 그 초과액은 당해 근로 소득자에게 대통령령이 정하는 바에 의하여 환급하여야 한다(소득세법 제135조 제2항).

일용근로자 외의 자로서 2인 이상으로부터 급여를 받은 자의 종된 근무지의 원천징수 의무자가 소득세를 원천 징수하는 때에는 종 된 근무지에서 지급하는 당해연도 근로소득금액에 기본세율을 적용하여 계산한 종합소득산출세액에서 당해연도 이미 원천 징수하여 납부한 소득세를 공제하고 그 차액을 원천 징수한다(소득세법 제135조 제3항). 원천징수 의무자가 소득세법 제140조의 규정에 따른 신고를 하지 아니한 근로소득자에 대하여 제1항의 규정을 적용하여 소득세를 원천 징수하는 때에는 기본공제 중 당해 근로소득자 본인에 대한 분과 표준공제만을 공제한다(소득세법 제135조 제4항). 일용근로자 외의 자로서 갑종에 속하는 근로소득 및 소득세법 제150조 제3항의 규정에 의하여 납세조합에 의하여 소득세가 징수된 을종에 속하는 근로소득이 있는 자에 대하여는 갑종에 속하는 근로소득의 주된 근무지의 원천징수 의무자가 갑종에 속하는 근로소득과 을종에 속하는 근로소득을 합한 금액에 대하여 연말정산을 할 수 있다(소득세법 제135조 제5항).

재취직자에 대한 근로소득세액의 연말정산에 대하여 별도로 정하고 있다. 따라서 해당 연도의 중도에 취직한 자에 대하여 갑종에 속하는 근로소득을 지급하는 원천징수 의무자는 그 근로소득자에게 그를 고용한 날이 속하는 연도의 다음 연도 2월분의 근로소득을 지급하는 때에 소득세법 제141조의 규정에 의하여 그 근로소득자가 전 근무지에서 당해연도 1월부터 그 연도의 중도에 퇴직하는 날이 속하는 달까지 받은 근로소득을 포함하여 소득세법 제140조 제1항의 규정에 의한 근로소득자소득공제신고서를 제출한 때에는 전 근무지에서 받은 근로소득과 합산하여 소득세법 제137조의 규정에 의하여 소득세를 원천 징수한다(소득세법 제138조 제1항). 당해연도 중도에 퇴직한 근로소득자로서 소득세법 제137조의 규정에 의하여 소득세를 납부한 후 다시 취직하고 그 연도의 중도에 또다시 퇴직한 자에 대한 소득세의 원천징수에 관하여는 제1항의 규정을 준용한다(소득세법 제138조 제2항).

4) 근로소득자의 소득공제신고

갑종에 속하는 근로소득을 받는 근로소득자가 당해 근로소득자의 배우자 또는 부양가족에 대한 기본공제·추가공제·다자녀추가공제 및 특별공제를 받고자 할 때에는 당해연도 다음 연도 2월분의 급여액을 받기 전(퇴직한 때에는 퇴직한 날이 속하는 달분의 급여액을 받기 전)에 자기의 소득세를 징수하는 주된 근무지의 원천징수 의무자에게 당해 공제사유를 표시하는 신고서(이하 '근로소득자소득공제신고서'라 한다)를 대통령령이 정하는 바에 의하여 제출하여야 한다. 다만, 당해연도 중도에 취직한 자는 근무지에서 급여액을 최초로 받기 전에 이를 제출하여야 한다(소득세법 제140조 제1항). 근로소득자소득공제신고서를 받은 주된 근무지의 원천징수 의무자는 그 신고사항을 대통령령이 정하는 바에 의하여 원천징수 관할 세무서장에게 신고하고 종 된 근무지의 원천징수 의무자에게 통보하여야 한다(소득세법 제140조 제2항). 그러나 일용근로자에 관하여는 적용하지 아니한다(소득세법 제140조 제3항). 당해연도 중에 취직하거나 퇴직한 근로소득자는 근로소득자소득공제신고서에 주민등록표등본을 첨부하여 제출하여야 한다(소득세법 제140조 제4항). 당해연도 중도에 퇴직한 근로소득자가 다른 근무지에 새로 취직하여 그 신근무지에 취직한 날이 속하는 연도의 다음 연도 2월분의 근로소득을 받는 때에는 전 근무지에서 해당 연도의 1월부터 그 연도의 중도에 퇴직한 날이 속하는 달분까지 받은 근로소득을 합산하여 신근무지에서 근로소득자소득공제신고서를 제출하여 근로소득세액 연말정산을 받을 수 있다(소득세법 제141조 제1항).

5) 소득액의 확정 시기와 파악방법

근로자의 소득신고는 사업주가 근로자에게 보수를 지급하고 원천징수를 하여 국세청에 납부를 하고, 재직자의 경우 당해연도 1월부터 12월 말까지의 소득에 대하여 이를 차기연도 1월 말까지 연말정산을 하여 개인별 소득을 확정한다. 따라서 개인별 소득은 연도 도중에 확정되는 것이 아니라 사업주가 원천징수를 하여 신고하고 소득세를 납부하는 것에 불과하며, 개인별 소득은 다음 연도에 비로소 확정된다. 만약 근로자가 사망하거나 퇴직을 한 경우에도 이를 이유로 국세청에 소득신고를 하고, 다음 연도에 정산을 하여 확정한다. 이에 따라 건강보험공단 등에서는 국세청으로부터 직전연도 소득에 대한 자료를 넘겨받아 이를 근거로 보수총액을 파악하여 보험료를 고지하고 있다. 따라서 근로자가 연도 중에 서로 다른 직장으로 이직을 하는 경우에도 당해 소득에 대하여 보수를 지급한 각각의 사업주가 국세청에 소득신고를 한 경우에는 이를 합산하여 연소득으로 파악하고, 다음 연도의 초에 연말정산을 통하여 구체적으로 소득을 확정하게 된다.

6) 중도취업자와 연도 중 재해자의 소득확정과 보상수준의 문제

일반적으로 국세청에 사업주가 매월 10인 미만의 근로자를 고용하고, 원천 징수액이 월 100만 원 미만자에 대하여는 납세자가 관할 세무서에 원천징수 납부 반기별(6개월 단위) 신고납부승인신청을 하여 승인을 받은 경우 6개월 단위로 신고납부를 할 수 있고,

같은 요건을 갖추었으나 승인을 받지 못한 경우나 사업을 개시한 후 관할 세무서에서 직권으로 지정을 받지 못한 경우에는 매월분에 대하여 다음 달 10일까지 신고 및 납부를 하여야 한다. 문제는 산재보험법에 의하여 근로자가 연도 도중에 부상·질병·장해 또는 사망으로 중도에 퇴직을 하는 경우이다. 만약 1년 전에 소득활동을 한 사실이 전혀 없는 근로자가 회사에 입사를 하여 근무 중에 재해가 발생할 수 있다.

또한 근로자가 회사에 취업한 당일 날 사고가 발생하거나 취업기간이 11년 미만인 자가 재해를 당한 경우 산재보험의 보상기준을 어떻게 파악할 것인지가 문제가 된다. 예컨대 직전연도에 근무경력이 전혀 없는 신규 입사 근로자가 당해연도 7월 말에 근로자가 재해를 당하여 사망을 하였다면, 8월 10일까지 원천징수를 하여 신고한 자료에 의해 보상수준을 결정할 수밖에 없다. 당해 근로자의 개별소득은 차기연도 2월 말에 가서 연말정산을 통하여 확정되며, 이 경우 연말정산에 따른 차액을 3월 10일까지 납부를 하여야 한다. 이러한 절차와 시기에 의하여 소득이 확정된다. 이에 따라 개인별 소득이 현재수준에 비하여 차이가 나는지 다시 확인하는 작업이 필요하다. 따라서 퇴직이나 사망으로 사망한 근로자에 대하여는 재해일 다음 달 10일까지 원천징수를 하여 소득신고를 하였더라도 개인별 소득을 확정하기가 어려운 경우가 발생한다. 또한 사업주가 세금을 절세하기 위하여 실제보다 적은 소득으로 축소하여 신고하는 경우가 문제가 된다. 그러나 원천징수자료가 사실과 다르게 신고된 경우에는 정의 관념에 따라 허용하지 아니하는 것이 바람직하다.

7) 소득을 파악하기가 곤란한 경우 처리방법

근로자가 소득세법에 근로소득세를 납부하지 아니하였거나 자료가 불명확한 경우 어떠한 방법으로 보수기준을 정해야 하는지 문제가 된다. 국민건강보험법 제63조 제3항에 의하면, 보수는 근로자 등이 근로의 제공으로 인하여 사용자·국가 또는 지방자치단체로부터 지급받는 금품(실비변상적인 성격의 것을 제외한다)을 말하며, 보수 관련 자료가 없거나 불명확한 경우 등 대통령령이 정하는 사유에 해당하는 경우에는 보건복지가족부장관이 정하여 고시하는 금액을 보수로 본다고 규정하고 있다.[29] 소득을 파악하기가 곤란한 경우에는 대통령령이 정하는 사유에 의하여 노동부장관이 고시하는 금액으로 정하는 것이 바람직하다.

---

29) 국민연금법에서는 현물급여가 원칙이므로 현금보상의 목적으로 보수기준을 정하지 아니한다.

제3장

산재보상기준의 개편방안

3장

산재보상기준의 개편방안

Ⅰ. 평균임금을 대체하는 금액의 산정방안

1. 평균임금을 기준으로 한 보상기준

가. 평균임금의 보상기준에 대한 검토

(1) 평균임금의 개념과 산정방법

산재보험법은 재해근로자나 그 유족에게 보험급여를 지급하기 위하여 원칙적으로 평균임금이라는 단위개념을 사용하여 보상액을 산정하여 지급하고 있다. 산재보험법 제5조 제2호에서는 "평균임금이란 근로기준법에 따른 평균임금을 말한다."고 규정하고 있다. 근로기준법 제2조 제6호는 [평균임금이란 "이를 산정하여야 할 사유가 발생한 날 이전 3개월 동안에 그 근로자에게 지급할 임금총액을 그 기간의 총일수로 나눈 금액을 말한다.” 근로자가 취업한 후 3개월 미만인 경우에도 이에 준한다]고 규정하고 있다.[1]

산재보험법에서는 각종 산재보험급여의 보상기준을 평균임금을 기준으로 산정하여 지급하고 있다. 그 결과 요양급여를 제외한 금품으로 보상하는 휴업급여, 상병보상연금, 장해급여, 유족급여 및 장의비에 대하여는 평균임금을 기준으로 보상금액이 산정된다. 이와 같은 평균임금의 산정방법은 근로자가 재해를 입은 경우 재해 당시를 기준으로 하여 산정함으로써, 최근의 실질적인 소득으로 반영하여 보상수준을 보장하고자 하는 취지이다. 이러한 평균임금은 실제상의 임금이 아니라 임금계산을 위한 단위개념에 불과하며, 근로자 생활보호의 관점에서 평상시 지급받던 임금총액을 그대로 반영하여 3개월 단위로 평균적인 산정을 하고자 한다.

평균임금의 산정은 그 사유가 발생한 날의 전일부터 소급하여 3개월간을 말하며, 사유가 발생한 날인 초일은 민법 제157조의 초일불산입의 원칙에 따라 산입하지 않는다.[2] 본 조의 ‘3개월’의 계산은 역법일수에 의하여 계산한다.[3] 그러므로 3개월은 근로일수에 따른 90일이 아니라 역일에 의한 3개월이다. 이때 2월 10일에 산정

---

[1] 총근로일수라 함은 ‘그 기간의 총일수’라 함은 그 기간 중의 근로일수만을 말하는 것이 아니라, 평균임금의 산정 기간이 되는 3개월간 중의 역법에 의한 총일수를 말한다. 취업 후 3개월 미만인 근로자에 대하여 평균임금을 산정하여야 할 사유가 발생한 경우에는 일반적인 산정방식으로 평균임금을 산정할 수 없다. 취업당일에 사고로 인하여 산정사유가 발생한 경우에는 평균임금산정을 위한 소급 기간이 없기 때문에 근로기준법 제2조 제1항에 의한 그 산정이 곤란하다. 평균임금의 산정 기간인 3개월간 중에 근로기준법 시행령 제2조 각 호에 해당하는 기간이 있는 경우에는 그 일수와 그 기간 중에 지급된 임금을 당해 기간과 임금총액에서 각각 공제하여 잔여기간의 일수와 임금액으로써 평균임금을 산정한다. 이와 같은 기간과 그 기간 중 임금을 공제하지 않으면, 평균임금이 부당하게 저액이 될 우려가 있다.

[2] 대판 1989. 4. 11, 87다카2901.

[3] 기준 1455. 3 - 7311, 1968. 8. 2.

사유가 발생한 경우에는 2월 9일부터 11월 10일까지 91일이며, 10월 15일에 산정사유가 발생한 경우에는 10월 14일부터 7월 15일까지 역일수를 소급하면 92일이 된다. 본조 제1항 단서에서 "취업 후 3개월 미만도 이에 준한다."고 규정하고 있으므로 취업 후 3개월이 되지 않고 평균임금의 산정사유가 발생한 때에는 취업 후의 전체 기간과 그 기간 중에 지급된 임금의 총액으로 산정한다. 산재보험법에 의한 평균임금을 산정하여야 할 사유는 통상적으로 근로자가 재해를 당한 경우로서 그 재해가 발생한 날의 이전이며, 질병으로 인해 업무상 재해로 인정을 하는 경우에는 최초로 상병에 대한 진단을 받은 날이다. 사망재해의 경우에는 "사망의 원인이 되는 사고가 발생한 날 또는 진단에 의하여 질병이 발생되었다고 인정된 날"을 기산일로 한다. 장해급여의 경우에는 상병상태가 치유되고 장해진단을 받은 날이다.

(2) 평균임금의 산정 시 제외하는 금품 및 기간

근로기준법 제2조 제1항 제6호에 따른 임금총액을 계산할 때에는 임시로 지급된 임금 및 수당과 통화로 지급하는 임금은 포함하지 아니한다. 다만, 노동부장관이 정하는 것은 그러하지 아니하다. 따라서 임시 또는 돌발적인 사유에 따라 지급되거나, 지급조건은 사전에 규정되었더라도 그 사유발생일이 불확정·무기한 또는 희소하게 나타나는 것은 임시로 지급되는 임금으로서 평균임금에 산입되지 않는다. 판례는 상여금[4]과 가족수당을 임금으로 보고 이를 평균임금에 포함시키고 있다. 평균임금의 산정 기간 중에 휴업하였

---

4) 대판 1978. 9. 14, 76다1402; 대판 1989. 4. 11, 87다카2901.

거나 또는 그 기간이 수습 기간 중일 경우에는 평균임금이 통상의
생활임금과는 현격한 차이가 발생할 수도 있다. 근로기준법 시행령
제2조에 의하면, ① 수습사용 중의 기간, ② 사용자의 귀책사유로
인하여 휴업한 기간, ③ 산전후휴가 기간, ④ 업무수행으로 인한
부상 또는 질병의 요양을 위한 휴업 기간, ⑤ 육아휴직 기간, ⑥
쟁의행위 기간, ⑦ 병역법, 향토예비군설치법 또는 민방위기본법에
의한 의무이행을 위하여 휴직하거나 근로하지 못한 기간은 제외하
도록 하고 있다. 다만, 그 기간 중 임금을 지급받지 못한 경우에는
그러하지 아니하다. ⑧ 업무 외 부상·질병 기타의 사유로 인하여
사용자의 승인을 얻어 휴업한 기간에는 그 일수와 그 기간 중에 지
급된 임금은 당해 기간과 임금의 총액에서 공제된다. 이 기간을 공
제하지 않으면 평균임금이 부당하게 저액이 되어 불이익을 주기
때문이다.

(3) 평균임금의 적용대상이 되는 규정

산재보험법 제36조 제1항에서 열거한 휴업급여, 장해급여, 유족
급여, 상병보상연금, 장의비가 평균임금을 기초로 보상하고 있다.
산재보험법 제52조의 휴업급여(제53조의 부분휴업급여, 제54조의
저소득근로자의 휴업급여, 제55조 고령자의 휴업급여, 제56조의 재
요양 기간 중의 휴업급여를 포함), 산재보험법 제57조 내지 제60조
에 따른 장해급여, 산재보험법 제62조의 유족급여, 산재보험법 제
66조의 상병보상연금(제67조 저소득근로자의 상병보상연금 및 제
68조의 상병보상연금, 제69조 재요양 기간 중의 상병보상연금 포
함), 산재보험법 제71조 장의비, 모두 평균임금을 기준으로 보상하

고 있다. 이 외에 평균임금을 기준으로 산재보험의 보상기준을 산
정하기가 곤란한 근로자에 대하여는 평균임금산정특례에 의하여
별도로 정하고 있다.

나. 평균임금 보상기준의 문제점과 개선방안

(1) 평균임금의 산정방법과 유익성(장점)

평균임금의 산정방법을 지지하는 견해는 일반 공무원과 같이 평
생직장이 보장되어 있지 않은 일반 근로자는 잦은 이직을 하게 되
고, 육체노동자나 위험작업의 현장에서 근로를 제공하는 근로자는
근로일수가 직장이동이나 작업현장이 변경될 때마다 임금수준이
변경되는 등 근로조건이 빈번하게 변동될 수 있다는 특수성을 근
거로 주장한다. 또한 건설공사에 종사하는 근로자의 경우에는 공사
의 공기나 사업장의 작업공정에 따라 연장근로나 휴일근로를 할
수밖에 없고 이로 인하여 평상시에 비하여 사고의 위험성이 높거
나 과로 등을 할 수밖에 없다고 한다. 따라서 근로일수보다는 작업
조건이나 공정상 특성을 고려할 때, 평상시에 비하여 임금수준이
높다고 하더라도 재해 직전 3개월 단위를 기준으로 평균임금을 산
정하여 지급하는 것이 정당하다고 한다. 이 경우 평균임금의 산정
방법은 재해 당시를 기준으로 실질임금을 반영하여 산재보험의 보
상금액을 결정할 수 있다.

평균임금의 산정단위 기간은 재해발생 당시를 기준으로 기간격
차가 비교적 가까운 3개월간의 기간 내에 소득을 모두 반영할 수
있는 유익성을 지닌다. 그러나 다른 한편으로 평균임금의 범위에

해당하는지를 판단하기가 복잡하고 어려우며, 일시적이고 우연적인 임금수준을 반영하여 보상수준을 높이기 위한 수단으로 악용될 여지가 있다. 재해근로자나 그 유족의 입장에서 보면, 보상기준을 임금기준에서 보수기준으로의 변경하는 경우 보험료의 납부액이 증가하는가, 보험급여의 수준은 저하되지 않는가 하는 것에 더 큰 관심을 가질 수밖에 없다.

(2) 평균임금의 산정방법에 대한 비판적 견해(단점)

산재보험의 보상기준을 변경하지 아니하고 평균임금의 산정방식을 그대로 유지하는 입장에 대하여 다음과 같은 비판이 제기되고 있다.

첫째, 산재보험의 보상기준을 3개월 단위로 산정하는 경우 보상수준이 지나치게 높아지고, 우연적 또는 일시적으로 높아진 임금수준을 반영할 여지가 있어 불합리하다고 한다. 우리나라에서 휴일근로나 연장근로의 경우에는 평상시 임금 대비 125% 내지 150%를 기준으로 지급하고 있기 때문에 단기간의 집중적인 휴일이나 초과연장근로가 불가피하게 발생하면 평균임금이 평상시에 비하여 높아지게 된다. 이로 인하여 호황산업의 경우 휴일근로나 연장근로가 일상화되기 쉬운데, 이 경우 사업주의 입장에서는 임금의 지급부담 이외에 재해로 인한 보상수준의 증가로 보험료부담이 다시 높아지는 이중적 부담이 되고 있다고 비판한다. 또한 일부 직업성 질환자의 경우에는 산재신청을 하기 이전에 의도적으로 잔업이나 휴일근무의 양을 늘려 높은 산재보험의 보상수준을 높이는 악용여지가 있기 때문에 평상시 대비 기준으로 보상하는 방식을 도입해야 한

다고 주장한다.[5]

　둘째, 산재보험료는 사용자가 근로자에게 지급하는 1년간의 소득에 대한 보수총액을 기준으로 산정하여 납부하게 되는 반면, 보상을 3개월을 기준으로 하여 지급하는 문제점이 있다. 3개월 단위로 산정한 보상기준은 보험료보다 높은 수준으로 보상을 하게 되어 산재보험의 재정을 악화시킬 우려가 있다는 비판이 제기된다. 현재 산재보험의 보상방식이 일시금이 아닌 연금방식으로 대부분 전환되어 있고, 장기요양환자 등의 증가하는 추세를 고려할 때 일시적으로 높은 임금을 기초로 보상수준을 결정한 후 계속적으로 적용하는 것은 보험재정을 악화시킬 우려가 있다고 한다. 따라서 사용자는 1년간 보수총액을 기준으로 보험료를 산정하여 납부하였다면, 근로자에 대한 보상기준도 이에 기초하여야 형평성이 있게 된다.

　셋째, 사용자가 산재보험료의 산정을 소득세법에 의한 보수기준으로 전환하게 된다면, 사용자가 지급하는 보수가 과세대상인지를 고려하여 임금체계를 개편할 것이다. 만약 임금체계를 개편하지 않는다면, 대기업체의 경우 높은 비과세소득의 기준으로 인해 보상수준의 상대적으로 낮아지고 중소기업체의 경우에는 낮은 비과세 소득으로 인한 산재보상의 상대적으로 높아질 우려가 있다. 따라서 과세대상에 따른 보수를 그대로 인정하기가 곤란하다면 적정수준을 어떻게 정할 것인지가 향후 연구과제로 남을 수밖에 없다.

　(3) 임금에서 보수로 변경하는 보상기준의 도입효과

　국민연금이나 건강보험, 공무원연금과 같이 임금을 보수로 변경

---

5) 노사정위원회, 『산업재해보상보험제도 개선방안 논의자료』(2007. 1. 18), 406면.

하는 경우에 보상기준의 형평성 차원에서 다양하게 대체방법을 논의할 수 있다. 산재보험료를 과세기준으로 변경하는 경우 나타나는 효과를 살펴보면 다음과 같다.

첫째, 사용자가 근로자에게 지급하는 금품이 임금에 해당하는지, 평균임금에 포함되는지를 고민할 필요가 없어지고, 단순히 과세대상 여부만 고려하면 될 것이다. 그 결과 사용자는 임금관리를 위한 행정적 노력을 줄일 수 있다.

둘째, 산재보험을 소득세법에 의한 소득을 기초로 보수를 정하여 운영하게 되는 경우 보수월액이나 표준보수월액을 도입하여 사용함으로써 다른 법률과의 제도개선이나 조정이 용이하게 된다. 이로 인해 장해급여나 유족급여 등 소득보장급여에 대한 조정이 용이하여진다. 따라서 중복급여가 발생하는 경우 다른 급여의 제도로 전환하여 보장하는 대안을 모색하기 쉽다. 재해근로자가 산재보험법에 의한 장해급여나 국민연금법에 의한 장해급여가 중복되는 경우 국민연금의 장해급여를 다른 보상형태로 전환하여 지급하도록 입법개선이 이루어진다면 재해근로자의 보상수준이 향상될 것이다.

셋째, 보상기준이 통일되어 다른 사회보험, 즉 국민연금이나 건강보험과 연계하기가 쉽고 통계적 관리가 용이해진다.

넷째, 산정단위 기간을 변경함으로써 우연적이고 일시적인 사정에 따른 보상수준이 증가하는 문제점을 해소할 수 있다. 이를 위해서는 보수기준으로 산정하는 단위 기간에 대하여 재검토를 할 필요가 있다.

2. 평균임금을 대체하는 산정방법의 검토

가. 평균임금의 산정과 소득기준에 의한 산정금액의 차이

(1) 산재보험법에 의한 평균임금의 산정방법

산재보험법에 의한 평균임금의 산정을 다른 산정단위로 대체하는 것이 합리적인지 검토할 필요가 있다. 평균임금이라는 단위개념은 근로기준법이나 산재보험법 등에서 독자적으로 사용하는 임금단위의 산정방법으로서 다른 법령에서는 찾아보기 어렵다. 다른 법률에서는 1년 단위 또는 3년 단위를 기초로 보수 또는 소득을 파악하여 평균적으로 산정하고, 단위 기간을 고려하여 보수월액 또는 표준보수월액 등의 용어를 사용하고 있다.[6] 산재보험은 다른 법률과는 달리 재해 당시를 기준으로 보상수준을 결정하기 위하여 3개월 단위 평균임금을 산정한다. 국민연금이나 공무원연금은 재해 당시의 소득이 아닌 1년 전 또는 3년 전의 보수를 기초로 보수월액을 산정하여 보상을 하는 것과는 차이가 있다. 다른 법률과 같이 소득기준으로 평균임금을 대체할 수 있는지를 알아보기 위해서는 산정방법을 우선 검토할 필요가 있다.

구체적으로 예를 들면, 평균임금을 산정하기 위해 임금지급항목을 살펴보면 다음과 같다. 우선 근로자 A가 2008년 1월 1일부터 근무하다, 같은 해 3월 31일 출장업무 중 교통사고를 당하여 업무상 재해로 승인을 받은 것을 전제로 평균임금을 산정할 수 있다.

---

[6] 국민연금은 1년간 수령한 근로소득을 기준으로 보수월액이나 표준보수월액을 고려하여 산정하는 방안 등을 검토할 필요가 있다.

기본급과 직책수당은 평균임금에 포함되며, 상여금은 정기적·일률적으로 지급하는 것으로 보아 평균임금에 산입한다. 식대의 경우에도 단체협약이나 취업규칙에 전 근로자에게 일률적으로 지급하기로 명시된 경우 임금으로 보아 평균임금에 산입한다. 교통비의 경우에도 단체협약이나 취업규칙에 전 근로자에게 일률적으로 지급되어 있거나 관례적으로 지급되는 것으로 보아 평균임금에 산입시키고자 한다. 가족수당은 부양가족에 한하여 2명까지 인정하므로 이는 기혼자에게만 지급하는 것으로 판단하여 평균임금에서 제외한다. 위와 같은 기초자료를 토대로 산입되는 항목별 임금총액을 산정하면, (기본급 1,000,000원＋직책수당 120,000원＋상여금 500,000원＋식대 200,000원＋교통비 70,000원)의 합계액은 1,890,000원이다. 3개월간의 보수총액은 5,670,000원이며, 이 기간에 3개월간의 역일수는 91일이나 재해발생 당일을 제외하고 입사일까지 소급한 일자는 90일이다. 따라서 평균임금을 90일로 나누면, 63,000원이다. 이와 같은 금액산정은 임금성에 대한 변수고정을 통하여 산정하는 것이며, 변수를 조작하면 금액이 달라질 수 있다.

[표 3-1] 임금체계에 따른 임금총액의 범위

항목	금액(단위: 원)	항목	금액(단위: 원)	합계금액
기본급	1,000,000	상여금	500,000	
직책수당	120,000	식대	200,000	1,940,000
가족수당	50,000	교통비	70,000	
비고	1. 가족수당은 부양가족 1인당 50,000원씩 2명의 한도로 인정 2. 상여금은 단체협약에 의해 50%씩 나누어 매월 지급 3. 고정상여금은 500,000원 대비 연 1,200% 4. 식대는 취업규칙에 근거하여 전 직원에게 일률적으로 지급 5. 교통비는 단체협약에 의해 일률적으로 지급			

(2) 평균임금 및 소득금액의 산정과 차액의 발생 가능성

1) 평균임금과 소득금액의 산정조건

평균임금에 의한 산정방법을 소득세법에 의한 소득기준으로 환산하여 산정한 금액을 비교하면 어떠한 차이가 나는지 살펴볼 필요가 있다. 이미 제2장에서 산재보험의 보상기준의 변경 가능성에 대한 검토를 하면서, 산재보험의 보상기준을 임금기준에서 소득세기준으로 변경하는 경우에 불이익이 없다고 검토하였다. 따라서 보상기준을 변경하는 것 자체만으로 불이익이 없다면, 산정방법에서는 불이익이 없는지 다시 검토할 필요가 있다. 이러한 문제를 파악하기 위해서는 임금을 기준으로 3개월 단위 평균임금을 산출하고, 소득세법에 의한 소득기준으로 보수를 1년 단위로 산출하여 비교할 필요가 있다. 이러한 방법에 의한 비교를 위해서는 3개월 단위인가 혹은 1년 단위인가에 상관없이 현재 받고 있는 금액의 변동이 없다고 가정해야 한다.

현재 받고 있는 금품이 모두 고정변수로 처리하는 전제에서 산출하여야만 비교할 수 있기 때문이다. 따라서 앞에서 언급한 [표 3－1]과 같은 임금체계에 따른 평균임금을 산정한 기초자료에서 일부 금품을 고정변수로 지정할 필요가 있다. 이때 [표 3－1]에 의한 임금을 기초로 소득세법에 따라 근로소득에 해당하는지를 우선 살펴보면, 기본급과 직책수당, 가족수당, 고정상여금, 식대비로 구성되어 있다. 여기에서 소득세법과 산재보험법상 평균임금의 범위에 대한 차이가 나는 부분은 특별상여금, 식대, 야간근로수당이다. 그러나 야간근로수당은 [표 3－1]의 사례에서는 언급하지 않았기 때

문에 산정의 편의를 위해서 특별상여금과 식대비만을 변수로 보아
처리하고자 한다.

산재보험법에서는 평균임금을 산정함에 있어서는 특별상여금을
제외하고 있으나, 식대비는 포함하고 있다. 반면에 소득세법에서는
특별상여금은 근로소득으로 보아 과세대상으로 하고 있으나, 식대
비의 경우에는 10만 원까지 비과세로 하고 있다. 따라서 [표 3 - 1]
에 의한 임금체계에서는 고정상여금을 특별상여금으로 전환하여
산정하는 것 이외에는 다른 금품은 그대로 산정기준으로 하여도
무방하다. 다만, 소득세법에 의한 명목의 타당성을 검토하면, 식대
비는 급식수당으로 교통비는 통근수당으로 보아 근로소득으로 인
정된다. 따라서 대부분 금품은 모두 근로소득의 대상이 된다. 식대
비와 교통비가 취업규칙이나 단체협약에 지급근거가 명시되어 지
급이 강제되고, 정기적·일률적으로 지급하여야 한다는 전제로 변
수를 고정하여 산출할 필요가 있다.

2) 산정사례와 차액발생에 대한 검토

근로자 A의 임금내역을 살펴하면, 기본급 1,000,000원, 직책수당
120,000원, 상여금은 500,000원을 기준으로 연 1,200%를 특별상여
금으로 지급하고, 식대 200,000원(월 100,000원은 비과세), 교통비
70,000원이고, 가족수당은 1인당 50,000원씩 2명 한도에서만 지급
한다고 가정한다. 따라서 평균임금에 산입정하는 경우 특별상여금
과 식대에서만 해석상 포함 여부를 둘러싸고 차이가 나게 된다. 소
득세법에서는 평균임금의 법적 성질을 고려하지 아니하고 과세대
상 여부의 관점에서 규정하고 있기 때문이다. 이때 평균임금을 산

정하기 위한 역일수는 30일을 기준으로 한다. 이 경우 임금의 성격을 고려하여 [표 3-2]를 작성한다. 임금을 기준으로 평균임금을 산정한 금액과 소득세법에 의한 보수를 기준으로 월보수액을 산정한 금액과의 차이는 얼마인가를 살펴보자.

[표 3-2] 임금종류별 평균임금에 포함되는 금액

항목	금액(단위: 원)	항목	금액(단위: 원)	대상금액의 합계액
기본급	1,000,000	상여금	500,000	
직책수당	120,000	식대	200,000	1,390,000원
가족수당	50,000	교통비	70,000	
비고	1. 가족수당은 부양가족 1인당 50,000원씩 2명의 한도로 인정 2. 상여금은 단체협약에 의해 50%씩 나누어 매월 지급 3. 특별상여금은 500,000원 대비 연 1,200% 4. 식대는 취업규칙에 근거하여 전 직원에게 일률적으로 지급 5. 교통비는 단체협약에 의해 일률적으로 지급			

위의 사례에 대하여 세 가지로 가정에 따라 산정하면 다음과 같다.

첫째, 평균임금을 산정하기 위해서는 산정대상에 해당되지 아니하는 가족수당과 특별상여금을 제외한 나머지 금액을 월 합산하면, 임금총액은 1,390,000원이며, 3개월간 임금총액은 4,170,000원이다. 이때 재해 당일을 제외한 역일수는 90일이므로 평균임금을 산정하면, 46,333원(소수점 이하는 절삭)이다.

둘째, 소득세법에 따라 상기 기초자료내역을 산정할 때, 상여금은 구분 없이 과세대상이 되므로 특별상여금도 전액과세대상이 되며, 가족수당도 과세대상이 된다. 식대비의 경우에는 월 10만 원 한도에서 비과세 대상이 되므로 이를 공제한다. 가족수당에 대하여도 역시 과세대상이 된다. 이러한 소득세법에 따른 월보수 총액은

1,840,000원이 된다. 이 경우 월보수총액의 변동이 없다고 가정한 결과에 따라 매월 금액을 12개월 합산하여 365일분으로 나누면 일보수액이 산정된다. 이에 따라 평균임금과 같은 1일분에 해당되어 금액이 산출된다. 따라서 연보수 총액은 2,2080,000원이며, 이 금액을 365일로 나누면 60,493원(소수점 이하는 절삭)이 된다.

셋째, 상기와 같은 금액을 각각 1일분으로 산출하여 계산하면, 평균임금의 차액은 14,160원이 소득세법에 의한 산출금액보다 적다. 또한 월보수액에 있어서도 소득세법에 의한 산정은 식대 10만원을 공제하는 이외에 모든 금액을 포함하므로 월보수액이 450,000원이 더 많게 된다. 따라서 소득세법에 의한 보수를 기준으로 산정하는 방법이 평균임금을 기준으로 산정하는 것보다 유리하다.

[표 3-3] 소득세법에 의한 보수일액과 평균임금의 차액비교

비교항목	평균임금기준	보수일액기준	차액
월보수액	1,390,000원	1,840,000원	450,000원
일보수액	46,333원	60,493원	14,160원
산출방법	3개월 단위로 합산하여 90일로 나눔	1년 단위로 합산하여 365일로 나눔	
차액원인	○ 가족수당 50,000원 제외 ○ 특별상여금500,000원 제외	○ 가족수당 포함 ○ 특별상여금 포함 ○ 식대 100,000원까지 비과세	보수일액기준이 높은 이유: 가족수당 및 특별상여금의 반영

(3) 국민건강보험법상 보수월액과의 비교

1) 보수월액의 개념과 산정방법

산재보험법은 평균임금이라는 단위개념을 사용하여 보상기준을 산정한다. 그러나 국민건강보험법은 근로기준법과 같이 임금이나 평균임금이라는 용어를 사용하지 아니한다. 또한 보험급여를 위해 산재보험법과 같이 3개월간의 임금총액을 기준으로 하는 평균임금을 사용하지 않고 있다. 국민건강보험법 제63조에서는 평균임금 대신에 보수월액이라는 단위개념을 사용한다. 국민건강보험법 제63조 제1항에 의하면, 보수월액은 직장가입자가 일정 기간 지급받은 보수를 기준으로 등급을 산정한다. 또한 휴직 기간 기타의 사유로 보수의 전부 또는 일부가 지급되지 아니하는 가입자의 보험료는 당해 사유가 발생하기 전월의 보수월액을 기준으로 산정한다(동조 제2항). 직장가입자의 보수월액은 당해연도 4월에서 다음 연도 3월까지를 기준으로 산정한다. 보수월액이 변동된 경우에는 사용자가 건강보험공단에 보수월액의 변경신고를 하여야 한다.[7]

사용자는 국민건강보험법 제63조 제4항의 규정에 의하여 매년 2월 말일까지 전년도 직장가입자에게 지급한 보수의 총액(법 제63조 및 이 영 제33조의 규정에 의하여 산정된 금액으로서 가입자별로 1월부터 12월까지 지급한 보수의 총액을 말한다. 이하 같다)과 직장가입자가 당해 사업장·국가·지방자치단체·사립학교 또는 그 학교경영기관(이하 '당해사업장 등'이라 한다)에 종사한 기간 등 보수월액의 산정에 필요한 사항을 공단에 통보하여야 한다. 이 경우 제34조 제1항 단서의 규정에 의한 직장가입자에 대하여는 보수월액의 산정에 필요한 사항의 통보를 생략할 수 있다(시행령 제35조 제1항).[8]

---

7) 직장가입자의 보험료는 전년도 소득을 기준으로 보수월액을 산정하여 당해연도 4월에서 다음 연도 3월까지 부과하고 가입자의 보수가 전년에 비하여 인상 또는 인하되었을 경우, 같은 법 시행령 제36조 및 동법 시행규칙 제34조에 의거 사용자가 건강보험공단에 보수월액 변경신고를 통해 정확한 보험료를 공제할 수 있도록 하고 있다. 이러한 보수변경신고는 연말정산 시 과다한 추가보험료가 발생되는 것을 사전에 줄이고, 또한 가능한 소득에 맞는 보험료를 징수하기 위한 것이다.

　국민건강보험공단은 같은 법 시행령 제35조의 규정에 의하여 통보받은 보수의 총액을 전년 도중 직장가입자가 당해 사업장 등에 종사한 기간의 월수로 나누어서 얻은 금액을 매년 보수월액으로 결정한다. 다만, 사용자가 당해 사업장 등의 당해연도 보수의 평균인상률 또는 인하율을 공단에 통보한 경우에는 본문의 규정에 의하여 계산한 금액에 그 평균인상률 또는 인하율을 반영한 후 산정한 금액을 매년 보수월액으로 결정한다(시행령 제36조 제1항). 사용자는 당해 직장가입자의 보수가 인상되거나 인하되었을 때에는 공단에 보수월액의 변경을 신청할 수 있다(같은 조 제2항). 이 경우 공단은 사용자가 같은 법 시행령 제35조의 규정에 의한 통보를 하지 아니하거나 그 통보내용이 사실과 다른 경우에는 법 제82조의 규정에 의하여 그 사실을 조사하여 보수월액을 산정·변경할 수 있으며, 제2항의 규정에 의하여 보수월액의 변경신청이 있는 경우에는 공단은 보수 인상 월 또는 인하 월부터 보수월액을 변경할 수 있다(같은 조 제3항). 직장가입자의 보수월액이 28만 원 미만인 경우에는 28만 원으로 하고, 보수월액이 6,579만 원을 초과하는 경우에는 6,579만 원으로 한다(같은 조 제4항). 직장가입자가 2 이상의 건강보험적용 사업장에서 보수를 받고 있는 경우에는 각 사업장에서 받고 있는 보수를 기준으로 각각 보수월액을 결정한다(같은 조 제5항).

---

8) 따라서 국민건강보험법 제63조 제4항의 규정에 의하여 사용자는 그 사업장이 ① 사업장이 폐업·도산하거나 이에 준하는 사유가 발생한 때, ② 사립학교가 폐교된 때, ③ 일부 직장가입자가 퇴직한 때에는 그때까지 사용·임용 또는 채용한 모든 직장가입자(제4호의 경우에는 해당 직장가입자)에게 지급한 보수의 총액 등 보수월액의 산정에 필요한 사항을 공단에 통보하여야 한다(같은 조 제2항).

2) 보수의 범위와 소득세법에 의한 소득

건강보험에서의 보수는 근로자·공무원 및 교직원이 근로의 제공으로 인하여 사용자·국가 또는 지방자치단체로부터 받는 금품(실비변상적인 성격의 것은 제외한다)으로서 대통령령이 정하는 것을 말한다. 국민건강보험법 시행령 제33조 제1항에 의하면, "대통령령이 정하는 것"이라 함은 근로의 제공으로 인하여 받은 봉급·급료·보수·세비·임금·상여·수당과 이와 유사한 성질의 금품 중 퇴직금, 현상금, 보험료, 원고료, 기타 소득세법의 규정에 따른 비과세근로소득급여는 제외한다. 이와 같은 직장가입자는 보수월액의 파악이 가능하여 사용자가 지급하는 보수를 기준으로 산정한다. 따라서 전년도 보수월액을 기준으로 산정하고, 보수의 변동이 있는 경우에는 이를 신고하도록 하여 조정하고 있다.[9] 건강보험법상 보수월액은 소득을 파악하여 보험료를 결정하는 기준으로 대부분 활용하고 있다. 직장가입자의 보수월액을 산정하기 곤란하거나 보수를 확인할 수 있는 자료가 없는 경우 보수월액의 산정방법과 보수의 인상·인하 시 보수월액의 변경신청 등 필요한 사항은 재정운영위원회의 의결을 거쳐 공단의 정관으로 정한다(같은 조 제6항).

건강보험은 대부분 현물급여로 이루어지기 때문에 산재보험의 보상수준과 유사성을 찾아보기 어렵다. 건강보험에 의한 보상은 의료비수가기준을 정하여 현물급여를 위주로 보상하고 있다. 따라서 건강보험에서 사용하는 보수월액은 보상기준을 위하여 적용하는 기준이 아니라 건강보험료를 부과하기 위한 목적으로 사용하는 기

---

9) 그러나 직장가입자가 아닌 경우에는 소득, 재산, 자동차 및 성·연령을 고려하여 건강보험료를 부과하고 있다. 이 경우에는 보수월액을 산정할 필요가 없이 소득을 파악하여 건강보험료를 산정하기 위한 기준으로 활용하고 있다.

준으로 보아야 한다. 이때 건강보험은 보험료의 부과자료를 확보하기 위한 관점에서 보수범위를 확대시키는 특성을 지닌다. 외국의 경우 건강보험료의 부과를 위해 총임금(wage)과 총소득(income)의 개념을 구분하여 대부분 총소득개념으로 보수월액을 정하고, 개인이 벌어들인 이자, 배당, 투자소득 등이 포함된 소득을 보험료 부과대상의 근거로 하고 있다.[10] 소득세법에 의한 과세의 대상이 되는 사항에 대하여는 소득세법에 명시되어 있다. 소득세법 제4조 제1항에서 거주자의 소득은 종합소득, 퇴직소득, 양도소득으로 구분하고 있다.[11] 이러한 과세대상에 대하여 건강보험법이 연계하여 소득으로 파악하고 있는 내용은 다음과 같다.

---

10) 김진수 외, "건강보험공단 가입자의 소득특성분석", 건강보험공단(2007, 12), 52면.

11) 여기서 종합소득은 당해연도 발생하는 이자소득·배당소득·부동산임대소득·사업소득·근로소득·연금소득과 기타 소득을 합산한 것을 말한다(제1항 제1호). 또한 퇴직소득은 퇴직으로 인하여 발생하는 소득과「국민연금법」또는「공무원연금법」등에 의하여 지급받는 일시금(부가금·수당 등 연금이 아닌 형태로 일시에 지급받는 것을 포함한다. 이하 같다)을 말한다(제1항 제2호). 양도소득은 자산의 양도로 인하여 발생하는 소득을 말한다(제1항 제3호). 또한 소득을 구분함에 있어서 법 제17조 제1항 제5호의 규정에 따른 투자신탁 외의 신탁(「간접투자자산 운용업법」제135조의 규정에 따른 보험회사의 특별계정을 제외한다)의 이익은「신탁법」제1조 제2항의 규정에 따라 수탁자에게 이전되거나 그 밖에 처분이 된 재산권에서 발생하는 소득의 내용별로 소득을 구분한다(같은 조 제2항). 이러한 소득세법 제20조에서 구체적으로 근로소득에 대하여 규정하고 있다.

[표 3-4] 소득세법의 과세대상과 건강보험과 소득기준의 연계 여부

종 류		대 상	적용 여부
소득세	종합소득	사업소득, 근로소득, 이자소득, 배상소득, 부동산 임대소득, 연금소득, 일시로 발생하는 재산소득, 기타 소득	직장: 근로소득 지역: 근로소득, 연금소득의 경우 20% 적용
	산림소득	일정조림 기간(5년) 이상인 임목의 벌채, 양도로 인해 발생하는 소득	미적용
	양도소득	물권 양도 시 발생하는 소득	미적용
	퇴직소득	퇴직금 등	미적용
자동차		배기량 및 사용연수	적용(지역)
종합토지		토지소유에 대한 세액	재산과 합산적용(지역)
증여		증여재산 혹은 소득	미적용
상속		상속재산(혹은 상속소득)	미적용
농지		농업소득 관련 세액	20% 적용(지역)

(4) 국민연금법상 기준소득월액의 산정에 대한 비교검토

1) 기준소득월액과 평균소득월액의 개념

산재보험법에서 각종 보험급여를 지급하는 것과 유사한 제도가 있는 사회보험은 국민연금이다. 산재보험법은 현물급여로서의 요양급여 이외에 소득보장급여의 성격을 지니는 휴업급여, 상병보상연금, 장해보상연금, 유족연금 등이 있다. 다만, 장의비를 소득의 일환으로 지급하는 것이 아니라 사망자의 장제실행에 필요한 실비성격으로 지급하는 보상이라는 특성을 지닌다. 그럼에도 금전보상의 형식을 지니기 때문에 보상기준을 정하여 지급하는 것이다.

한편 국민연금의 종류에 대하여는 국민연금법 제49조에서 노령연금, 장애연금, 유족연금, 반환일시금으로 정하고 있다. 노령연금은 산재보험법에 없는 독자적인 제도이다.[12] 그러나 국민연금법에

---

12) 국민연금법 제61조에 의하면, 가입 기간이 20년 이상인 가입자 또는 가입자였던 자에

의한 장애연금과[13] 유족연금은 산재보험법상의 장해급여나 유족급여와 유사성을 지닌다.[14] 국민연금은 연금수급자의 생계를 보장하기 위한 소득보장급여로서의 성격을 지니고, 금전으로 지급하는 방식에 있어 산재보험과 성격상 유사성을 지니나 산정방법은 다른 차이점이 있다. 또한 산재보험이 업무상 부상이나 질병 또는 사망이라는 보험사고를 기초로 하여 보상을 하는 점에서 보험지급원인이 다르다는 특성을 지닌다. 국민연금법에 의한 국민연금은 가입자의 소득월액이 신고가 되면 이를 기초로 연금급여를 산정한다.

기준소득월액은 신고된 대로 인정하는 것이 아니라 1년 동안 받은 월소득을 12개월로 나누어 산정한다. 다만, 1년 미만인 경우에는 근무한 월수로 나눈다. 따라서 기준소득월액은 연간소득총액을 그 기간의 총월수(12개월)로 나누어 산정하며, 이를 다시 연간소득총액으로 그 기간의 총일수로 나누고 30을 곱하여 월할계산을 할 수 있다. 이러한 산정방법은 1년간 받은 월소득총액을 합산하고 365일로 나누어 일할계산도 가능하다. 그러나 산재보험과 달리 매월달력일수가 약간씩 크거나 작을 수 있는 특성으로 고려하지 아

대하여는 60세(특수직종근로자는 55세)가 된 때, 가입 기간이 10년 이상 20년 미만인 가입자 또는 가입자였던 자에 대하여는 60세(특수직종근로자는 55세)가 된 때부터, 가입 기간이 10년 이상인 자가 소득이 있는 업무에 종사하고 있으면 60세 이상 65세 미만(특수직종근로자는 55세 이상 60세 미만)인 때, 가입 기간이 10년 이상인 가입자 또는 는 가입자였던 자로서 55세 이상인 자가 소득이 있는 업무에 종사하지 아니하는 경우에 노령연금을 지급할 수 있도록 규정하고 있다.

13) 국민연금법 제68조에서는 제1급에서 제3급까지 장애등급에 따라 기본연금액에 부양가족연금액을 더한 금액을 지급하도록 규정하고 있으며, 4급 장애의 경우에는 일시보상금을 지급한다.

14) 국민연금법 제74조에서는 유족연금액은 가입 기간을 10년 미만, 10년 이상 20년 미만, 20년 이상으로 구분하고 기본연금액에 일정비율을 곱한 금액에 부양가족연금액을 더한 금액으로 산정하여 지급한다. 다만, 노령연금 수급권자가 사망한 경우의 유족연금액은 사망한 자가 지급받던 노령연금액을 초과할 수 없다.

니하고 일률적으로 30일을 곱하여 기준소득월액을 산정한다. '평균소득월액'은 이러한 기준소득월액을 기초로 매년 사업장가입자 및 지역가입자 전원(全員)의 기준소득월액을 평균하여 산정하게 때문에 월소득산정의 방법상 오차가 발생하는 문제점이 있다.[15]

2) 국민연금의 산정방법과 전국소비자물가변동률

국민연금법 제50조에 따르면, 급여는 받을 권리가 있는 자(이하 '수급권자'라 한다)의 청구에 따라 공단이 지급한다. 또한 연금액은 지급사유에 따라 기본연금액과 부양가족연금액을 기초로 산정한다. 국민연금법 제51조 제1항에 따르면, 수급권자의 기본연금액은 ① 다음 각 목에 따라 산정한 금액을 합산하여 3으로 나눈 금액으로서, ㉮ 연금수급 3년 전 연도의 평균소득월액을 연금수급 3년 전 연도와 대비한 연금수급 전년도의 전국소비자물가변동률(「통계법」 제3조에 따라 통계청장이 매년 고시하는 전국소비자물가변동률을 말한다)에 따라 환산한 금액, ㉯ 연금수급 2년 전 연도의 평균소득월액을 연금 수급 2년 전 연도와 대비한 연금수급 전년도의 전국소비자물가변동률에 따라 환산한 금액, ㉰ 연금수급 전년도의 평균소득월액, ② 가입자 개인의 가입 기간 중 매년 기준소득월액을 대통령령으로 정하는 바에 따라 보건복지가족부장관이 고시하는 연도별 재평가율에 의하여 연금수급 전년도의 현재가치로 환산한 후 이를 합산한 금액을 총 가입 기간으로 나눈 금액(다만, ㉮ 제18조에 따라 추가로 산입되는 가입 기간의 기준소득월액은 제1호에 따라 산정한 금액의 2분의 1에 해당하는 금액, ㉯ 제19조에 따라 추

---

15) 이 경우 산정방법상 월 30일을 기준으로 산정하는 것으로 보고 있다. 그러나 365일을 12개월로 나누면 월 30.4일이 역일수가 된다.

가로 산입되는 가입 기간의 기준소득월액은 제1호에 따라 산정한 금액에 따라 산정하여야 하는 금액은 그 금액으로 한다)을 합한 금액에 1천분의 1200을 곱한 금액으로 한다.

다만, 가입 기간이 20년을 초과하면 그 초과하는 1년(1년 미만이면 매 1개월을 12분의 1년으로 계산한다)마다 본문에 따라 계산한 금액에 1천분의 50을 곱한 금액을 더한다. 이때 앞에서 언급한 각 호의 금액을 수급권자에게 적용할 때에는 연금수급 2년 전 연도와 대비한 전년도의 전국소비자물가변동률을 기준으로 매년 3월 말까지 그 변동률에 해당하는 금액을 더하거나 빼되, 미리 제5조에 따른 국민연금심의위원회의 심의를 거쳐야 한다(같은 조 제2항).

이 경우 조정된 금액을 수급권자에게 적용할 때 그 적용 기간은 해당 조정연도 4월부터 다음 연도 3월까지로 한다(같은 조 제3항). 노령연금의 월지급액(부양가족연금액포함)은 가입자이었던 최종 5년간의 기준소득월액의 평균액과 가입 기간 중의 기준소득월액의 평균액을 재평가한 금액 중에서 많은 금액을 초과하지 못하도록 하고 있다. 이러한 산정방법은 각 보험의 특성에 따라 상당한 차이를 나타내고 있으며, 보상기준으로서 소득을 산정하는 기준이 각기 다른 독자성을 지닌다. 따라서 국민건강보험이나 국민연금에 따른 보상기준을 그대로 산재보험의 보상기준으로 채택하기가 곤란하다.

3) 국민연금의 산정방법과 평균임금의 비교

건강보험과는 달리 국민연금은 소득보장급여로서의 성격을 지니므로 산재보험의 성격과 유사하다. 그러나 국민연금은 산재보험과 달리 산정단위 기간이 길고, 보수라는 다른 용어를 사용하고, 보상기준의 산정방법의 차이 등 서로 다른 특성을 나타내고 있다. 또한 국민연금법에서 보상액의 산정은 불입 기간이나 가족인원수를 고려하거나 보험의 재정을 고려하여 결정하는 특성을 지닌다. 국민연금은 평균소득월액표를 기준으로 월소득기준을 분류하여 연금 보험료를 납부하고, 불입 기간을 고려하여 보상하는 방식을 채택하고 있다. 이때 기준소득월액은 1년 단위 또는 근무 기간을 기준으로 산정한다. 그러나 산재보험법에 의한 급여지급사유의 발생일과 비교하면 시간적인 격차가 크다. 평균임금은 산재보험의 지급사유가 발생한 날로부터 직전 3개월간의 급여를 기준으로 하므로 상대적으로 시간격의 차이가 다소 가까운 편이다. 근로자의 1년 단위 소득을 기준으로 평균하여 보수를 산정하는 방법과 3개월간을 평균하여 산정하는 평균임금을 산정하는 방법 사이에는 실질임금의 반영이라는 측면에서 편차가 날 수밖에 없다.

나. 3개월 단위 평균임금을 대체하는 평균보수일액의 개념 도입

(1) 3개월 단위 평균보수일액의 개념도입과 다른 법률과의 비교

1) 3개월 단위 평균보수일액의 개념 도입과 문제점

국민연금법에서 살펴본 바와 같은 소득세법에 근거하더라도 근로자의 소득이나 보수를 파악하는 경우에 해당 법률의 특성상 불일치하는 부분이 나타나고 있다. 그럼에도 불구하고 3개월 단위 평균임금의 산정방법을 평균보수일액으로 대체할 때 어떠한 문제점이 있는지를 검토할 필요가 있다. 평균보수일액은 평균임금을 산정하는 경우 임금을 기준으로 하는 대신에 보수로 대체하여 산정하는 것이다. 따라서 보수라는 보상기준에 의해 현재와 같은 3개월 단위의 평균임금을 산정하는 방법을 그대로 사용한다. 이러한 산정방법은 현재와 같은 3개월 단위를 기초로 하여도 실질적인 보수총액을 반영하고자 하는 취지이다. 따라서 이러한 산정방법을 그대로 사용하면, 3개월 단위 산정 기간을 변경하지 아니하여 보상수준의 변경에 따른 불리 여부에 대한 논쟁을 해소할 수 있다. 또한 근로자의 보수가 인상된 경우에 이를 반영하는 시점을 단축할 수 있는 장점이 있다. 이러한 평균임금을 다시 3개월분으로 나눈 금액을 1일분의 보수를 산정할 경우 '평균보수일액'으로 개념을 사용할 수 있다.

  2) 3개월 단위 평균보수일액의 산정방법과 문제점

  건강보험법이나 국민연금법과 비교할 때 보상기준이 서로 달라 4대사회보험을 통합하는 경우 현재의 임금을 보수기준으로 하는 평균임금의 산정방법을 변경할 필요가 있다. 그러나 단순히 용어만을 변경하는 경우 발생하는 문제점에 대하여 검토할 필요가 있다. 평균임금을 산정하는 방식에서 임금만 보수로 변경하는 경우에는 평균임금의 산정방법에 따른 불합리성을 그대로 안고 전환한다. 즉 3개월 단위 평균임금은 3개월간의 기간을 평균한 것이며, 1년 단위로 환산하면 365일이 아닌 360일(초일 불산입에 따른 문제)로 나누는 결과가 된다. 이 경우 3개월 단위로 산정한 평균임금을 다시 1년 단위로 환산하여 1년분 보수총액을 365일로 나누는 과정에서 이중적 산입의 문제가 나타난다.

  또한 우연적이거나 의도적인 조작에 의한 보수인상액이 그대로 반영되어 실제로 받은 급여보다 산정방법의 불합리성으로 인하여 보상

수준이 이중적으로 높아지게 된다. 이로 인하여 평균임금을 보상기
준으로 하는 것보다 산정방법의 불합리성으로 인해 보상수준이 더
높아지게 된다. 따라서 현재와 같은 3개월 단위의 평균임금을 산정
하는 방법을 원용하는 평균보수일액으로 산정하는 것은 불합리하다.

(2) 평균임금을 대체하는 산정방법과 용어의 사용

산재보험의 보상기준을 임금에서 보수기준으로 변경하게 된다면
현재의 용어를 그대로 사용할 수 없으므로 다음과 같이 개정할 필
요가 있다.

첫째, **평균보수일액**이란 3개월간 받은 보수총액을 해당 기간의
역일수로 나눈 금액을 말한다. 이것은 평균임금이 3개월간의 임금
총액을 해당 기간의 역일수로 나누어 계산하는 방식을 그대로 사
용한 것이다. 휴업급여의 경우에도 평균임금의 70%로 표현하는 방
식을 평균보수일액의 70%로 표기할 수 있다.

둘째, **통상보수일액**이란 통상임금을 보수기준으로 변경하여 사용
하는 금액을 말한다. 근로기준법 시행령 제6조 제1항에서는 통상임
금을 사용자가 근로자에게 정기적·일률적으로 지급하는 금품으로
서 일급, 주급, 월급, 도급금액을 말한다고 규정하고 있다. 그러나
산재보험법에서 보수기준으로 사용하는 경우 임금을 보수로 변경
하여야 하며, 이에 따라 통상임금은 통상보수로 변경하여 표현할
필요가 있다.16)

---

16) 입법적으로는 근로기준법을 개정하여 상호 간에 용어를 통일하는 것이 바람직하다. 그
러나 근로기준법 등 노동법에서 임금이라는 용어를 전면적으로 폐지하는 것은 용이한
일이 아니다. 경영학 특히, 인사관리나 급여 관리에서는 임금이라는 용어를 널리 관행
적으로 사용하므로 용어를 변경하는 경우 법조계 및 경영계에 미치는 영향이 매우 막
대하기 때문이다. 근로기준법과 관련하여 산재보험법상의 용어를 개정하는 경우 임금

셋째, **기준시간보수**란 1일 8시간을 기준으로 약정하는 보수를 말하며, 일당보수란 8일을 초과하여 1일 단위로 약정한 보수를 말한다. 이러한 금액과 구별하여 1일 8시간(기준근로시간)을 기준으로 하는 보수는 1일 기준시간보수로, 8시간 이상 1일 얼마로 일당을 정한 경우에는 일당보수로 용어를 구분하여 사용할 필요가 있다. 또한 법률에 의하여 가산임금은 **가산보수수당**을 사용하거나 현재와 같이 **가산수당**을 그대로 사용할 수 있다.

넷째, **기준보수**란 상시 근로자가 5인 미만인 사업의 경우, 사업의 폐업·도산 등으로 보수를 산정·확인하기 곤란한 사유로 인해 소득 자료가 불명확한 경우에 고시하는 보수를 말한다. 산재보험법의 보상기준을 변경하는 경우에도 기준보수가 필요할 것으로 보인다. 다른 법률인 [고용보험 및 산업재해보상보험의 보험료징수 등에 관한 법률] 제3조 제1항에서는 **기준보수**에 대하여 "상시 근로자가 5인 미만인 사업의 경우, 사업의 폐업·도산 등으로 보수를 산정·확인하기 곤란한 경우 또는 대통령령이 정하는 사유에 해당하는 경우에 노동부장관이 고시하는 금액으로 보수로 할 수 있다."고 규정하고 있다.

[표 3-5] 평균임금의 대체와 관련 용어의 변경

용어의 구분	변경 전 표기	변경 후 표기
평균임금	**평균임금**	○ **평균보수일액**
통상임금	통상임금	○ 통상보수일액
기준시간임금	기준시간임금	○ 기준시간보수
기준임금	기준임금	○ 기준보수

을 보수로 변경하되, 기본급이나 각종 수당의 명칭은 변경하지 아니하여도 무방하다고 본다.

(3) 3개월 단위 평균보수일액의 도입과 관련 규정의 개정안

현행법	개정 법률안
제5조(정의) 이 법에서 사용하는 용어의 뜻은 다음과 같다. 1. ……〈생략〉…… 2. '근로자'·'임금'·'평균임금'·'통상임금'이란 각각 「근로기준법」에 따른 '근로자'·'임금'·'평균임금'·'통상임금'을 말한다. 다만, 「근로기준법」에 따라 '임금' 또는 '평균임금'을 결정하기 어렵다고 인정되면 노동부장관이 정하여 고시하는 금액을 해당 '임금' 또는 '평균임금'으로 한다.	제5조(정의) 이 법에서 사용하는 용어의 뜻은 다음과 같다. 1. ……〈생략〉…… 2. 이 법에서 '근로자'란 「근로기준법」에 따른 '근로자'를 말한다. 2의 2. 이 법에서 보수란 소득세법 제20조에 의한 근로소득 중 대통령령이 정하는 금품을 제외한 금액을 말한다. 2의 3. 평균보수일액이란 근로자가 사용자로부터 1년간 받은 월보수액의 합계액을 12개월로 나눈 금액을 말한다. 다만, 「근로기준법」에 의한 '임금' 또는 '평균임금'은 이 법에서 '보수' 또는 '평균보수일액'으로 한다.

다. 1년 단위 보상기준의 도입과 산정방법의 개선방안

(1) 1년 단위 보상기준의 제도도입과 전제조건

1) 소득기준과의 일치를 위한 임금체계의 개선

보험료징수법에 의하면, 산재보험료의 산정기준을 임금총액에서 소득세과세대상 소득기준으로 전환할 경우 전제조건은 무엇인지 검토할 필요가 있다.

소득세법 제20조에 의하면, 근로소득은 과세대상소득과 비과세대상소득으로 구분된다. 비과세대상소득항목에 해당하는 금품이 임금총액에 포함되어 있기도 하고, 임금총액에 포함되어 있지 아니한 금품이 과세대상에 포함되기도 한다. 따라서 근로자의 소득합계와 임금총액이 불일치하게 되는 부분을 정비할 필요가 있다. 임금총액과 과세대상항목이 불일치하는지에 대한 연구조사결과에 의하면, 전기업의 경우 비과세대상소득은 3.8%, 과세대상소득은 96.2%를 나타내어 일부 불일치하는 것으로 나타났다.[17] 따라서 산재보험법에 의한 보상기준을 도입하는 경우 사업 또는 사업자에서의 임금체계개선이 필요하다.

근로기준법 제17조에 의하면, 근로계약 체결 시 임금, 근로시간 등 중요한 근로조건은 명시하도록 되어 있고 특히 임금의 구성항목, 계산방법 및 지급방법에 대해서는 서면으로 명시하도록 되어 있다. 산재보험법에 의한 보상기준을 변경하는 경우에는 구체적으로 임금체계의 개선이 없이는 자칫 노사 모두에게 불이익을 초래할 수 있다. 따라서 월급제에서 연봉제, 각종 수당을 창설하거나 폐지하여 소득세법에서 정하는 근로소득과 일치시키기 위해서는 취업규칙이나 단체협약의 변경이 선행되어야 한다.[18] 소득세법에 의한 보수기준으로 변경할 경우 사용자가 합리적인 방향으로 임금체계를 개선하기 위해서는 근로자 입장에서 보수기준의 변경이 고려하게 됨을 간과하여서는 아니 된다. 이때 불리한가의 여부는 근로자 전체의 입장에서 판단할 것인가 또는 개별 근로자의 입장에서 보더라도 당장의 임금수준 저하만으로 불리한 근로조건 변경으로 볼 것인가, 장래의 기대수입 저하 내지 증가를 포함하는가, 임금기준이 보상기준으로 변경될 경우 보상수준이 높아질 것인지를

---

17) 노동부, "산재·고용보험 징수체계의 개편에 따른 재정효과분석", 한국보험학회(2006. 9), 30면.

18) 단체협약에 의하여 급여규정의 개정이 필요하며, 설사 개별 근로자가 임금체계 개선에 동의하였다 하여도 그 합의의 효력이 인정되기 위해서는 종전의 단체협약 위반(즉 종전 단체협약보다 불리)에 해당하는지 여부를 별도로 검토하여야 한다. 이 경우 검토할 필요성이 제기되는 것으로 ① 새로이 도입된 임금체계가 종전의 취업규칙 내지 단체협약에 의한 임금지급방식보다 모든 근로자에게 유리한지, ② 취업규칙 내지 단체협약에 '미달'하거나 '위반'하지 않는지 여부와 불리하다면 노동조합이나 근로자 과반수의 동의를 받아야 하는지에 관한 것이다.

검토하여야 한다.

임금체계의 변경과 관련하여 문제가 되는 것은 불이익변경에 해당하거나 근로자 전체에 대하여 유·불리를 획일적으로 결정되기가 극히 곤란하더라도, 이른바 「사회통념상 합리성」이 인정되면 근로자 집단의 동의를 받지 않아도 되는지 여부이다. 임금체계의 변경이 불이익변경에 해당하는지는 변경 당시에 즉시 판단하기가 어려울 수도 있다. 이러한 이유로 보험료의 산정기준이나 보상기준의 변경에도 불구하고 산업현장에서는 즉시 임금체계가 개선되지 아니하여 노사당사자에게 불이익이 초래될 여지가 있다. 이러한 문제점이 발생할 여지가 있다면, 개정변경에 따른 불이익을 예방하기 위해 일정 기간 경과조치규정을 둘 필요가 있다. 이와 같은 노력에도 불구하고 노동조합의 반대나 근로자의 거부로 변경할 수 없는 경우에는 사회통념상 합리성이 있는지를 고려하여 판단하여야 한다. 판례에 의하면, "취업규칙의 작성 또는 변경이 그로 인하여 근로자가 입게 될 불이익의 정도를 고려하더라도 그 필요성 및 내용의 양면에서 보아 여전히 당해 조항의 법적 규범성을 시인할 수 있을 정도로 사회통념상 합리성이 있다고 인정되는 경우에는 종전 근로조건 또는 취업규칙의 적용을 받고 있던 근로자의 집단적 의사결정방법에 의한 동의가 없다는 이유만으로 그 적용을 부정할 수는 없다."고 판시하고 있다.[19]

2) 산정 기간에 대한 단위연도의 조정

산재보험료의 산정 기간이나 소득의 확정 기간을 어느 시점부터

______

[19] 대판 2001. 1. 15, 99다70846; 대판 2002. 6. 11, 2001다16722; 대판 2004. 5. 14, 2002다23185.

어느 종점까지 산입 기간을 정할 것인지 조정할 필요가 있다. 일반적으로 보험료산정 기간의 경우에 산재보험과 고용보험은 당해연도 소득을 기준으로 하지만 개산과 확정절차를 통하여 사후에 소득이 확정된다. 국민연금은 전년도 말 소득을 기준으로 산정하며, 건강보험은 전년도소득을 기준으로 산정하고 당해연도 소득기준으로 정산한다. 이와 같이 국민연금을 제외한 다른 사회보험은 원칙적으로 당해연도를 기준으로 보험료를 산정하고 있다.

국민연금은 연금급여와 보험료 부과를 모두 전년도소득을 기준으로 산정한다. 이러한 경우에 재해근로자의 소득을 확정하기 위하여 3개월 단위 평균임금을 적용하지 아니하고 1년 단위 기초보수일액을 기준으로 전환하는 경우에 보험료산정 기간에 적합하도록 산정단위연도를 조정할 필요가 있다. 갑종근로소득세의 경우에는 매월간이세율을 기준으로 원천징수를 한 후 차기연도 2월에 정산과정을 통하여 개인별로 세율을 확정한다. 이와 같은 소득세법의 태도를 고려할 때, 보험료의 산정 기간을 전년도기준으로 변경한다면 보상방법도 소득의 확정시점을 고려하여 전년도기준으로 변경함이 타당하다. 그러나 1년 미만 근로자의 경우에는 당해 기간 동안의 소득을 기초로 사후정산을 통하여 보상할 수 있도록 하는 방안이 필요하다. 동시에 보험료선납주의에 대한 조정도 필요하다. 이 경우 연납선납방식과 월납선납방식 중에서 선택할 수 있다.

3) 1년 단위 산정방법에 따른 관련 용어의 도입

첫째, **보수일액**이란 근로자가 매월 받는 보수월액을 1년간 합산한 후 365일로 나눈 금액을 말한다. 3개월 단위의 평균보수일액과 구분하여 보수일액이라는 용어를 사용할 필요가 있다. 추후 입법개정을 통하여 3개월 단위 산정방법을 폐지하는 경우에는 평균보수일액으로 용어를 사용하여도 무방하나, 여기서는 혼동의 우려가 있어 보수일액이라는 용어의 개념을 구분한다.

둘째, **보수월액**이란 근로자가 매월 받은 보수를 말한다. 이러한 보수는 현재 매월 받고 있는 월급과 같은 의미이다. 보수월액은 고정급과 각종 수당을 포함하며, 매월 근로일수나 연장근로, 휴일근로를 하는 경우에 따라 달라질 수 있다.

셋째, **평균보수월액**이란 1년분의 보수총액을 12개월로 나눈 금액을 말한다. 매월 근로자가 받는 보수를 1년간 합산한 후 12개월로 나누어 평균적으로 산출한 금액이다. 국민연금법에서는 **평균소득월액**이라는 용어를 사용한다.

넷째, **개인별 보수월액**이란 매월 개인에게 지급되는 보수월액을 말한다. 다시 기간에 따라 **월별 보수총액, 1년 단위 보수총액** 등으로 표현할 수 있다.

다섯째, **전체 근로자보수월액**이란 해당 사업체에서 고용하고 있는 근로자 전체에게 지급하는 보수월액의 총액을 말한다. 그러나 해당 사업체에서 지급하고 있는 전체 근로자의 보수월액을 평균한 경우 **전체 근로자평균보수월액**이라고 표현한다.

[표 3-6] 1년 단위 보수기준의 변경과 관련 용어의 사용

용어의 구분	변경 전 표기	변경 후 표기
1일분 임금	없음	○ 보수일액(1년간 받은 보수총액을 365일로 나눈 금액)
임금	임금 또는 일당	○ 보수 ○ 기준보수(8시간 기준) ○ 일당보수(8시간 이상)
월급	월단위 임금	○ 평균보수월액: (연보수를 12개월로 나눈 금액)
월단위 연봉	월단위 연봉액	○ 월단위연봉보수액: (연봉을 12개월로 나눈 금액)
임금총액	전체 근로자 임금총액	○ 전체 근로자보수총액 ○ 전체 근로자 월보수 총액 ○ 전체 근로자보수월액 ○ 월별 보수총액 ○ 1년 단위 보수총액 등으로 표기

(2) 1년 단위 산정방법의 선택과 문제점

1) 1년 단위 산정방법의 선택에 대한 검토

국민건강보험은 보수월액은 직전연도의 1년 단위를 기준으로 보수총액을 합산한 후 12개월로 나누어 월보수로 정하고 있다. 이 경우 1개월 전 보수가 변동되는 경우 이를 신고하도록 하여 조정하고 보험료를 산정한다. 평균임금과 달리 국민연금법이나 공무원연금법은 1년 또는 3년 단위로 평균소득월액이나 평균보수월액을 산정한다. 국민건강보험법이나 국민연금법은 위에서 나타나는 문제점에도 불구하고 소득세법 제20조에 따른 소득의 확인방법이 명확하고, 보험료납부금액과의 형평성이 있다는 사유 등으로 일부 산정 기간의 시간적 격차가 있더라도 1년 단위의 산정 기간을 채택하고 있다.

1년 단위로 산정하는 경우에는 특정 시기의 높은 보수기준으로 산정하는 것보다 장기간에 걸쳐 소득평균을 하기 때문에 3개월 단위의 산정 기간에 비하여 합리적이고 할 수 있다. 이러한 경우 산

정 기간을 얼마로 할 것인가 하는 것은 보험료재원의 적립 기간을 고려하여 결정할 문제라고 보아야 할 것이다. 따라서 장기간에 걸친 적립을 하는 경우에는 산정 기간을 1년 단위 이상으로 늘릴 수 있으나, 지급사유의 발생 당시를 기준으로 시간적 격차가 크기 때문에 적절한 소득을 반영하는 데는 미흡하다는 문제점이 있다.

예를 들어 공무원연금의 경우에는 2001년 평균보수월액을 도입하여 사용하는데, 이 제도는 20년 이상 장기간에 걸쳐 연금을 적립하고 있다. 공무원연금은 종전에 퇴직일시금의 산정에 있어서 퇴직 당시의 최종직급 및 호봉에 의한 보수기준으로 연금을 산정하다 보니 지나치게 연금에 기여하는 기준에 비하여 보상수준이 높다는 비판을 받아 왔다. 이에 따라 우리나라의 국민연금이나 일본의 국가공무원연금법제도와 같이 전체 가입 기간 동안의 평균보수를 기준으로 하여야 한다는 주장이 제기되기도 하였다.[20] 그 결과 현재 우리나라의 공무원법은 미국의 연방공무원연금제도에서 연금가입 기간 중 연속해서 가장 높은 보수를 받았던 3년 동안의 보수를 평균한 금액을 급여산정의 기준보수로 하는 제도를 채택하고 있다. 이와 같이 3년 단위로 보수를 평균하여 평균보수월액을 현재가치로 환산하면 소득수준이 낮아질 우려가 있다. 이러한 문제점을 고려하여 평균보수월액에 공무원보수인상률을 반영하여 기간격차에 따른 손실을 보완하고 있다.

그러나 공무원에 비하여 재직 기간이 짧고 이동이 잦은 일반근로자를 위하여 개별보험방식으로 운영하지 아니하는 산재보험은 장기간에 걸쳐 보험급여를 적립하기가 곤란하다. 산재보험은 공무

---

20) 김중양·최재식, 『공무원연금제도』, 122－123면.

원연금과 같이 개별보험의 속성을 지닌 것이 아니라 불특정 다수를 위한 위험책임을 담보하는 집단보험이기 때문이다. 따라서 보험재원의 적립은 단기보험으로서 1년 단위로 운영을 하게 된다. 따라서 산재보험의 보상을 위한 산정 기간은 최대 1년 단위만이 가능하다. 따라서 1년 단위의 보험료 납부라는 특성을 고려하여 산정단위 기간을 1년 이내로 정할 필요가 있다. 특히 최근에 대부분의 중대재해의 경우에는 연금으로 지급하고 있는 점을 고려할 때, 3개월 단위의 높은 수준으로 보상기준을 정해 1년 이상 장기간에 걸쳐 보험재원으로 지출하게 하는 것은 보험수지의 측면에서 개선되어야 할 과제이다.

2) 보수기준에 의한 1년 단위 산정방법의 문제점

산재보험의 보상기준을 소득세법에 의한 보수기준으로 변경하는 경우 산정 기간을 1년 단위로 변경한다면 어떠한 문제점이 있는지 검토할 필요가 있다. 산정단위 기간의 변경에 따라 나타나는 문제점을 살펴보면 다음과 같다.

첫째, 평균임금의 산정방법에 비하여 1년 단위로 산정하는 경우 보상기준액의 산정에 따른 기간격차로 인한 보상금액의 산정 시 불이익이 우려된다. 이로 인하여 근로자가 연도 도중에 재해를 당한 경우 보상기준액의 산정시점과 재해 당시에 발생하는 사이에 보수액이 차액을 반영하기가 곤란하다. 따라서 근로자가 연도 중 7월에 부상을 당한 경우 직전연도의 보수를 기준으로 보상을 하게 된다면, 1월과 7월 사이에 임금인상이나 각종 수당의 증가로 인한 금액을 반영할 수 없는 문제점이 있다. 따라서 7월에 재해를 당한 근로자가 분기별로 지급하는 상여금 100%를 6월 말에 수령한 경우 이를 반영할 수 없게 되어 3개월 단위 평균임금을 산정하는 방법에 비하여 불리할 수밖에 없다. 따라서 산재보험의 보상기준을 1년 단위로 산정하는 방법으로 전환할 경우 기간격차로 인한 미반영부분을 해결하기 위한 보완방안이 마련되어야 한다. 공무원의 경우에는 보상금액의 산정 기간을 3년 전의 보수를 기준으로 하고 있으며, 보상사유가 발생한 경우 현재가치로 환산하면서 공무원의 보수인상률을 반영할 수 있도록 하고 있다.

국민연금은 평균소득월액을 1년 단위로 산정하고, 이를 일정한 등급기준으로 분류한다. 국민연금의 경우에는 근로자가 장애자가 되거나 연령이 일정연한에 도달하거나 사망한 경우를 보험사고로 정하고 1년 단위로 기준으로 보상기준금액을 정하는 점에서, 3개월 단위를 기준으로 보상기준 시점을 산정하는 평균임금에 비하여 상대적으로 기간격차가 크다는 문제점이 있다.[21] 국민연금은 1년 전의 소득을 보상기준으로 하게 되어 보상사유가 발생한 시기와 기간격차가 크기 때문에 최근소득을 반영하기 곤란하다. 1년 전에 비하여 연도 중 3개월 또는 6개월에 재해사유가 발생할 당시에 소득이 인상되거나 증가한 경우에 이를 보상수준에 반영할 수 없게 된다. 이러한 경우에는 1년 전에 받은 보수를 평균하여 표준보수월액으로 정하고 이를 다시 나누어 평균보수일액을 산정한다 하더라도 산정 기간과 보상기준일 사이에 기간격차로 인하여 보상수준이 3개월 단위 기간에 비하여 적게 된다.

---

21) 다만, 국민건강보험이나 국민연금은 1년 단위를 기준으로 산정하고 있고, 1년 미만인 경우에는 해당 월의 잔여일수로 나누는 방식을 채택하고 있는 점으로 고려할 필요가 있다.

둘째, 1년 단위로 전환하는 경우 직전연도의 보수를 확정하여야 하고 이를 위해서는 연발정산을 거쳐 개별소득을 확정해야 하는 불편이 따른다. 직전연도의 소득을 기초로 보수월액이나 기초보수 일액을 산정할 수 있으나, 당해연도 도중에 재해가 발생하여 근로자가 부상이나 사망 등으로 소득활동을 할 수 없는 경우에는 당해연도 활동 기간에 대한 즉시 결정하기가 곤란하다. 사업주가 소득세원천징수에 따른 월별 납부업무와 연말정산을 한 이후에 근로자 개인별 소득이 확정되기 때문에 재해 당시에 산재보험의 보상수준을 즉시 확정하기가 곤란하다. 또한 당해연도 중에 재해에 대하여 소득확정이 곤란한 경우에는 우선적으로 사업주가 원천징수자료를 근거로 보상수준을 임시적으로 정하고, 차기연도 2월에 연말정산결과에 따라 소득을 확정하고 보상수준을 정정하여 차액을 지급할 것인지를 정책적으로 결정할 필요가 있다. 보상수준의 확정이 곤란한 경우 연말정산과 관련된 행정상의 문제가 발생한다.

(3) 1년 단위 산정방법에 대한 유익성 검토

산재보험의 보상기준을 소득세법 제20조에 의한 소득을 기초로 한 보수기준으로 변경할 수 있다. 1년 단위로 대체하여 산정하는 방법을 선택하는 경우 가장 큰 문제점은 기간격차로 인한 손실문제와 연말정산 시기와 관련된 중도자의 소득확정이 어려움이다. 이러한 문제점에 비하여 3개월 단위 평균임금을 폐지하고 1년 단위 총소득을 기준으로 보상기준을 정하는 경우에 나타나는 유익성은 무엇인지 살펴볼 필요가 있다.

첫째, 보상기준의 산정방법이 매우 단순하고 간편하다. 일단 1년 단위의 보수총액을 합산하여 365일로 나눈 보수일액을 기준으로 하기 때문에 산정방법이 간편하다. 또한 합산하는 금액은 소득세법에 의한 과세대상인지만을 판단하여 소득을 쉽게 판단할 수 있고, 역일수는 고정되어 있어 매우 안정적이다. 그 결과 보수총액의 산정이 매우 단순하고 간편하다. 또한 다른 회사에서 6개월간 근무하고 2개월간 소득활동이 없는 근로자가 새로이 다른 회사에 취업한 경우에도 당해 근로자의 보상은 소득활동을 한 1년 이내의 취업기간을 합산하고 취업활동 기간으로 나누어 산정하는 기초보수일액을 명확히 산정할 수 있다.

둘째, 1년 단위 총소득을 기준으로 산정하게 되므로 우연적이고 일시적인 보상기준의 적용에 따른 보상방법의 문제점을 해소할 수 있다. 재해근로자가 연장근로나 기타 주문량의 증가로 인하여 임금 이외에 수당이 평상시에 비하여 급격히 증가하는 경우 3개월 단위로 산정하는 보상기준으로 인해 산재보험의 보상수준이 다른 법률에 비하여 지나치게 높아진다는 비판을 받아 왔다. 1년 단위의 총소득을 기준으로 산정하는 경우 소득평균의 개념에 의해 보상을 하게 되므로 보험연도와 보험수지의 관점에서 형평성이 있다. 산재보험료의 산정금액과 납부 기간에 따른 재원과 지급대상으로서의 보상수준이 일치하여 보험재정의 악화를 예방할 수 있다. 산재보험료의 납부를 직전연도의 소득을 기준으로 보수총액을 정하여 보험료를 적용하고 납부한 보험재원에 비례하여 보상기준액도 이에 따라 산정하여 지급한다면, 덜 납부하고 더 많이 보상하는 보험재정의 불균형을 해소할 수 있게 된다.

셋째, 다른 법률에 의한 보상기준과의 중복부분을 조정하기 용이하다. 최근에 산재보험의 증가되는 원인 중의 하나가 후발제도와의 급여가 중복되고, 동시에 산재보험급여로 위험을 전가하는 문제이다. 예를 들어 근로자가 업무 수행 중에 교통사고가 업무상 출장이라는 보험사고가 경합된다는 이유로 자동차보험을 산재보험으로 전가시키고 있다. 사고의 주된 발생 원인에 대한 책임규명이 불명확하여 산제보험의 구상금손실이 많아지고 이로 인하여 사업주의 보험료부담액이 증가한다. 또한 근로자가 부상을 입은 경우에는 산재보험법에 의한 장해급여를 받을 수 있는 이외에 국민연금법에 의한 장해연금과 수급권의 중복된다. 산재보험의 유족급여는 국민연금의 유족연금과 중복된다. 산재보험의 상병보상연금은 국민연금의 노령연금이나 장애연금과 중복된다. 산재보험의 휴업급여는 다시 국민연금의 장애연금이나 노령연금과 중복된다. 이와 같이 지급사유나 수급 기간의 중복으로 인하여 중복급여가 이루어지는 경우에는 사업주에게 과다하게 보험료를 부담시키고 증가시키게 되어 공정성이 논란된다. 보험종류의 사유가 중복되는 경우 병급 조정을 위해서는 보험연도나 산정단위가 우선적으로 일치되어 계수조정이 용이해야 한다.

그러나 국민건강보험의 경우에는 업무상 재해로 다른 법령에 의한 보험급여나 보상 또는 보상을 받게 되는 경우에는 보험급여를 하지 않는다(국민건강보험법 제48조 제1항)고 하여 중복급여의 문제가 발생하지 않고 있다. 이러한 중복급여로 인한 산재보험의 임금대체율은 다른 법률에 비하여 매우 높다. 2005년도를 기준으로 산재보험의 장해급여와 국민연금의 장애연금의 일단위로 환산하여 합산한 중복급여 평균액과 이 평균액을 평균임금으로 나눈 임금대

체율은 다음 [표 3－7]과 같다.[22] 다음의 [표 3－7]에 나타난 바와
같이 통상적으로 산재보험 장해급여의 임금대체율이 1급장해의 경
우에는 90.1%, 2급장해의 경우에는 79.7%, 3급장해의 경우에는
70.4%에 해당하나, 국민연금 중 장애연금에 대한 임금대체율은
12.3% 미만이다. 따라서 국민연금에 비하여 산재보험이 과잉보장을
하게 되고, 산재보험에 대한 사업주의 부담이 과중하다는 비판이 제
기된다. 산재보험의 보상기준이나 산정단위 기간이 국민연금 등의
기준과 동일하게 통일된다면 보험재정의 건전성이 증대될 수 있다.

[표 3-7] 중복급여 평균액과 임금대체율

	장해1급	장해2급	장해3급	장해4급	장해5급	장해6급	장해7급
중복급여 수급자수	361	538	624	525	1,199	1,569	745
임금대체율	102%	92%	82.4%	701%	69%	60%	50%
산재보험 임금대체율	90.1%	79.7%	70.4%	61.4%	52.9%	44.9%	37.8%
국민연금 부담률	10.1%	12.3%	12%	9.7%	16.1%	15.1%	12.2%

3. 평균임금을 대체하기 위한 적정금액의 산정방안

가. 평균임금의 산정방법과 적정수준의 불일치 사유

산재보험의 3개월 단위 평균임금을 다른 보상기준으로 대체하는
경우 적정한 산정방법은 어떻게 해야 하는지 검토할 필요가 있다.

---

22) 노동부, "산재보험급여체계의 합리적 개선방안에 관한 연구", 한국사회보험연구소
(2005. 12), 475면.

산재보험의 보상기준을 임금에서 소득으로 또는 평균임금에서 평균보수일액으로 변경하는 경우에 보상수준의 적정성은 수리적인 산정방법에 의해 검증이 가능하다. 그러나 이러한 산정을 사용하더라도 앞에서 언급한 바와 같이 임금총액의 범위와 소득세법에 의한 과세소득의 범위가 불일치하여 적정수준을 도출한다는 것은 객관성이 없다고 보아야 한다. 소득세법 제20조에 의한 소득에서 대통령령이 정하는 금품을 뺀 금액을 보수라고 개념을 이용하여 산정한 금액과 근로기준법 제2조 제5호에 따른 임금이라는 개념을 이용한 산정금액 사이에는 관념적 괴리로 인해 실제로 산출하면 차이가 나기 때문이다. 특히 임금은 실비변상적이거나 임시적으로 지급하는 금품, 복리후생적인 금품, 취업규칙이나 단체협약에 규정하여 정기적·일률적으로 지급하지 아니하는 금품, 경영성과의 배분으로서 엄밀하게 근로자 개인의 성과와 직접적으로 연관 없이 지급하는 금품 등 임금성의 판단에 따라 평균임금에의 포함 여부를 달리하고 있다. 그러나 이와 달리 소득세법은 과세대상으로 볼 수 있는지를 관점에서 판단하기 때문에 근로기준법에 비해 상대적으로 판단이 쉽고 그 포함 여부가 명확하다.

그럼에도 불구하고 건강보험이나 국민연금을 살펴보면, 서로 소득이나 보수를 판단하는 범위에서 일부 차이가 있으며, 산재보험의 경우에는 임금성에 따라 개인별 평균임금의 산정에서도 차이가 나고 있다. 이러한 원인으로 해당금액으로 평균임금을 전환하여 산정하는 경우 보상수준에서 차이가 날 우려가 있다. 따라서 소득세법 제20조에 맞추어 산재보험 및 고용보험, 건강보험, 국민연금의 산정기준을 개정할 필요가 있다. 일본의 경우에도「노동재해보상법」

이 일반근로자를 대상으로 하는 「근로기준법」과 「산재보험법」뿐만 아니라, 「공무원연금법」과 「군인연금법」, 「사립학교교직원 연금법」, 「선원법」, 「어선원 및 어선 재해보상보험법」 등으로 각각 분리되어 입법을 하고 있어 각 제도의 기능에서 차이를 보이고, 법 적용의 범위가 서로 달라 이러한 문제점을 안고 있다. 아래의 [표 3-8]에 서는 공무원·사립학교교직원인 근로자와 일반근로자 사이의 '노동재해보상'과 '일반사회보험'의 보험급여가치를 비교한 것이다.

[표 3-8] 공무원/사립학교교직원과 일반근로자에 대한 보험급여가치 비교

구 분		공무원/사립학교교직원			일반근로자			
		연금급여	건강보험	소 계	산재보험	국민연금	건강보험	소 계
업무상재해	요양급여	100	–	100	100	–	–	100
	휴업급여	100	–	100	100	–	–	100
	장해급여	100	–	100	100	50	–	150
	유족급여	100	–	100	100	50	–	150
	재활급여	–	–	–	100	–	–	100
통근재해	요양급여	100	–	100	–	–	75	75
	휴업급여	100	–	100	–	–	–	–
	장해급여	100	–	100	–	100	–	100
	유족급여	100	–	100	–	100	–	100
	재활급여	–	–	–	–	–	–	–
업무외재해	요양급여	–	75	75	–	–	75	75
	휴업급여	–	–	–	–	–	–	–
	장해급여	–	–	–	–	100	–	100
	유족급여	–	–	–	–	100	–	100
	재활급여	–	–	–	–	–	–	–

※ 비교분석의 편의를 위하여 공무원/사립학교교직원 연금급여와 건강보험, 산재보험, 국민연금의 보험급여 종류별 기준보험가치를 급여수준과 급여체계에 관계없이 동등하게 각각 100으로 하고, 기준보험급여가치의 50%에 상당하는 경우에는 50으로, 50% 초과-100% 미만의 경우에는 75로 산정

나. 적정금액의 산정수준에 대한 검토

(1) 적정금액의 산정조건

평균임금의 산정은 당해 근로자의 개인별 급여수준이나 당해 사업에 근무하는 직종별 또는 직급에 따라 다양한 임금체계를 적용하기 때문에 매우 복잡하다. 또한 개인별로 노동력을 제공하는 기간이나 시간의 투입량, 업무의 성격 등에 의하여 소득에 차이가 날 수밖에 없다. 이러한 복잡한 임금체계나 개인별 임금격차를 고려할 때, 3개월 단위로 산정하는 임금수준이 보수기준으로 변경하는 경우 평균임금에 가늠하여 얼마의 보수수준을 결정하여 지급하는 것이 적정한지를 비교하여 설명하기는 지극히 어려운 일이다.

그렇다고 근로자의 소득을 특정 시기에 기준으로 삼아 보상기준으로 산정하는 것이 과연 합리적인지 의문이다. 또한 임금기준에서 소득세에서 과세대상으로 하는 보수를 기준으로 산정하는 것이 얼마나 합리적이거나 객관성이 있는지 의문이다. 일정한 원칙에 따라 산정단위 기간을 통일하고 산정방법을 정하여 비교한다고 하더라도 개별근로자에 대하여 보상수준을 얼마로 하는 것이 적정하다고 제시하기가 어렵다. 따라서 이러한 문제점을 고려할 때 적정금액의 산정수준은 평균임금에 의한 보상수준보다 소득에 따른 보수기준으로 산정한 경우 현재보다 높은지 혹은 낮은지 판단하는 것이 오히려 합리적이라고 본다. 일반적으로 과세기준으로 보험료를 산정하거나 보상기준을 정하는 경우에 현재의 임금총액에 비하여 보수범위가 넓어 높아질 것이라는 판단을 할 수 있을 뿐이다.

평균임금에 의한 산재보험의 보상기준에 가늠하여 다른 보상기준으로 대체하는 경우 기존의 보상기준과 적정한지를 파악하기 위해서는 실제로 산정을 하여 검토할 필요가 있다. 임금기준에서 소득세법에 의한 소득기준으로 보수를 환산하여 산정하면, 현재의 3개월 단위 평균임금으로 산정하는 것보다 유리한지 혹은 불리한지를 산정하여 검토할 필요가 있다. 보수일액의 합계액과 평균보수일액의 합계액이 산정 기간의 일수를 나누는 방법에 따라 다르기 때문이다. 이 경우 [표 3 - 2]에서 언급한 산재보험법에 의한 임금총액의 기초자료를 기준으로 산정하고 월보수를 비교할 수 있다.

(2) 3개월 단위 평균보수일액의 환산과 소득기준의 비교

아래의 [표 3 - 9]를 산정하기 위해서는 몇 가지 기초자료와 비교하여 설명할 필요가 있다. 소득세법 제20조에 의하면 가족수당과 특별상여금이 과세대상에 해당되어 포함되고, 식대비는 10만 원까지 비과세대상이므로 공제하여 산정하는 것으로 가정하고자 한다. 이러한 경우에는 가족수당과 특별상여금만큼 보수총액이 증가하게 되고 보험료가 증가되고, 보상수준도 높아지게 된다. 보수일액은 1년 단위를 기준으로 보수총액을 합산한 후 365일로 나눈 평균금액을 말한다. 1년 미만인 경우에도 이에 준하여 산정한다.

평균임금은 3개월 단위로 임금총액을 재해 당일을 제외하고 90일로 나눈 금액이다. 이 경우 평균보수일액으로 환산하는 경우에는 소득세법에 의한 보수를 평균임금과 같이 3개월 단위로 환산한 것이다. 평균임금은 3개월간(90일)으로 나눈 반면 보수일액은 365일로 나눈 것에서 차이가 발생한다. 이러한 차이로 인하여 평균임금을 평균보수일액으로 환산하여 산정을 하였으나, 3개월간 90일 기

준으로 산정하다 보니 월 30일이 되며, 다시 12개월로 환산하면, 360일이 되어 5일분이 부족하다. 따라서 평균보수일액으로 사용하는 것은 달이 크고 작음에 따라 변동성이 있으므로 산정기초단위로 하기에는 불합리한 점이 많다.

따라서 평균임금 46,333원을 기준으로 365일분으로 환산하면, 연 16,911,545원이 되는데, 월급여 1,390,000원을 받고 있는 점을 고려하여 12개월로 합산한 금액 16,680,000원에 비하여 근로자가 손실을 보게 된다. 따라서 같은 조건으로 임금을 받는 경우에도 보수를 기준으로 연단위로 환산하여 지급하는 것이 근로자에게 유리하다. 또한 3개월 단위 평균임금으로 지급하는 급액보다 소득기준으로 환산하여 보수를 지급하는 경우 3개월 단위 평균보수일액과의 차액이 연 5,168,400원이 발생하여 [표 3 - 9]에 나타난 바와 같이 소득기준으로 한 평균보수기준이 유리하다.

[표 3-9] 평균보수일액에 의한 산정과 차액 비교

항목	월급총액(원)	보수일액(원)	평균보수일액(원)	평균보수일액의 연단위환산합계
소득기준	1,840,000	60,493	60,493	22,079,945
임금기준	1,390,000	45,698(불일치)	46,333	16,911,545
차액	450,000	14,795	14,160	5,168,400
차액 연 합계	5,400,000	5,400,175 (불일치)	5,168,400	5,168,400

(3) 1년 단위 보수일액으로의 환산과 임금기준의 비교

현재 임금을 기준으로 평균임금을 산정하는 방법에서 소득을 기준으로 한 1년 단위 보수기준으로 변경하여 산정하면 현재보다 유

리한지 혹은 불리한지 검토할 필요가 있다. 평균임금은 3개월 단위를 기준으로 하며, 달이 크고 작음에 따라 역일수가 유동적이다. 그러나 보수일액은 1년 365일을 단위로 하기 때문에 역일수가 고정적이며 변동성이 없다. 이러한 경우 다른 조건은 모두 같은데, 역일 수만이 차이가 나기 마련이다. 따라서 3개월 단위 평균임금이 근로자에게 유리하다고 가정하더라도 일단 소득기준보다 [표 3 - 2]에서 언급한 바와 같이 특별상여금이나 식대에서 소득기준보다 불리하다고 이미 언급하였다. 그러나 산정 기간의 측면에서 다시 유리한지를 검증할 필요가 있다.

1년 단위 보수일액과 비교하기 위하여 아래의 [표 3 - 10]에서 임금을 기준으로 한 평균임금을 산정할 필요가 있다. 이 경우 월 1,390,000원을 3개월간 합산하면, 4,170,000원이며, 재해 당일을 제외하고 90일로 나눈 금액은 46,333원이 된다. 따라서 평균임금 46,333원을 365일분으로 환산하면, 16,911,545원이 된다. 이때 16,911,545원을 12개월로 나누면, 1,409,295원이 되어 월 1,390,000원과 불일치한다. 따라서 평균임금은 기준으로 산정하는 것이 연 단위 기준액으로 산정하는 것과 비교하면 불합리하다.

그렇다면, 보다 높은 금액을 기준으로 환산하는 경우 소득세를 기준으로 하는 보수기준보다 높아질지 모르기 때문에 유리한 조건을 그대로 적용하여 산정해 볼 필요가 있다. 평균임금 43,333원을 그대로 1년 단위로 환산하면, 실제 받고 있는 월 1,390,000원보다 유리한 기준이 된다. 이 경우에도 소득기준으로 산정한 보수일액은 60,493원으로서 여전히 높다. 따라서 보수일액이 평균임금보다 훨씬 유리하다. 소득을 기준으로 한 보수일액은 월 1,840,000원을 12

개월 합산하면, 22,080,000원이 되며, 임금기준의 금액과 보수기준 액의 연 단위 차액을 산정하면, 5,400,230원만큼 보수기준으로 산정한 금액이 많게 된다.

[표 3-10] 보수일액에 의한 산정과 차액 비교

항목	월급총액(원)	보수일액(원)	평균보수일액(원)	보수일액의 연단위환산합계
소득기준	1,840,000	60,493	60,493	22,080,000
임금기준	1,390,000	45,698(불일치)	46,333	16,679,770
차액	450,000	14,795	14,160	5,400,230
차액 연 합계	5,400,000	5,400,175 (불일치)	5,168,400	5,400,230

Ⅱ. 평균임금으로 산정하기 곤란한 경우 대체방안

1. 평균임금산정 특례제도에 대한 개정안

가. 산정단위 기간 미만 취업근로자의 보상수준 개정안

(1) 현행 보상기준

산재보험법 제5조 제2호는 보험급여의 산정기초가 되는 평균임금의 정의를 근로기준법에 따른다고 규정하고 있으며, 근로기준법 제2조 제1항 제6호는 "'평균임금'이란 이를 산정하여야 할 사유가 발생한 날 이전 3개월 동안에 그 근로자에게 지급된 임금의 총액을 그 기간의 총일수로 나눈 금액을 말한다. 근로자가 취업한 후 3

개월 미만인 경우도 이에 준한다."라고 규정하고 있다. 또한 같은 조 제2항에서는 "제1항 제6호에 따라 산출된 금액이 그 근로자의 통상임금보다 적으면 그 통상임금액을 평균임금으로 한다."고 규정하고 있다. 따라서 평균임금의 산정단위 기간이 3개월 미만의 경우에는 그 근로자가 당해 사업(장)에 취업한 기간에 지급된 임금총액을 그 기간의 총일수로 나눈 금액으로 산정한다.

(2) 산정단위 기간의 미만일수 산정방법에 대한 검토

현행 근로기준법 제2조 제1항 제6조는 평균임금을 산정할 때 그 근로자의 취업 기간이 평균임금 산정단위 기간인 3개월 미만인 경우에는 해당 기간 동안의 총일수로 나누어 산정한다. 이러한 산정방법은 3개월 단위의 총일수를 그대로 적용하기가 곤란하므로 예외적인 산정방법을 적용한 것이다. 만일 산재보험료의 산정기준이 근로기준법상의 임금에서 소득세법상의 소득으로 변경될 경우 보험급여의 산정을 위한 3개월 단위 평균보수일액을 산정하는 단위 기간을 근무하지 못한 근로자에게도 그 근무 기간만을 기준으로 평균보수일액을 산정할 것인가? 평균보수일액을 산정하는 경우에는 3개월 단위 산정 기간을 그대로 사용할 수밖에 없고, 3개월 미만 기간에 대한 예외적인 산정방법도 그대로 산정하여야 할 것이다.

재해근로자가 그 사업장에서 근로한 기간이 3개월 미만인 경우 다른 사업장에서의 취업 기간과 그 사업주로부터 지급받은 임금도 포함할 수 있는가에 대하여 판례는 평균임금을 산정함에 있어 '근로자에 대하여 지급된 임금의 총액'은 그 근로자가 고용된 사업주로부터 그 근로자에게 지급된 임금의 총액을 가리키는 것이지, 휴무일 등에 근로자가 임의로 다른 사업장에서 근무하고 그 사업주로부터 지급받은 임금까지 합산되어야 하는 것은 아니라고 한다.23) 따라서 보수로 변경하는 경우에도 보험급여의 산정의 기초가 되는 보상수준도 재해근로자의 통상의 생활임금을 그대로 반영하는 것이 바람직하다24)고 한다. 1년 단위 산정 기간으로 보수일액을 산정하는 경우에도 재해근로자의 근무 기간이 산정단위 기간에 미달하는 경우에도 근무 기간만을 기준으로 산정하여야 한다. 이러한 방법은 평균임균의 산정 기간에 미달하는 일수를 예외적으로 산입하는 원리와 같은 취지이다.

나. 근로형태가 특이한 근로자의 보상기준 개정안

(1) 현행 보상기준

산재보험법 제5조 제2호는 보험급여의 산정기초가 되는 평균임금의 정의를 근로기준법에 따른다고 규정하고 있으나, '근로기준법에 따라 평균임금을 결정하기 어렵다고 인정'되면 노동부장관이 고시하여 정하는 금액을 해당 평균임금으로 정하도록 규정하고 있다. 한편 산재보험법 제36조 제5항은 "보험급여를 산정할 때 해당 근로자의 근로형태가 특이하여 평균임금을 적용하는 것이 적당하지 아니하다고 인정되는 경우로서 대통령령으로 정하는 경우에는 대통령령으로 정하는 산정 방법에 따라 산정한 금액을 평균임금으로 한다."고 규정하고 있다. 산재보험법 시행령 제23조는 "'근로형태

---

23) 서울고판 1998. 5. 22. 97구38675.
24) 한국노동연구원, 『임금제도 개편을 위한 노동법적 과제』, 2005. 12, 7면.

가 특이하여 평균임금을 적용하는 것이 적당하지 아니하다고 인정되는 경우로서 대통령령으로 정하는 경우'란 1일 단위로 고용되거나 근로일에 따라 일당(미리 정하여진 1일 동안의 근로시간에 대하여 근로하는 대가로 지급되는 임금을 말한다.) 형식의 임금을 지급받는 근로자(이하 '일용근로자'라 한다)에게 평균임금을 적용하는 경우를 말한다."고 규정하고 있다.

그러나 일용근로자가 ① 근로관계가 3개월 이상 계속되는 경우, ② 그 근로자 및 같은 사업에서 같은 직종에 종사하는 다른 일용근로자의 근로조건, 근로계약의 형식, 구체적인 고용실태 등을 종합적으로 고려할 때 근로형태가 상용근로자와 비슷하다고 인정되는 경우에는 일용근로자로 보지 아니한다. 산재보험법 시행령 제24조 제1항은 근로형태가 특이한 근로자의 평균임금 산정방법으로 "법 제36조 제5항에서 '대통령령으로 정하는 산정방법에 따라 산정한 금액'이란 해당 일용근로자의 일당에 일용근로자의 1개월간 실제 근로일수 등을 고려하여 노동부장관이 고시하는 근로계수(이하 '통상근로계수'라 한다)를 곱하여 산정한 금액을 말한다."고 규정하고 있다. 현재 시행되고 있는 통상근로계수는 73/100이다(노동부 고시 제2008 - 48호).

그러나 같은 조 제2항에 의하면, "평균임금 산정사유 발생일 당시 해당 사업에서 1개월 이상 근로한 일용근로자는 제1항에 따른 산정방법에 따라 산정한 금액을 평균임금으로 하는 것이 실제의 임금 또는 근로일수에 비추어 적절하지 아니한 경우에는 실제의 임금 또는 근로일수를 증명하는 서류를 첨부하여 공단에 제1항에 따른 산정 방법의 적용 제외를 신청할 수 있다."고 규정하고 있다.

근로기준법 시행령 제3조는 "일용근로자의 평균임금은 노동부장관이 사업이나 직업에 따라 정하는 금액으로 한다."고 규정하고 있다. 한편 「고용보험 및 산업재해보상보험의 보험료징수 등에 관한 법률 시행령」 제2조 제1항 제3호에 따라 2008년도 건설업의 상시근로자 수 산정을 위한 건설업 월평균임금은 2,496,330원이다(노동부 고시 제2007 - 58호).

(2) 근로형태가 특이한 자의 보상기준에 대한 검토

산재보험법에 의하면, 근로형태가 특이한 자의 대표적인 근로자를 일용근로자로 보고 있다. 일용근로자의 경우에는 직종이 매우 다양하고, 근로일수가 고정되어 있지 아니하거나 매우 변동적이기 때문에 평균임금의 산정이 어렵다. 따라서 일용근로자에 대하여는 일반적인 평균임금의 산정방법을 적용하지 아니하고, 통상근로계수를 적용한다. 일용근로자의 경우 특성상 근로일수가 적고 일당은 높아 재해발생 시 평균임금을 보상수준으로 결정할 경우 통상의 소득을 넘는 보험급여가 지급될 우려가 있어 실제 근로일수를 감안한 통상근로계수제도를 도입하여 보험급여의 지급 기준으로 사용하고 있다.[25]

이와 같은 제도는 우리나라에만 존재하는 것이 아니라 일본에서도 시행되고 있다.[26] 따라서 평균임금의 산정방법에 가늠하여 보수기준으로 변경하는 경우 일용근로자에 대하여는 노동부장관이 고시하는 통상근로계수를 그대로 적용함이 타당하다. 그러나 평균임

---

25) 김수복, 『산업재해보상보험법』, (주)중앙경제, 2008, 325면.
26) 김수복, 전게서, 326면.

금 산정사유 발생일 당시 해당 사업에서 1개월 이상 근로한 일용
근로자는 일당에 통상근로계수를 곱하여 산정한 금액을 평균임금
으로 하는 것이 실제의 임금 또는 근로일수에 비추어 적절하지 아
니할 수 있다. 이 경우에는 실제의 임금 또는 근로일수를 증명하는
서류를 첨부하여 평균임금을 산정하고 있으므로 보수기준으로 변
경하여 평균보수일액이나 보수일액으로 산정함이 타당하다.

(3) 근로형태가 특이한 근로자의 보상기준 개정안

아래의 개정안에서 3개월 단위의 평균임금을 3개월 단위로 '평
균보수일액'으로 변경하는 안으로 용어를 변경하여 표현하였다. 그
러나 1년 단위의 산정방법으로 변경하는 경우에는 '보수일액'으로
변경하여 표현하여도 무방하다.

현행규정	개정안
제36조(보험급여의 종류와 산정기준 등) ① - ④ 생략 ⑤ 보험급여를 산정할 때 해당 근로자의 근로 형태가 특이하여 평균임금을 적용하는 것이 적당하지 아니하다고 인정되는 경우로서 대통령령으로 정하는 경우에는 대통령령으로 정하는 산정 방법에 따라 산정한 금액을 평균임금으로 한다.	제36조(보험급여의 종류와 산정기준 등) ① - ④ 생략 ⑤ 보험급여를 산정할 때 해당 근로자의 근로 형태가 특이하여 평균보수일액을 적용하는 것이 적당하지 아니하다고 인정되는 경우로서 대통령령으로 정하는 경우에는 대통령령으로 정하는 산정 방법에 따라 산정한 금액을 평균보수일액으로 한다.

다. 직업병에 걸린 근로자의 보상기준 개정안

(1) 현행 보상기준

산재보험법 제36조 제6항은 "진폐 등 대통령령으로 정하는 직업
병으로 보험급여를 받게 되는 근로자에게 그 평균임금을 적용하는
것이 근로자의 보호에 적당하지 아니하다고 인정되면 대통령령으

로 정하는 산정 방법에 따라 산정한 금액을 그 근로자의 평균임금
으로 한다.”고 규정하고 있다.[27) 산재보험법 시행령 제25조 제2항
은 “법 제36조 제6항에서 ‘대통령령으로 정하는 산정 방법에 따라
산정한 금액’이란 직업병이 확인된 날이 속하는 분기의 전전 분기
말일 이전 1년간 그 근로자와 임금수준이 비슷한 근로자의 월평균
임금총액을 합산한 금액을 그 기간의 총일수로 나눈 금액을 말한
다.”고 규정하고 있다. 여기서 “‘임금수준이 비슷한 근로자의 월평
균 임금총액’은 「통계법」 제3조에 따른 지정통계로서 노동부장관
이 작성하는 사업체임금근로시간조사(이하 ‘사업체임금근로시간조
사’라 한다)에 따른 근로자의 월평균 임금총액에 관한 조사내용 중
직업병에 걸린 근로자와 성별·직종 및 소속한 사업의 업종·규모
가 비슷한 근로자의 월평균 임금총액으로 한다. 이 경우 성별·직
종 및 소속한 사업의 업종·규모가 비슷한 근로자의 판단기준은
공단이 정한다.”고 규정하고 있다(시행령 제25조 제4항).

산재보험법에서는 직업병에 걸린 근로자의 보험급여 지급을 위
한 평균임금의 산정방법을 근로기준법상의 평균임금 산정 단위 기
간인 3개월로 정하지 아니하고 직업병이 확인된 날이 속하는 분기

---

27) 산재보험법 시행령 제25조 제1항은 “법 제36조 제6항에서 ‘진폐 등 대통령령으로 정
하는 직업병’이란 법 제37조 제1항 제2호에 따른 업무상 질병(이하 ‘업무상 질병’이라
한다)으로서 ㉠ 진폐증(제1호), ㉡ 별표 3 제2호 가목·나목, 제4호 나목, 제5호부터
제7호까지, 제8호 가목·나목, 제9호, 제10호 가목, 제11호 가목, 제12호 가목, 제13호
가목, 제14호 가목, 제15호 가목·나목, 제16호 가목, 제17호 가목, 제18호, 제19호 가
목·나목, 제20호, 제21호 및 제22호 마목부터 자목까지의 질병 중 어느 하나에 해당
하는 질병(제2호), ㉢ 그 밖에 유해·위험요인에 장기간 노출되어 걸렸거나 유해·위
험요인에 노출된 후 일정 기간의 잠복기가 지난 후에 걸렸음이 의학적으로 인정되는
질병(제3호)의 어느 하나에 해당하는 질병(이하 이 조에서 ‘직업병’이라 한다)을 말한
다. 이 경우 유해·위험요인에 일시적으로 다량 노출되어 급성으로 발병한 질병은 제
외한다.

의 전전 분기 말일 이전 1년간 그 근로자와 임금수준이 비슷한 근로자의 월평균 임금총액을 합산한 금액을 그 기간의 총일수로 나눈 금액으로 정하고 있다.[28) 그리고 직업병에 걸린 근로자가 소속된 사업이 휴업 또는 폐업한 후에 직업병이 확인된 경우(휴업 또는 폐업 전에 그 근로자가 퇴직한 경우를 포함한다)에는 그 사업이 휴업 또는 폐업한 날을 기준으로 제2항에 따라 산정한 금액을 직업병이 확인된 날까지 [별표 2] 제1호에 따라 증감하여 산정한 금액을 그 근로자의 평균임금으로 본다(시행령 제25조 제5항). 보험급여 수급권자는 평균임금 산정방법의 특례를 적용받으려면 공단에 평균임금산정특례신청을 하여야 한다(시행령 제25조 제6항).

(2) 직업병에 걸린 근로자의 보상기준에 대한 검토

직업병에 걸린 근로자의 평균임금 산정 특례는 일본에서도 시행되고 있다. 직업병에 걸린 사람은 유해·위험 요인에 오랫동안 노출되어 직업병이 잠복된 기간 중에는 통상의 노동력을 발휘하기가 어려워 임금 수준도 낮아지며, 이는 보험급여의 수준도 낮아지기 때문이다. 이러한 문제점을 개선하기 위해서 직업병에 걸린 자의 평균임금은 질병에 걸린 날로부터 3개월간을 평균임금의 산정 기간으로 하지 않고 그 직업병이 확인된 날이 속하는 분기의 전전 분기 말일 이전 1년간 그 근로자와 임금수준이 비슷한 근로자의 월

---

28) 여기서 '직업병이 확인된 날'은 그 직업병이 보험급여의 지급 대상이 된다고 확인될 당시에 발급된 진단서나 소견서의 발급일로 한다. 다만, ① 그 직업병의 검사·치료의 경과 등이 진단서나 소견서의 발급과 시간적·의학적 연속성이 있는 경우에는 그 요양을 시작한 날, ② 별표 3 제5호에 따른 소음성 난청의 경우에는 소음에 노출되는 업무를 하지 않게 된 날의 어느 하나에 해당하는 경우에는 그 해당하는 날로 한다(같은 조 제3항).

평균 임금총액을 합산한 금액을 그 기간의 총일수로 나눈 금액으로 정하고 있다. 이러한 보상기준을 1년 단위 산정방법으로 전환하는 경우 합산방법에서는 서로 일치한다. 그러나 노동능력저하를 고려하여 기준 시점을 전전 분기의 말일을 기준으로 하고 있으며, 1년간 근로자가 받은 임금수준을 고려하여 산정하는 점이 특징이다. 보수기준으로 변경하는 경우 기산시점만 조정하면 어느 정도 형평성이 인정된다.

(3) 직업병에 걸린 근로자의 보상기준에 대한 개정안

현행규정	개정안
제36조(보험급여의 종류와 산정기준 등) ① - ⑤ 생략 ⑥ 보험급여를 산정할 때 진폐 등 대통령령으로 정하는 직업병으로 보험급여를 받게 되는 근로자에게 그 <u>평균임금</u>을 적용하는 것이 근로자의 보호에 적당하지 아니하다고 인정되면 대통령령으로 정하는 산정 방법에 따라 산정한 금액을 그 근로자의 <u>평균임금</u>으로 한다.	제36조(보험급여의 종류와 산정기준 등) ① - ⑤ 생략 ⑥ 보험급여를 산정할 때 진폐 등 대통령령으로 정하는 직업병으로 보험급여를 받게 되는 근로자에게 그 <u>평균보수일액</u>을 적용하는 것이 근로자의 보호에 적당하지 아니하다고 인정되면 대통령령으로 정하는 산정 방법에 따라 산정한 금액을 그 근로자의 <u>평균보수일액</u>으로 한다.

라. 산정기준이 불명확한 근로자의 보상기준

(1) 현행 보상기준

보험료징수법 제3조 제1항에서는 "상시근로자 수가 5인 미만인 사업의 경우, 사업의 폐업·도산 등으로 임금을 산정·확인하기 곤란한 경우 또는 대통령령이 정하는 사유에 해당하는 경우에는 노동부장관이 정하여 고시하는 금액(이하 '기준임금'이라 한다)을 임금으로 할 수 있다."고 규정하고 있다. 따라서 상시근로자 수가 5

인 미만인 사업의 경우, 사업의 폐업·도산 등으로 임금을 산정·
확인하기 곤란한 경우 또는 대통령령이 정하는 임금 관련 자료가
없거나 불명확한 경우(제1호), 사업 또는 사업장(이하 '사업'이라 한
다)의 이전 등으로 인하여 사업의 소재지 파악이 곤란한 경우(제2
호)에는 노동부장관이 정하여 고시하는 기준임금으로 보험료를 징
수할 수 있다. 그러나 보험급여를 지급하는 경우에 당해 근로자가
근로하던 사업의 폐업 등으로 평균임금을 산정하기 어려운 경우에
보험급여의 지급 방법에 대해서는 아무런 규정이 없다.

근로기준법 시행령 제4조는 "법 제2조 제1항 제6호, 이 영 제2
조 및 제3조에 따라 평균임금을 산정할 수 없는 경우에는 노동부
장관이 정하는 바에 따른다."고 규정하여 특별한 경우의 평균임금
을 노동부장관이 정하도록 규정하고 있다.[29] 이에 따라 노동부장관
은 [평균임금산정 특례고시(노동부고시 제2007 − 47호)]에서 특별한
경우의 평균임금을, ㉠ 평균임금의 계산에서 제외되는 기간이 3개
월 이상인 경우, ㉡ 근로제공의 초일에 평균임금 산정사유가 발생
한 경우, ㉢ 임금이 근로자 2인 이상 일괄하여 지급되는 경우, ㉣
임금총액의 일부가 명확하지 아니한 경우 및 ㉤ 임금총액의 전부

---

29) 과거 이와 같은 규정이 있었음에도 불구하고, 노동부장관이 특별한 경우의 평균임금을
    정하지 않은 것에 대하여 헌법재판소는, "산업재해보상보험법 제4조 제2호 단서 및
    근로기준법시행령 제4조는 근로기준법과 같은 법 시행령에 의하여 근로자의 평균임금
    을 산정할 수 없는 경우에 노동부장관으로 하여금 평균임금을 정하여 고시하도록 규
    정하고 있으므로, 노동부장관으로서는 그 취지에 따라 평균임금을 정하여 고시하는
    내용의 행정입법을 하여야 할 의무가 있다고 할 것인바, 노동부장관의 그러한 작위의
    무는 직접 헌법에 의하여 부여된 것은 아니나, 법률이 행정입법을 당연한 전제로 규정
    하고 있음에도 불구하고 행정권이 그 취지에 따라 행정입법을 하지 아니함으로써 법
    령의 공백상태를 방치하고 있는 경우에는 행정권에 의하여 입법권이 침해되는 결과가
    되는 것이므로, 노동부장관의 그러한 행정입법 작위의무는 헌법적 의무라고 보아야
    한다."(헌재 2002.7. 18. 2000헌마707)고 하였다.

가 명확하지 아니한 경우 등의 5가지의 경우에 대하여 고시하고 있다. 여기서 가장 문제가 되는 근로제공의 초일에 평균임금 산정 사유가 발생한 경우의 문제를 검토하기로 한다.

(2) 산정기준이 불명확한 경우에 대한 검토

1) 근로제공 초일에 재해가 발생한 근로자의 보상기준

보험급여의 산정을 평균임금 산정 단위 기간인 3개월 미만의 취업 근로자도 그 근로자가 당해 사업(장)에 취업한 기간에 의하여 받은 임금총액을 기준으로 산정한다. 그러나 근로자가 취업 당일에 재해를 당한 경우 재해발생일은 '평균임금의 산정 기간'과 '그 근로자가 지급받은 임금총액'에서 제외되는 문제점이 있다.[30] 우리나라의 경우 근로기준법 시행령에서 평균임금을 산정할 수 없는 경우에는 노동부장관이 평균임금을 고시하여야 함에도 노동부장관이 이에 대한 고시를 하기 전[31]에 대법원은 "근로자가 07 : 00부터 18 : 00까지 근로할 경우 일당 50,000원을 받기로 약정한 사실에 기초하여, 위 07 : 00부터 18 : 00까지의 11시간에서 점심시간 1시간을 빼면 10시간이고 이는 근로기준법의 1일 8시간을 초과한 2시간의 시간 외 근무에 대하여는 통상임금의 100분의 50을 가산하여 근로자의 시간급통상임금을 산출한 후 여기에 1일 법정 근로시간 수인 8을 곱한 금 36,363.63원을 원고의 일급(日給) 통상임금 내지 평균임금으로 산정"한 서울고등법원의 원심판결[32]을 파기 환송하

---

30) 대판 1996. 7. 9. 96누5469.
31) 노동부장관은 헌법재판소에서 "평균임금에 관한 고시 부작위의 위헌 확인(헌재 2002. 7. 18. 2000헌마707)"의 결정이 있은 후 2004년부터 고시하였다.
32) 서울고판 1997. 7. 24. 97구8214.

면서, "근로기준법 및 같은 법시행령의 규정에 의하여 평균임금을 산정할 수 없을 경우에는 근로자의 통상의 생활임금[33]을 사실대로 산정할 수 있는 방법에 의하되, 그와 같은 방법이 없을 때에는 당해 근로자가 근로하고 있는 지역을 중심으로 한 일대에 있어서 동종의 작업에 종사하고 있는 상용근로자의 평균임금의 액을 표준으로 삼아야 한다."고 하였다.[34]

또한 "토목공인 근로자가 취업 당일 사망한 경우 토목공의 작업방법, 관행 등에 비추어 사고가 없었더라면 망인이 토목공으로 종사하면서 지급받았을 것으로 인정되는 임금을 유족보상금 및 장의비의 산정기초가 되는 평균임금으로 보아야 한다."고 하였다.[35] 이러한 문제점을 해결하기 위해 근로자가 취업 당일에 재해를 당하여 평균임금을 산정할 수 없는 경우(근로기준법 시행령 제4조)에는 노동부장관이 정하는 바에 따르도록 규정하고 있다. 따라서 [평균임금산정 특례고시(노동부고시 제2007 - 47호)] 제2조는 "근로제공의 초일(근로기준법 제35조 제5호의 규정에 의한 수습 기간 종료 후 초일을 포함한다.)에 평균임금 산정사유가 발생한 경우에는 그

---

33) 여기서 '통상의 생활임금'이란 당해 근로자가 근무하고 있었던 특정의 사업장에서 계속 근무하였더라면 받을 수 있었을 추정 평균임금을 의미한다. 따라서 그 구체적인 산정방법은 ① 일정액의 임금이 예정되어 있었던 경우에는 그 임금액과 제반 근무조건을 고려하여 추산하고, ② 그러한 임금이 예정되어 있지 않은 경우에는 그날 같은 사업장에서 동종 작업에 종사하고 있던 근로자의 평균임금에 의하며, ③ 임금도 예정되어 있지 않았고 당해 사업장에 당해 근로자와 동종의 작업에 종사하고 있었던 다른 근로자도 없었던 경우에는 부득이 "근로자가 근로하고 있는 지역을 중심으로 한 일대에 있어서의 동종 작업에 종사하고 있는 상용근로자의 평균임금"을 당해 근로자의 평균임금으로 하여야 한다(김상환, "평균임금에 관한 고시 부작위의 위헌 확인 ― 행정입법 의무의 헌법적 근거 ― (헌재 2002. 7. 18. 2000헌마707)", 『헌법재판소결정해설집 2002』, 헌법재판소, 2003, 295면, 주19).

34) 대판 1997. 11. 28. 97누14798.

35) 대판 1993. 12. 28. 93누14936.

근로자에게 지급하기로 한 임금의 1일 평균액으로 평균임금을 추산한다."고 규정하고 있다.

일본[36]의 노동기준법 제12조 제8항에서는 "제1항 내지 제6항에 의하여 산정할 수 없는 경우의 평균임금은 후생노동대신이 정하는 바에 의한다."는 규정을 두고 있다. 그리고 노동기준법 시행규칙(후생노동성령) 제3조에서는 '시용기간 중에 평균임금을 산정하여야 할 사유가 발생한 경우'의 평균임금 산정방법에 관한 규정을 두고 있고, 제4조는 '노동기준법 제12조 제3항 제1호 내지 제4호의 기간[37]이 평균임금을 산정하여야 할 사유가 발생한 날 이전 3개월 이상에 걸쳐 있는 경우' 또는 '고용된 날에 평균임금을 산정하여야 할 사유가 발생한 경우'의 평균임금은 도, 도, 부, 현(都, 道, 府, 縣) 노동국장이 정하는 바에 의한다는 규정을 두고 있다. 그 외에도 일본의 경우에는 후생노동성고시 또는 통달 등의 형식으로 평균임금의 산정기준을 상세히 정하고 있다.[38]

예컨대, 고용된 날에 평균임금을 산정하여야 할 사유가 생긴 경우에 관하여 "도, 도, 부, 현 노동국장이 정하는 바에 의한다."고 하여 해당 지역의 노동국장이 구체적인 사안마다 결정하도록 위임하고 있다. 이와 같이 노동국장이 평균임금을 정함에 있어서의 기준에 관하여 일본 후생노동성 1947. 9. 13. 통달 제17호가 "당해 노동자에 대하여 일정액의 임금이 예정되어 있는 경우에는 그 액

---

36) 김상환, 전게논문, 291－292면.

37) 그 일수(日數) 및 그 기간 중의 임금이 평균임금 산정기초가 되는 총일수 및 임금총액에서 공제되는 기간을 의미한다.

38) 길기봉, "취업 당일 사망한 근로자의 평균임금", 『대법원판례해설』 제20호 법원행정처, 1994, 제356면(김상환, 전게논문, 291－292면에서 재인용).

에 의하여 추산하고, 그렇지 않은 경우에는 그날 당해 사업장에 있어서 동일한 업무에 종사한 근로자의 1인 평균임금액에 의하여 추산한다."는 기준을 제시하고 있다. 나아가 도, 도, 부, 현 노동국장이 노동기준법 제12조 제1항 내지 제6항의 규정에 의하여 평균임금을 산정할 수 없다고 인정하는 경우에는, 노동성 노동기준국장이 그 평균임금을 정하는 것으로 되어 있다.

2) 기타 산정할 수 없는 근로자의 보상기준

근로자가 취업을 하여 근로를 하고 있으나, 임금총액의 일부가 불명확하여 산정하기가 곤란한 경우에는 보상기준을 어떻게 산정할 것인가가 문제 된다. 이 경우 [평균임금산정 특례고시(노동부고시 제2007 - 47호)] 제3조는 "임금이 근로자 2인 이상 일괄하여 지급되는 경우에는 근로자 2인 이상을 1개조로 하여 임금을 일괄하여 지급하는 경우에 있어서 개별 근로자에 대한 배분방법에 대하여 미리 정함이 없는 경우에는 근로자의 경력, 생산실적, 실근로일수, 기술·기능, 책임, 배분에 관한 관행 등을 감안하여 근로자 1인당 임금액을 추정하여 그 금액으로 평균임금을 추산"하도록 규정하고 있다.

또한 노동부 고시 제4조는 임금총액의 일부가 명확하지 아니한 경우에는 평균임금의 산정 기간 중에 지급된 임금의 일부를 확인할 수 없는 기간이 포함된 경우에는 그 기간을 제외한 잔여기간에 지급된 임금의 총액을 잔여기간의 총일수로 나눈 금액을 평균임금으로 결정하도록 규정하고 있다. 같은 고시 제5조는 임금총액의 전부가 명확하지 아니한 경우 등 이 고시 제1조 내지 제4조의 규정에 의하여 평균임금을 산정할 수 없는 경우에는 지방노동관서장이 ㉠ 당해 사업장 소재 지역의 임금수준 및 물가사정에 관한 사항(제1호), ㉡ 당해 근로자에 대한 소득세법령상 기재된 소득자별 근로소득 원천징수부, 국민연금법·국민건강보험법·고용보험법상 신고된 보수월액·소득월액·월평균임금 등에 관한 사항(제2호), ㉢ 당해 사업장 소재 지역의 업종과 규모가 동일하거나 유사한 사업장에서 당해 근로자와 동일한 직종에 종사한 근로자의 임금에 관한 사항(제3호), ㉣ 당해 사업장의 근로제공 기간 중에 받은 금품에 대하여 본인 또는 그 가족 등이 보유하고 있는 기록(이 경우 사업주가 인정하는 경우에 한한다.) 등 증빙서류에 관한 사항(제4호), ㉤ 노동부장관이 조사·발간하는 "임금구조 기본통계 조사보고서", "매월노동통계조사보고서" 및 "소규모 사업체 근로실태 조사보고서" 등 노동통계에 관한 사항(제4호)을 감안하여 적정하다고 결정한 금액을 당해 근로자의 평균임금으로 본다고 규정하고 있다. 이와 같이 임금총액의 일부 또는 전부를 확인하기가 곤란한 경우에 고시하도록 하는 방안을 보수기준으로 변경하는 경우에도 적용할 수 있다고 본다.

(3) 보수를 산정하기 곤란한 근로자의 보상기준

재해근로자의 보험급여의 재원이 되는 보험료를 징수하는 경우에도, 상시근로자 수가 5인 미만인 사업의 경우, 사업의 폐업·도산 등으로 임금을 산정·확인하기 곤란한 경우 또는 대통령령이 정하는 사유39)에 해당하는 경우에는 노동부장관이 정하여 고시하

---

39) 같은 법시행령 제3조 제1항의 규정에 의하면, 1. 임금 관련 자료가 없거나 불명확한 경우 2. 사업 또는 사업장의 이전 등으로 인하여 사업의 소재지 파악이 곤란한 경우이다.

는 금액(이하 '기준임금'이라 한다)을 임금으로 보아 당해 사업(장)의 보험료를 징수할 수 있다. 이와 같은 기준임금은 사업의 규모, 근로형태 및 임금수준 등을 고려하여 「고용정책기본법」 제6조의 규정에 의한 고용정책심의회의 심의를 거쳐 시간·일 또는 월단위로 정하되, 사업의 종류별로 구분하여 정할 수 있다(고용보험 및 산업재해보상보험의 보험료징수 등에 관한 법률 제3조). 현행 근로기준법시행령 제4조에서도 특별한 경우, 즉 "법 제2조 제1항 제6호, 이 영 제2조 및 제3조에 따라 평균임금을 산정할 수 없는 경우에는 노동부장관이 정하는 바에 따른다."고 규정하고 있다. 따라서 평균보수일액을 산정할 수 없는 경우에는 노동부장관의 고시에 의하여 재해근로자의 평균보수일액으로 정할 수 있을 것이다.

(4) 산정이 곤란하거나 불명확한 근로자의 보상기준 개선방안

현행규정	개정안
제36조(보험급여의 종류와 산정기준 등) ① - ⑥ 생략 ⑦ 신설	제36조(보험급여의 종류와 산정기준 등) ① - ⑥ 생략 ⑦ 상시근로자 수가 5인 미만인 사업의 경우 등, 사업의 폐업·도산 등으로 재해근로자의 평균보수일액을 산정하기 곤란한 경우 또는 대통령령이 정하는 사유에 해당하는 경우에는 사업의 규모, 근로형태 및 임금수준 등을 고려하여 「고용정책기본법」 제6조의 규정에 의한 고용정책심의회의 심의를 거쳐 사업의 종류별로 구분하여 노동부장관이 정하여 고시하는 금액(이하 '기준보수일액'라 한다)을 재해근로자의 평균보수일액으로 할 수 있다.

2. 현장실습생 등의 보상기준 개정안

가. 현장실습생의 보상기준

일반근로자와 달리 현장실습생들은 작업현장에서 근무를 하면서 현장실습을 하게 되는데, 이 경우 현장실습은 근로를 제공하는 과정을 통하여 기능을 익히는 등 숙련과정을 거치게 되며, 해당 기간에는 학습의 일종으로 보아 실습과정에서 재해를 입은 경우 근로자를 보호하는 데 문제점이 많았다. 이러한 문제점을 해결하기 위한 제도로서 산재보험법은 현장실습을 하고 있는 학생 및 직업 훈련생 중 노동부장관이 정하는 현장실습생에 대하여 근로자로 보아 업무상 재해를 인정하고 있다. 그러나 현장실습생은 사업주로부터 임금을 지급받는 것이 아니라 훈련수당 등의 금품을 지급받으므로 보상기준을 훈련수당 등의 금품을 기준으로 산정하는 것이 현장실습생의 재해보상에 적절하지 아니하다고 인정되면 노동부장관이 정하여 고시하는 금액으로 할 수 있다. 이러한 경우에는 보수기준으로 변경하여 적용할 여지가 없으므로 현행과 같은 고시방법을 적용하는 것이 타당하다.

현행규정	개정안
제123조(현장실습생에 대한 특례) ① - ② 생략 ③ 현장실습생에 대한 보험급여의 기초가 되는 임금액은 현장실습생이 지급받는 훈련수당 등 모든 금품으로 하되, 이를 적용하는 것이 현장실습생의 재해보상에 적절하지 아니하다고 인정되면 노동부장관이 정하여 고시하는 금액으로 할 수 있다. ④ - ⑤ 생략	제123조(현장실습생에 대한 특례) ① - ② 생략 ③ 현장실습생에 대한 보험급여의 기초가 되는 보수액은 현장실습생이 지급받는 훈련수당 등 모든 금품으로 하되, 이를 적용하는 것이 현장실습생의 재해보상에 적절하지 아니하다고 인정되면 노동부장관이 정하여 고시하는 금액으로 할 수 있다. ④ - ⑤ 생략

나. 해외파견자의 보상기준

산재보험은 원칙적으로 국내 사업장에 대하여 적용되지만, 보험
가입자가 대한민국 밖의 지역에서 하는 사업에 근로자를 파견하여
근무를 시키는 경우가 있다. 이러한 경우에는 파견자에 대하여 공
단에 보험가입신청을 하여 승인을 받으면 해외파견자를 그 가입자
의 대한민국 영역 안의 사업에 사용하는 근로자로 보아 산재보험
법을 적용할 수 있다. 이때 해외파견자의 보험급여의 기초가 되는
임금액은 그 사업에 사용되는 같은 직종 근로자의 임금액 및 그 밖
의 사정을 고려하여 노동부장관이 정하여 고시하는 금액으로 한다.
따라서 산재보험의 보상기준을 보수기준으로 변경하는 경우에 해
외파견자에 대한 임금은 보수로 변경하고 이를 기초로 3개월 단위
평균보수일액 또는 1년 단위 보수일액으로 산정할 수 있다고 본다.

현행규정	개정안
제122조(해외파견자에 대한 특례) ① 생략 ② 해외파견자의 보험급여의 기초가 되는 <u>임금액</u>은 그 사업에 사용되는 같은 직종 근로자의 <u>임금액</u> 및 그 밖의 사정을 고려하여 노동부장관이 정하여 고시하는 금액으로 한다. ③ - ④ 생략	제122조(해외파견자에 대한 특례) ① 생략 ② 해외파견자의 보험급여의 기초가 되는 <u>보수액</u>은 그 사업에 사용되는 같은 직종 근로자의 <u>보수액</u> 그 밖의 사정을 고려하여 노동부장관이 정하여 고시하는 금액으로 한다. ③ - ④ 생략

다. 중·소기업 사업주의 보상기준

보험가입자로서 50인 미만의 근로자를 사용하는 중·소기업 사
업주 등은 공단의 승인을 받아 자기 또는 유족을 보험급여를 받을
수 있는 자로 하여 산재보험에 가입할 수 있다. 이때 중소기업사업

주는 원칙적으로는 산재보험법에 의한 근로자가 아니지만 산재보험급여를 지급함에 있어 그 사업주는 근로자로 본다. 중·소기업 사업주도 원칙적으로 근로자 아니기 때문에 임금을 산정할 수 없어 보험급여의 산정기준이 되는 평균임금은 노동부장관이 정하여 고시하는 금액으로 한다. 이러한 경우에 보상기준을 3개월 단위 평균보수일액이나 1년 단위 보수일액으로 변경할 수 있다.

현행규정	개정안
제124조(중·소기업 사업주에 대한 특례) ① - ② 생략 ③ 제1항에 따른 중·소기업 사업주에 대한 보험급여의 산정기준이 되는 평균임금은 노동부장관이 정하여 고시하는 금액으로 한다. ④ - ⑥ 생략	제124조(중·소기업 사업주에 대한 특례) ① - ② 생략 ③ 제1항에 따른 중·소기업 사업주에 대한 보험급여의 산정기준이 되는 평균보수일액은 노동부장관이 정하여 고시하는 금액으로 한다. ④ - ⑥ 생략

라. 특수형태근로종사자의 보상기준

근로계약의 형식에 관계없이 근로자와 유사하게 노무를 제공함에도 「근로기준법」에 의한 근로자의 요건을 충족하지 아니하는 특수형태근로종사자에게도 산재보험이 적용된다. 따라서 보험설계사, 콘크리트믹서트럭을 소유하여 그 콘크리트믹서트럭을 직접 운전하는 사람, 학습지 교사, 골프장 캐디 등의 특수형태근로종사자의 노무를 제공받는 사업 또는 사업장은 원칙적으로 산재보험의 적용사업이 아니지만 산재보험의 적용을 받는 사업 또는 사업장으로 본다. 다만, 특수형태근로종사자가 이 법의 적용 제외를 신청한 경우에는 근로자로 보지 아니한다. 특수형태근로종사자의 산재보험료는 사업주와 특수형태근로종사자가 각각 1/2씩 부담하며, 특수형태근

로종사자에 대한 보험급여의 산정기준이 되는 평균임금은 노동부
장관이 고시하는 금액으로 하고 있다. 이 경우 평균임금을 보수기
준으로 변경하여 평균보수일액이나 보수일액으로 산정할 수 있다.

현행규정	개정안
제125조(특수형태근로종사자에 대한 특례) ① – ⑦ 생략 ⑧ 특수형태근로종사자에 대한 보험급여의 산정기준이 되는 <u>평균임금</u>은 노동부장관이 고시하는 금액으로 한다. ⑨ – ⑩ 생략	제125조(특수형태근로종사자에 대한 특례) ① – ⑦ 생략 ⑧ 특수형태근로종사자에 대한 보험급여의 산정기준이 되는 <u>평균보수일액</u>은 노동부장관이 고시하는 금액으로 한다. ⑨ – ⑩ 생략

3. 평균임금 증감률을 대체하는 방안

가. 현행 산재보험법의 보상기준

산재보험법은 피재근로자의 평균임금증감률을 재직근로자, 퇴직
근로자, 연금수급자를 불문하고 '전체 근로자 임금평균액의 증감
률'(이하 '임금변동 순익률'이라 한다)로 일원화하면서(산재보험법
제36조 제3항),[40] 근로자의 연령이 60세에 도달한 이후에는 '소비
자 물가변동률'에 따라 증감하도록 하였다(이하 '물가변동순응률'이
라 한다).[41] 평균임금의 증감은 보험급여수급권자의 신청을 받아

---

[40] 입법자의 의도는 "상대적으로 임금 상승률이 높은 대기업과 낮은 중소기업의 근로자
사이의 형평성 문제, 그리고 재직자와 퇴직자 및 연금수급권자 사이의 보험급여 증감
에 관한 형평성 문제 해소"에 있다고 한다(국회환경노동위원회, 『「산업재해보상보험법」
일부 개정 법률안 검토보고서』, p.503).

[41] 다만, 60세 이상자에 대한 소비자물가변동률에 의한 평균임금증감은 개정법 부칙 제2
조에 의해 2012년까지 적용되며, 2013년 – 2017년 61세 이상, 2018년 – 2022년 62세
이상, 2023 – 2027년 63세 이상, 2028년 – 2032년 64세 이상, 2033년 이후에는 65세

하거나 공단이 직권으로 할 수 있다(시행령 제22조). 살피건대 「산
재보험법」의 현금 급여는 평균임금을 기준으로 산정하는 것을 원칙
으로 하는데, 이는 근로자의 재해발생 전 임금을 재해발생 후에는
보험급여로 전환하여 근로자와 그 가족의 생활을 재해발생 이전의
수준으로 보장하기 위한 것이다. 따라서 재해 당시의 평균임금을 기
초로 산재보험의 보상기준을 결정한 후 장기간의 요양 중에 있거나
연금수급자로 결정된 이후에 물가나 임금의 인상에도 불구하고 보
험급여액을 고정되어 있어 손해를 보게 되는 폐단을 방지하기 위한
취지이다. 이 경우 2가지 측면에서의 부당성이 발생한다.[42]

첫째 취업 중인 다른 근로자들의 생활수준이 향상된 반면, 피재
근로자의 생활수준이 정체되어 있다면 이는 생활수준의 상대적 하
락을 의미하게 된다.

둘째, 물가상승에 따른 보험급여의 구매력 하락은 보험급여의 실
질가치의 하락을 의미한다. 이와 같은 관점에서 임금변동순응률제
는 「보험급여의 실질가치 보장」을 위한 제도라고 할 수 있으며, 취
업 근로자들에 상당하는 임금상승수준을 보장하는 기능과 보험급
여의 과거와 현재의 실질가치를 보장하는 양면성을 가지고 있다.
현재 산재보험법 제36조 제4항에 따르면, 전체 근로자의 평균임금
증감률 및 소비자물가변동률의 산정기준과 방법은 대통령령으로
정하도록 하고 있으며, 이 경우 증감률 및 변동률은 매년 노동부장
관이 고시하고 있다.

이상자에 적용된다.

42) 오선균, "개정 「산재보험법」의 내용과 쟁점 및 평가", 『산업재해보상보험법의 쟁점과
실무(2008. 9. 20)』, (사) 노동법이론실무학회, 23 - 24면.

나. 평균임금증감률의 대체 여부에 대한 검토

산재보험의 보상기준이 변경되는 경우에 평균임금 증감률을 어떻게 대체할 수 있는지 검토할 필요가 있다. 산재보험법 제36조 제3항에서는 해당근로자의 평균임금을 사정하여야 할 사유가 발생한 날로부터 1년이 지난 이후에는 매년 전체 근로자의 임금평균액의 증감률에 기준으로, 근로자의 연령이 60세에 도달한 이후에는 소비자물가변동률을 기준으로 평균임금을 증감하도록 규정하고 있다. 이 경우 산재보험법 시행령 제22조 제1항에 의한 평균임금의 증감률에 대한 산식을 살펴보면 다음과 같다. 평균임금의 증감률은 전체 근로자의 임금평균액의 증감률을 기준으로 산정한다. 따라서 [평균임금의 증감사유 발생 일에 속하는 연도의 전전 보험연도의 7월부터 직전 보험연도의 6월까지 근로자 1명당 월별 월평균 임금총액을 합계]를 [평균임금 증감사유 발생일이 속하는 연도의 3년 전 보험연도의 7월부터 전전 보험연도의 6월까지의 근로자 1명당 월별 월평균 임금총액의 합계]를 나누어 계산한다. 이 경우 전체 근로자의 임금평균액은 보수평균액으로 변경할 수 있으며, 월평균 임금총액은 '월평균보수총액'으로 변경할 수 있다. 이 경우 평균임금변동률이라는 용어는 '평균보수변동률' 또는 '보수변동률'로 변경할 수 있다.

독일의 경우에는 공적 연금조정계수를 사용하며 다만, 휴업급여 및 전환급여는 2년 전 근로자의 평균총임금 대비 1년 전 평균임금 조정비율로 조정을 한다. 휴업급여 및 전환급여의 조정계수는 매년 연방보건사회부에서 발표하며, 2005. 7. 1부터 2006. 6. 30까지 적용하는 인상률은 0.03%이다. 이탈리아의 경우에는 휴업급여 및 연금(장해, 유족)은 평균보수일액의 1년간 변동률이 5% 이상인 경우에 연초에 재산정하고 있다(산재보험법 제115조 및 제116조). 캐나다의 경우에는 매년 1월 1일 소비자물가지수를 적용하여 재결정하고 있다. 우리나라는 평균임금의 증감할 때 60세 이후에는 소비자물가변동률에 따르도록 개정하였다.[43]

다. 평균소득월액의 변동률에 대한 검토

(1) 국민연금의 평균소득월액 변동률

전체 근로자의 임금상승률은 사업체 임금근로시간조사보고서를 기준으로 기준금액을 정해 사업장의 평균보수월액을 기준으로 연계시키는 방안을 강구할 수 있다. 국민연금의 경우에는 2003년 이후 1인 이상 전체 사업장의 국민연금가입자의 실제소득통계를 기준으로 평균소득월액변동률을 적용하고 있다. 그러나 이러한 경우에는 임금통계가 아니라 과세소득기준으로 하기 때문에 상여금이나 수당 중에서 고정급이 아닌 소득을 포함하고 있으며, 일정 상한선 이상의 소득을 반영하지 않기 때문에 회사에서 임금수준과는 차이가 있다.

국민연금의 경우에는 국민연금 가입자의 소득통계를 이용하나, 전년도 소득통계라는 점과 임금총액기준이 아닌 과세소득기준이라는 점, 소득상한이 있다는 점에서 평균임금의 증감율과 차이가 있

---

43) 종전에는 평균임금의 증감기준을 재직 중인 근로자는 동일사업장 동일직종 근로자의 통상임금 변동률을 기준으로 하였으나, 2008. 2. 28개정에서는 재직 또는 퇴직의 구분 없이 전체 근로자의 평균임금 증감률을 기준으로 변동할 수 있도록 하였다.

다. 그러나 소득액 자체가 아닌 변동률을 사용하는 점과 임금총액과 과세대상총액의 차이가 3%에 불과하다는 점, 사회보장적 급여의 성격상 상한의 존재가 오히려 바람직하다는 점에서 국민연금의 전 가입자 평균소득월액을 기준으로 하는 변동률을 고려할 만하다.[44]

(2) 산재보험의 보수평균월액의 증감률

산재보험의 경우에 재해근로자가 근무를 할 수 없게 되거나 퇴직으로 인하여 경제활동을 할 수 없게 된다면 연령에 따라 구분하여 적용하는 방안을 강구해 볼 만하다. 따라서 60세 이하의 경우에는 주로 경제활동을 하는 연령에 해당하므로 전체 근로자에 대한 보수평균액을 기준으로 보상기준을 정하여 적용하고, 60세 이후에는 물가상승분을 반영함이 바람직하다고 할 것이다. 그러나 경제활동의 연령에 해당하는 60세 미만자가 업무상 재해로 퇴직하거나 사망하여 연금을 수급하는 경우에 적용기준을 물가상승률을 적용하는 것은 불합리하다. 이러한 경우에는 직전연도 8월부터 당해연도 7월까지 합산하여 전체 근로자가 받은 월보수를 합산하여 평균을 한 '보수평균월액'을 기준으로 인상률을 산정하는 것이 바람직하다.

산재보상기준을 소득기준으로 변경하는 경우에도 1년간 당해 사업체에서 받은 동일직종 동일근로자를 대상으로 하는 것이 아니라 당해 사업체에서 전체 근로자가 받은 보수월액을 합산하여 평균한 [전체 근로자 보수평균월액]을 의미한다. 또한 임금상승률은 생산성 증가율과 물가상승분을 합한 것이므로 물가상승분을 적용할 경우에는 생산성 증가분을 반영하지 않을 수 있다. 정년을 지나 장기

요양이나 연금을 수령하고 있는 자에 대하여는 생산성 증가분이 반영될 여지가 없다고 보아야 한다.

라. 소비자물가변동률을 기준으로 하는 방안

일반사회보장제도에서도 연금급여의 실질가치를 보장하기 위해 소비자물가지수와 임금지수를 활용하는 것이 일반적이다.[45] 그러나 퇴직근로자나 재직근로자라 하더라도 60세 이상인 자로서 산재보험의 장기요양이나 연금을 수령하고 있는 자에 대하여는 임금인상률을 적용하기보다는 물가상승률을 적용하는 것이 바람직하다. 또한 스태그플레이션(Stagflation, 물가상승, 실질임금·생산·고용의 감소)의 경우에는 임금상승률이 물가상승률에 미치지 못할 가능성이 있어, 임금변동순응률을 적용받는 60세 이하의 가득연령계층이 물가변동순응률을 적용받는 60세 이상의 퇴직연령계층에 비하여 상대적으로 낮은 평균임금 상승률을 보이는 불합리성을 보이게 된다.[46] 따라서 현행 산재보험법 제36조 제3항의 후단규정은 임금상승지수가 소비자물가상승지수를 상회한다는 점을 전제로 가득연령계층과 퇴직연령계층 사이의 소득수준에 차등을 두기 위해 60세 미만의 피재근로자에게는 임금변동순응률을, 60세 이상에게는 물가변동순응률을 각각 적용한 것으로 보인다.

다른 법률을 살펴보면, 국민연금은 『전국소비자물가변동률』을 가지고 환산하며(국민연금법 제47조), 공무원연금도 『전국소비자물가

---

45) 이상광, 『사회법』, 박영사. 2001, 625면.

46) 따라서 「보험급여의 실질가치 보장」을 위해 임금변동순응률과 물가변동순응률의 적용에 있어서 법적 안정성과 탄력성을 고려한 입법적 해결이 필요하다고 본다.

변동률』을 가지고 매년 조정하지만, 매 5년마다『전국소비자물가변동률』과 『공무원보수변동률』을 고려하여 재조정한다(「공무원연금법」제43조의 2). 그러나 산재보험법 시행령 제22조 제1항에 의한 소비자물가변동률은 「통계법」에 따른 지정통계로서 통계청장이 작성하는 소비자물가내용 중 전 도시의 소비자물가지수를 기준으로 계산한다. 따라서 소비자물가변동률은 [평균임금 증감사유 발생일에 속하는 연도의 전전 보험연도의 7월부터 직전보험연도의 6월까지의 월별 소비자물가지수 변동률의 합계]를 12개월로 나누어 산정한다. 여기서 소지자물가지수변동률은 [해당 월의 전 도시 소비자물가지수]를 [전년도 전 도시 소비자물가지수]로 나눈 비율을 말한다. 소비자물가지수의 변동률은 산재보상기준이 변경에 따른 평균임금의 대체와 관련성이 없으므로 다른 용어로 대체하여 사용할 필요가 없다. 다만, 산재보험법 제36조 제4항에서 전체 근로자의 임금 평균액의 증감을 기준으로 하고 있는데, 이 경우 전체 근로자의 보수평균액의 증감으로 대체할 수 있다고 본다.

마. 평균임금증감률에 대한 개정안

(1) 법률개정안

아래의 법률개정안에서 3개월 단위의 평균임금을 3개월 단위로 평균보수일액으로 변경하는 안으로 용어를 변경하였다. 그러나 1년 단위의 산정방법으로 변경하는 경우에는 평균보수일액은 보수일액으로 표현할 수 있다.

현행규정	개정안
제36조(보험급여의 종류와 산정 기준 등) ① ……〈생략〉…… ② ……〈생략〉…… ③ 보험급여를 산정하는 경우 해당 근로자의 <u>평균임금</u>을 산정하여야 할 사유가 발생한 날부터 1년이 지난 이후에는 매년 전체 근로자의 <u>임금 평균액</u>의 증감률에 따라 <u>평균임금</u>을 증감하되, 그 근로자의 연령이 60세에 도달한 이후에는 소비자물가변동률에 따라 <u>평균임금</u>을 증감한다. ④ 제3항에 따른 전체 근로자의 <u>임금 평균액</u>의 증감률 및 소비자물가변동률의 산정기준과 방법은 대통령령으로 정한다. 이 경우 산정된 증감률 및 변동률은 매년 노동부장관이 고시한다.	제36조(보험급여의 종류와 산정 기준 등) ① ……〈생략〉…… ② ……〈생략〉…… ③ 보험급여를 산정하는 경우 해당 근로자의 <u>평균보수일액</u>을 산정하여야 할 사유가 발생한 날부터 1년이 지난 이후에는 매년 전체 근로자의 <u>평균보수일액</u>의 증감률에 따라 <u>평균보수일액</u>을 증감하되, 그 근로자의 연령이 60세에 도달한 이후에는 소비자물가변동률에 따라 <u>평균보수일액</u>을 증감한다. ④ 제3항에 따른 전체 근로자의 <u>평균보수일액</u>의 증감률 및 소비자물가변동률의 산정기준과 방법은 대통령령으로 정한다. 이 경우 산정된 증감률 및 변동률은 매년 노동부장관이 고시한다.

(2) 시행령의 개정안

현행규정	개정안
제22조(평균임금의 증감) ① 법 제36조 제3항 및 제4항에 따른 <u>전체 근로자의 임금 평균액</u>의 증감률 및 소비자물가변동률의 산정기준과 방법은 별표 2와 같다. ② 법 제36조 제3항에 따른 <u>평균임금</u>의 증감은 보험급여 수급권자의 신청을 받아 하거나 공단이 직권으로 할 수 있다.	제22조(평균임금의 증감) ① 법 제36조 제3항 및 제4항에 따른 <u>전체 근로자의 보수 평균액</u>의 증감률 및 소비자물가변동률의 산정기준과 방법은 별표 2와 같다. ② 법 제36조 제3항에 따른 <u>평균보수일액의</u> 증감은 보험급여 수급권자의 신청을 받아 하거나 공단이 직권으로 할 수 있다.

4. 최고·최저 보상기준금액의 적정한 산정방안

가. 최고 · 최저 보상기준금액에 관한 보상기준

산재보상기준을 보수수준으로 변경하는 경우의 문제점을 검토하기 위해서는 현행 산재보험법 제36조 제7항 및 제8항, 시행령 제26조를 살펴볼 필요가 있다. 산재보험법 제36조 제7항에서는 "보험급여(장의비는 제외한다)를 산정할 때, 그 근로자의 평균임금 또는 제

3항부터 제6항까지의 규정에 따라 산재보험의 산정기준이 되는 평균임금이 전체 근로자의 임금평균액의 1.8배(이하 '최고보상기준금액'이라 한다)를 초과하거나, 2분의 1(이하 '최저보상기준금액'이라 한다)보다 적으면 그 최고보상기준금액이나 최저보상기준금액을 각각 평균임금으로 한다. 다만, 휴업급여 및 상병보상연금을 산정할 때에는 최저보상기준금액을 적용하지 아니한다."고 규정하고 있다.

또한 같은 조 제8항에서 "최고보상기준금액이나 최저보상기준금액의 산정방법 및 적용 기간은 대통령령으로 정한다. 이 경우 산정된 최고보상기준금액 또는 최저보상기준금액은 매년 노동부장관이 정한다."고 규정하고 있다. 이 규정은 평균임금의 상하선이나 하한선을 설정하여 수급권자 간 과도한 보상수준의 격차를 해소하면서 사회보험으로서의 기능을 강화하기 위한 것이다. 최고보상기준의 금액은 휴업급여, 장해급여, 유족급여 및 상병보상연금에 적용하고, 최저보상기준금액은 장해급여 및 유족급여에 적용한다. 이때 휴업급여와 상병보상연금의 최저기준은 최저임금을 적용한다.

산재보험법 시행령 제26조(최고·최저 보상기준금액의 산정방법)에 따르면, 법 제36조 제7항에 따른 최고보상기준금액(이하 '최고보상기준금액'이라 한다)과 같은 항에 따른 최저보상기준금액(이하 '최저보상기준금액'이라 한다)의 산정기준이 되는 전체 근로자의 임금 평균액은 사업체임금근로시간조사에 따른 전전 보험연도의 7월 1일부터 직전 보험연도의 6월 30일까지 전체 근로자를 대상으로 산정한 근로자 1명당 월별 월평균 임금총액의 합계를 365(산정기간에 속한 2월이 29일까지 있는 경우에는 366)로 나눈 금액으로 한다(시행령 제26조 제1항). 또한 최고보상기준금액과 최저보상기준금액을 산정하는 경우 1원 미만은 버린다(시행령 제26조 제2항). 최고보상기준금액과 최저보상기준금액의 적용 기간은 해당 보험연도 1월 1일부터 12월 31일까지로 한다(시행령 제26조 제1항).

나. 최고 · 최저 보상기준액의 적정한 산정방안 검토

(1) 최고보상기준의 적정성에 대한 검토

산재보험법 제36조 제7항에서는 장의비를 제외한 각종 보험급여의 산정은 당해 근로자의 평균임금을 기준으로 하고 있는데, 이러한 경우에 사회보험으로서의 소득재분배 기능이 미흡하고, 산재근로자 간에 보상기준의 격차로 인하여 위화감이 조성되고 있는 문제점을 초래하고 있으므로 사회보험으로서의 기능을 강화하기 위해서 최고 및 최저보상기준을 정하고 있다. 더욱이 산재보험은 과실 책임에 의한 무한책임과는 달리 무과실책임을 전제로 한 사회보험방식이기 때문에 정책적 기능을 중요시할 수밖에 없으며, 사회적으로 공평하거나 형평성이 담보되어야 한다. 따라서 소득계층의 특성상 고임금을 받는 경우라도 개별근로자가 직접 보험료를 납부하지 아니하고, 불특정 근로자를 위해서 집단책임원리에 따라 보험료를 출연하였다면 보상한도도 일정한 제한이 가능하다고 보아야 한다.

따라서 최고보상수준의 산정은 전체 근로자의 임금분포비나 임금수준을 고려하여 결정할 필요가 있다. 우리나라는 최고보상기준액을 종전에는 최근 3년간 전체 근로자의 임금수준과 임금계층별 분포비 및 임금상승률을 고려하여 고시하도록 규정하고 있었다. 그러나 최고보상기준 금액의 산정 시 고려되는 임금계층별 분포비 등이 특정되지 아니하여 매년 변경되는 등 기준이 가변적인 문제점을 지니고 있었다. 2007년 최고보상기준금액은 임금계층별 분포비를 기준으로 2003년에는 상위 4%, 2004년에는 5%, 2005년에는 6%로서 이는 전체 근로자의 2.0 내지 2.2배에 달하는 수준에서 결정이 되었다. 이 경우 상위계층의 임금분포나 임금상승률을 고려하여 결정을 하는 경우 이를 소득세법 제20조에 따른 소득기준으로 파악하면 변동률이 높아질 가능성이 있다. 따라서 최고보상기준액을 임금계층별 분포를 기준으로 하기보다는 전체 근로자의 평균임금을 기준으로 변경한 것이다.

따라서 산재보험의 보상기준을 변경하는 경우 월별 임금총액에서 월별 보수총액으로 변경하고, 특정근로자의 평균임금액을 산정한 결과가 지나치게 높을 경우 전체 근로자의 임금평균액의 1.8배로 정하는 것은 재검토가 필요하다. 소득세법에 의한 소득에 의한 보상기준을 그대로 적용하는 경우 보상수준이 높아질 가능성이 있기 때문에 최고보상수준은 전체 근로자의 보수일액의 1.5배와 같이 낮추는 방향으로 일부 조정이 필요할 것이다. 그러나 산재보상기준을 변경하면서 합리적인 이유 없이 불이익하게 변경하여서는 아니 된다.

(2) 최저보상기준의 적정성에 대한 검토

산재보상수준이 지나치게 낮은 경우에는 소득격차로 인한 불만을 해소하기 위해 최저보상기준금액을 도입하여 운영하고 있다. 그러나 최저보상기준금액을 종전에는 대상 분포를 정하지 아니한 채, 최저임금법에 의하여 고시되는 최저임금을 적용하여 왔다. 이에 따라 최저임금의 전년대비 조정률 등을 고려하여 결정하여 왔으나, 이 역시 최저임금을 그대로 적용하기가 곤란하다는 문제점을 지니고 있었다.

따라서 2007년 최저보상기준금액은 46,933원으로서 전체 근로자의 임금평균액이 약 62% 수준에 해당되어 지나치게 높다는 비판이 제기되었다. 즉 최저보상기준액의 결정은 전체 근로자의 임금분포비나 계층별 임금수준에 의하여 결정하지 아니고 정책적으로 결정한 것이므로 객관성이 없을 뿐만 아니라 보상수준의 변동률은 최저임금의 변동률을 적용하는 것에 대하여 비판을 제기하고 있다. 이러한 이유로 최저보상기준액으로서의 임금수준의 결정은 객관적인 기준을 명확히 설정하기 곤란하여 2008년 법 개정을 통하여 전체 근로자의 노사정위원회를 통한 협의에 의하여 임금평균액의 2분의 1로 정한 것이다. 따라서 임금을 보수로 변경하는 경우에도 3개월 단위 평균보수액이나 보수일액을 기준으로 보상수준을 변경하여 검토할 필요가 있다.

(3) 최고·최저 보상기준의 변경과 문제점의 검토

최고·최저보상기준에 의한 보상수준의 결정은 아직도 노사 당사자 간에 쟁점이 되고 있는 사항이다. 이 경우 보상기준을 무엇에 의해 합리적으로 조정할 것인가 하는 문제점이 제기되나, 노동계와 사용계 간에 쉽게 합의가 되지 않고 있다. 현행 보상기준제도에 대한 비판적 견해를 정리하면 다음과 같다.

첫째, 최고·최저보상금액의 기준은 매년 노동부장관이 정하도록 하고 있는데, 기준의 객관성에 대하여 논란이 많다.[47] 이를 위해서는 재직근로자와 퇴직근로자를 구분하여 임금분포비나 계층별 임금수준을 반영해야 한다는 주장이 제기되고 있다. 외국의 경우 독일은 연소득상한선을 표준소득, 즉 국민연금에 가입한 전체 근로자

---

47) 노동부, "산재보험관리체계의 합리적 개선방안에 관한 연구", 458면.

의 2년 전 연평균임금의 2배로 규정하고 있다(사회법전 제4권 제18조 제1항). 또한 하한선은 18세 이상자는 표준소득의 60%, 15세 이상 18세 미만자는 40%로 정하고 있다.

둘째, 최고·최저보상금액의 기준금액은 연령별로 차등화할 필요성에 대하여 논란이 제기되고 있다.[48] 이는 연령별 임금수준이 다른 점을 고려하여 최고·최저보상금액의 차이를 두어야 한다는 견해이다. 이러한 주장은 임금분포를 다시 고려해야 한다는 입장이다. 결과적으로 전체 평균을 하는 것이 바람직한지, 계층별 혹은 연령별 임금분포나 수준을 반영하는 것이 바람직한지에 대한 논쟁이다. 이에 대하여는 노사 간의 합의를 통해 결정하거나 법률로 정하여 논쟁을 불식시키는 방법을 취할 수밖에 없다.

일본의 경우에는 연령계층별 최고·최저 한도액을 정하고 있다.[49] 따라서 20세 미만, 20세 이상 70세까지 5세 단위로 구분하고 70세 이상 등 12개 연령계층으로 나누어 최저·최저 한도액을 설정하고 있다. 이러한 최고·최저 한도액은 요양 개시 후 1년 6개월이 경과한 휴업급여 및 연금급여에 적용한다. 또한 일본은 연령계층별 최저·최저 한도액은 [전년도 임금구조 기본통계조사보고서]를 근거로 관보에 고시한다. 이 경우 통계보고서의 상·하위 5%째에 해당하는 근로자의 임금수준을 최저·최저보상기준금액으로 고시하고 있다. 우리나라의 산재보험은 보상기준을 소득세에 다르면, 일률적으로 최고·최저보상기준이 상승할 가능성이 있다. 그렇다고

---

48) 노동부, "산재보험관리체계의 합리적 개선방안에 관한 연구", 458면.

49) 일본의 경우 노재보험법(勞災保險法) 제8조의 2 제2항 내지 제8조의 4는 최초요양개시 후 '1년 6개월 이후의 휴업급부'(상병보상연금)와 연금급부에 대해서만 최고보상기준금액을 적용하며, '1년 6개월 이전의 휴업급부'와 장해·유족보상일시금에 있어서는 최고보상기준금액을 적용하지 아니하고 있다.

특정 소득계층을 표본으로 하여 구분하는 것도 문제가 있다. 일본과 같이 연령을 기준으로 하는 경우 연령별 소비실태이나 소득수준을 어느 정도 반영하는 결과가 되어 참고할 만하다고 본다.

셋째, 저소득층 근로자의 경우에는 상대적으로 보상기준을 변경하는 경우 보상수준이 높아질 가능성이 있는지에 대하여는 일률적으로 단언하기가 어렵다. 이 부분에 대하여는 추후 실태조사가 필요할 것으로 보인다. 그러나 산재보험은 사회보장적 급여의 성격을 고려하여 보상수준을 제한할 수 있으며, 저소득근로자의 상실소득을 보장하기 위한 정책적 결정이 필요하다. 산정기준이 되는 전체 근로자의 임금 평균액은 사업체임금근로시간조사에 따른 전전 보험연도의 7월 1일부터 직전 보험연도의 6월 30일까지 전체 근로자를 대상으로 산정한 근로자 1명당 월별 월평균 임금총액의 합계를 365(산정 기간에 속한 2월이 29일까지 있는 경우에는 366)로 나눈 금액으로 결정할 수 있다. 이 경우 임금평균액은 '보수평균액'으로 변경이 가능하고, 월평균임금은 '월별평균보수액'으로 용어를 변경하여 사용할 수 있다. 최저보상수준이 전체 근로자의 실제임금보다 다소 높다고 하더라도 정책적 결정을 할 수 있으므로 보상기준을 임금기준에서 보수기준으로 변경할 수 있다고 본다. 최고보상수준이나 최저보상수준이라는 용어를 사용함이 바람직하다.

다. 최고 · 최저 보상기준금액의 개정안

(1) 법률의 개정안

아래의 법률개정안에서 3개월 단위의 평균임금을 [3개월 단위 평균보수일액]으로, 1년 단위의 산정방법은 보수일액으로 변경하여 표현할 수 있다.

현행규정	개정안
법 제36조(보험급여의 종류와 산정기준 등) ⑦ 보험급여(장의비는 제외한다)를 산정할 때 그 근로자의 <u>평균임금</u> 또는 제3항부터 제6항까지의 규정에 따라 보험급여의 산정기준이 되는 <u>평균임금</u>이 전체 근로자의 <u>임금 평균액의 1.8배</u>(이하 '최고 보상기준 금액'이라 한다)를 초과하거나, ……〈중간생략〉…… 그 최고 보상기준 금액이나 최저 보상기준 금액을 각각 그 근로자의 <u>평균임금</u>으로 한다. 다만, 휴업급여 및 상병보상연금을 산정할 때에는 <u>최저보상기준금액</u>을 적용하지 아니한다.	법제36조(보험급여의 종류와 산정기준 등) ⑦보험급여(장의비는 제외한다)를 산정할 때 그 근로자의 <u>평균보수일액</u> 또는 제3항부터 제6항까지의 규정에 따라 보험급여의 산정기준이 되는 <u>평균보수일액</u>이 전체 근로자의 <u>보수평균액의 1.8배</u>(이하 '최고 보상기준 금액'이라 한다)를 초과하거나, ……〈중간생략〉…… 그 최고 보상기준 금액이나 최저 보상기준 금액을 각각 그 근로자의 <u>평균보수일액</u>으로 한다. 다만, 휴업급여 및 상병보상연금을 산정할 때에는 <u>최저보상기준금액</u>을 적용하지 아니한다.

(2) 시행령의 개정안

보상기준을 임금에서 보수로 변경하는 경우에 **임금평균액**은 '**보수평균액**'으로, **사업체임금근로시간조사**는 '**사업체보수근로시간조사**'로 용어를 변경할 수 있다.

현행규정	개정안
제26조(최고·최저 보상기준 금액의 산정방법) ①법 제36조 제7항에 따른 최고 보상기준 금액(이하 '최고 보상기준 금액'이라 한다)과 ……〈중간생략〉……전체 근로자의 <u>임금 평균액</u>은 <u>사업체임금근로시간조사</u>에 따른 전전 보험연도의 7월 1일부터 직전 보험연도의 6월 30일까지 전체 근로자를 대상으로 산정한 근로자 1명당 월별 <u>월평균 임금총액</u>의 합계를 365(산정 기간에 속한 2월이 29일까지 있는 경우에는 366)로 나눈 금액으로 한다.	제26조(최고·최저 보상기준 금액의 산정방법) ①법 제36조 제7항에 따른 최고 보상기준 금액(이하 '최고 보상기준 금액'이라 한다)과 ……〈중간생략〉……전체 근로자의 <u>보수 평균액</u>은 <u>사업체보수근로시간조사</u>에 따른 전전 보험연도의 7월 1일부터 직전 보험연도의 6월 30일까지 전체 근로자를 대상으로 산정한 근로자 1명당 월별 <u>월평균 보수총액의</u> 합계를 365(산정 기간에 속한 2월이 29일까지 있는 경우에는 366)로 나눈 금액으로 한다.

제4장

보험급여의 종류별 보상기준

보험급여의 종류별 보상기준

Ⅰ. 휴업급여 지급기준의 개정안

1. 현행 산재보험법상 휴업급여의 보상기준

가. 휴업급여의 현행규정

휴업급여는 업무상 재해를 당하거나 업무상 질병에 걸린 근로자가 요양으로 인하여 취업하지 못한 기간에 대하여 피재근로자의 생계보장을 위하여 지급하는 소득보장급여이다.[1] 산재보험법 제52조에 따르면, "휴업급여는 업무상 사유로 부상을 당하거나 질병에 걸린 근로자에게 요양으로 취업하지 못한 기간에 대하여 지급하되,

---

1) 2003. 7. 1부터 연금형태의 급여뿐만 아니라 입원 중인 근로자의 휴업급여도 1회의 청구로서 자동지급을 할 수 있도록 하고 있다.

1일당 지급액은 평균임금의 100분의 70에 상당하는 금액으로 한다. 다만, 취업하지 못한 기간이 3일 이내이면 지급하지 아니한다."고 규정하고 있다. 따라서 휴업급여의 지급요건을 살펴보면 다음과 같다.

첫째, 업무상 부상 또는 질병으로 인한 요양 중일 것을 요구하며, 여기에는 입원, 통원, 재가 요양을 포함하나 의사 등의 진료 또는 지도를 받고 있는 것으로 근로자의 임의적인 요양은 배제된다.

둘째, 4일 이상의 요양으로 근로를 제공할 수 없었기 때문에 임금을 받지 못한 기간으로서 취업불능 기간이 있어야 한다. 따라서 취업하지 못한 기간이 4일 미만인 경우 근로기준법에 의한 재해보상책임에 의거 사업주가 휴업보상을 실시할 수 있으며 산재보험급여의 대상에서 제외된다.

셋째, 취업불능 기간 동안에 임금을 받지 못한 경우이어야 한다. 사업주가 휴업급여에 가늠하여 우선 지급한 경우에는 수급권을 대위하여 청구를 할 수 있다. 휴업급여의 보상금액은 요양 기간 중 취업하지 못한 기간에 대하여 1일 평균임금의 70%를 산정하여 지급한다. 그러나 근로자의 상병상태가 경미하거나, 치유단계에 있는 경우에는 요양 중에 취업을 할 경우 휴업급여를 받을 수 없게 되는 문제점을 개선하기 위해 부분휴업급여에 관한 제도를 새로이 도입하였다. 또한 근로자의 임금이 매우 낮아 산정된 휴업급여액(평균임금×0.7)이 최저임금액에 미달하는 경우 저소득근로자의 휴업급여를 보상하는 경우 불이익이 따르는 문제점을 보완하여 저소득근로자의 휴업급여제도는 2007. 12. 14.법률 제8694호로 도입되었다. 이 외에 고령자가 취업연령이 지난 이후에도 받게 되는 휴업급여의 수준이 지나치게 불합리하다는 지적에 따라 이를 개정하여 시행하고 있다. 고령자의 휴업급여는 보상기준을 변경하여야 할 의미가 없고, 일반 근로자에 대하여 일정비율을 감액하는 정도에 불과하다. 고령자의 휴업급여를 삭감하는 경우에는 삭감비율로 커질 가능성이 있으므로 적정수준에 대한 재검토가 필요하다.

나. 휴업급여의 보상기준에 따른 차액산정

일반적으로 통상 근로자에게 지급되는 휴업급여를 임금기준에서 소득기준으로 변경할 경우 얼마나 차이가 나는지를 검토해 보면 [표 4 - 1]과 같다. 여기서 휴업급여는 통상근로자를 기준으로 하여 산정한다.[2]

[표 4 - 1] 보상기준의 변경과 휴업급여의 종류별 차액 비교

항목	종류	금액	차액	비고
3개월 단위 산정	평균임금	46,333	없음	
	평균보수일액	46,333		
1년 단위 산정	보수일액	60,493	14,160	
월급여 총액	임금기준	1,390,000	450,000	
	소득기준	1,840,000		
휴업급여	임금기준	973,000	315,000	월 30일 기준
	소득기준	1,288,000		월 30일 기준

---

2) 이때 부분휴업을 하거나 재요양을 하는 경우 저소득근로자의 휴업급여는 '변형 휴업급여'라고 정의하고, 부분휴업급여는 통일한 보상기준을 일부 노동에 따른 소득이 있는지에 따라 차액산정을 할 수 있다. 그러나 저소득근로자는 평균임금이 최저보상수준보다 낮은 경우에 일정률을 곱하여 산정하는 경우에 보수기준으로 변경하는 경우 재조정을 하여야 하는지 등에 대한 논의는 별도로 살펴보고자 한다.

2. 부분휴업급여에 대한 검토

가. 현행 부분휴업급여의 보상기준

산재보험법 제53조에서는 부분휴업급여에 관하여 규정하고 있다. 산재보험법 제53조 제1항에 따르면, 요양 또는 재요양을 받고 있는 근로자가 그 요양 기간 중 일정 기간 또는 단시간 취업을 하는 경우에는 그 취업한 날 또는 취업한 시간에 해당하는 그 근로자의 평균임금에서 그 취업한 날 또는 취업한 시간에 대한 임금을 뺀 금액의 100분의 90에 상당하는 금액을 지급할 수 있다. 다만, 제54조 제2항 및 제56조 제2항에 따라 최저임금액을 1일당 휴업급여 지급액으로 하는 경우에는 최저임금액(별표 1 제2호에 따라 감액하는 경우에는 그 감액한 금액)에서 취업한 날 또는 취업한 시간에 대한 임금을 뺀 금액을 지급할 수 있다. 이때 단시간 취업하는 경우 취업하지 못한 시간(8시간에서 취업한 시간을 뺀 시간을 말한다)에 대하여는 제52조 또는 제54조부터 제56조까지의 규정에 따라 산정한 1일당 휴업급여 지급액에 8시간에 대한 취업하지 못한 시간의 비율을 곱한 금액을 지급한다(산재보험법 제53조 제2항). 이 경우 부분휴업급여의 지급요건 및 지급절차는 대통령령으로 정한다.

산재보험법 시행령 제49조에 따른 부분휴업급여의 지급요건을 살펴보면, 법 제53조에 따른 부분휴업급여를 받으려는 사람은 첫째, 요양 중 취업 사업과 종사 업무 및 근로시간이 정해져 있을 것, 둘째, 그 근로자의 부상ㆍ질병 상태가 취업을 하더라도 치유 시기가 지연되거나 악화되지 아니할 것이라는 의사의 소견이 있을 것이라는 요건을 모두 갖추어야 한다(시행령 제49조). 같은 법 시행령 제50조 제1항에 따르면, 부분휴업급여를 받으려는 사람은 노동부령으로 정하는 서류를 첨부하여 공단에 청구하여야 한다. 이 경우 공단은 제1항에 따른 청구가 있으면 그 근로자의 부상·질병 상태, 종사업무 및 근로시간 등을 고려하여 지급 여부를 결정하고 그 내용을 그 근로자에게 알려야 한다(시행령 제50조 제2항).

일본의 노재보험법 제14조 제1항(휴업보상급부)에 의하면, 근로자가 업무상 부상 또는 질병에 의한 휴업 기간 중 그 일부분에 근로한 경우 휴업보상 급부액은 급부기초일액에서 해당근로에 대하여 지불된 임금의 액수를 뺀 액수의 백분의 60에 상당하는 금액을 지급한다. 독일의 경우에는 휴업급여 수급 기간 중 근로소득이 발생한 경우 휴업급여(정상임금의 80%)에서 순소득(정상임금의 80%)을 공제한 금액을 지급한다. 또한 근로능력을 부분적으로 회복하였을 경우에는 법률적으로 계속하여 근로불능의 상태에 있는 것으로 간주한다. 따라서 사용자가 근로기회를 제공하고 임금지급 시 휴업급여 수급자격을 유지되도록 하되, 합산한 금액이 당사자의 순소득을 초과하게 될 경우 감액한다. 재해근로자가 근로활동의 재개 시 휴업급여의 지급이 중단되는 근로능력회복에 대한 판단은 대체로 4주를 판단의 기준으로 활용한다.

나. 부분휴업급여의 보상기준에 대한 검토

부분휴업급여는 일반휴업급여와 같이 '요양으로 취업하지 못한 기간'에 대하여 지급하는 보험급여로서 소득보장급여라는 성격을 지닌다. 종전에는 요양 중인 재해근로자가 부분적으로 취업을 한 경우에는 '취업할 수 있는 상태'로 보아 휴업급여를 지급하지 아니하였다. 이러한 사유로 부상이나 질병의 정도가 경미하거나, 치유 단계에 있는 경우에는 취업을 할 수 있음에도 휴업급여를 지급하지 아니하기 때문에 재해근로자가 취업을 하는 경우 오히려 소득이 줄어들게 되어 취업을 기피하고 장기간 요양을 하는 불합리한 사례가 발생하기도 하였다. 이러한 문제점을 개선하여 산재보험법은 부분적으로 취업을 할 수 있는 재해근로자에 대하여는 취업을 장려할 수 있도록 하고 있다.

대체로 재해근로자는 정상적인 근로자에 비하여 평상시보다 소득이 줄어들기 마련이다. 그러나 손가락 일부가 절단되거나 팔의 일부가 골절을 당하였다 하더라도 통원치료가 가능한 경우에는 취업이 가능하다고 할 수 있다. 이러한 경우에는 일부 노동력의 제공으로 취업이 가능하므로 적극적으로 취업을 보장할 수 있어야 한다. 산재보험이 보상기준이 되는 평균임금은 3개월 단위로 산정하는 평균보수일액으로 변경할 수 있고, 1년 단위 보수일액으로 변경하여 산정이 가능하다. 그러나 임금수준이 낮은 최저임금을 기준으로 하는 경우에는 최저임금을 기준으로 하는 것이 바람직하므로 산정기준을 변경할 필요가 없다고 본다. 부분취업의 경우 휴업급여는 근로자의 평균임금에서 그 취업한 날 또는 취업한 시간에 대한 임금을 뺀 금액의 100분의 90에 상당하는 금액을 지급할 수 있다.

일일단위 부분취업을 하였을 때 1일당 임금이 종전 평균임금의 사례를 검토해 보면 다음과 같다. 평균임금이 10만 원인 근로자의 휴업급여 1일 7만 원(10만 원×0.7)이며, 월 210만 원(7만 원×30일)

정도이다. 이 근로자가 요양 중 본인의 평균임금인 1일당 10만 원씩 받고 30일 중 15일간 취업한 경우, 취업일에는 휴업급여가 없고 {(10만 원－10만 원)×0.9×15일)}, 미취업일 휴업급여는 105만 원(10만 원×0.7×15일)이며, 취업한 일수의 임금은 월 150만 원이 되어 총소득은 월 255만 원이 된다. 따라서 취업을 하지 아니하고 휴업급여를 수령하는 경우보다 많게 된다. 1일당 임금이 평균임금보다 적은 경우를 계산하면, 평균임금 10만 원인 근로자가 요양 중 1일당 5만 원씩 받고 30일 중 15일간 취업한 경우에는 취업일 휴업급여는 1일 45,000{(10만 원－5만 원)×0.9×15일＝ 675,000원}이며, 미취업일 휴업급여는 1일 7만 원(10만 원×0.7×15일＝ 1,050,000}이며, 취업일수의 임금은 1일 5만 원(5만 원×15일＝750,000)이므로 총소득은 월 2,475,000원이 된다. 이 역시 취업하지 아니한 경우보다 많게 된다. 1일당 임금이 평균임금보다 훨씬 적은 경우를 상정하여 계산하면, 평균임금 10만 원인 근로자가 요양 중 1일당 2만 원씩 받고 30일 중 15일간 취업한 경우에는 취업일 휴업급여는 1일 72,000{(10만 원－2만 원)×0.9×15일＝ 1,080,000원}이며, 미취업일 휴업급여는 1일 7만 원(10만 원×0.7×15일＝1,050,000}이며, 취업일수의 임금은 1일 2만 원(2만 원×15일＝300,000)이므로 총소득은 월 2,430,000원이 된다. 이 역시 취업하지 아니한 경우보다 많게 된다.3) 저소득 근로자의 부분휴업급여, 즉 최저임금액을 휴업

---

3) 단시간 취업 및 일일단위 부분취업은 평균임금이 10만 원인 근로자가 30일 중 10일은 일일단위로 취업하여 1일당 5만 원, 10일은 1일에 2시간 취업하여 1일 임금 1만 원을 각각 받고, 10일은 미취업(요양)하는 경우에는 취업시간 휴업급여는 13.5만 원[＝{(10만 원×2시간/8시간)－1만 원}×0.9×10일]이며, 미취업시간 휴업급여는 52.5만 원{＝(10만 원×6시간/8시간)×0.7×10일}이며, 취업일 휴업급여는 45만 원{＝(10만 원－5만 원)×0.9×10일이며 미취업일 휴업급여는 70만 원(＝10만 원×0.7×10일)이며 임금은 60만 원{＝(5만

급여로 하는 근로자가 취업한 경우에는 최저임금액에서 취업하여 받은 임금을 뺀 차액 전부를 지급하게 된다.

다. 부분휴업급여의 보상기준에 대한 개정안

현행규정	개정안
제53조(부분휴업급여) ①요양 또는 재요양을 받고 있는 근로자가 ……〈중간생략〉…… 그 취업한 날 또는 취업한 시간에 해당하는 그 근로자의 <u>평균임금</u>에서 그 취업한 날 또는 취업한 시간에 대한 임금을 뺀 금액의 100분의 90에 상당하는 금액을 지급할 수 있다. 다만, ……〈중간생략〉…… <u>최저임금액</u>을 1일당 휴업급여 지급액으로 하는 경우에는 <u>최저임금액</u>(별표 1 제2호에 따라 감액하는 경우에는 그 감액한 금액)에서 취업한 날 또는 취업한 시간에 대한 <u>임금</u>을 뺀 금액을 지급할 수 있다. ② ……[이하 생략]	**제53조(부분휴업급여)** ①요양 또는 재요양을 받고 있는 근로자가 ……〈중간생략〉…… 그 취업한 날 또는 취업한 시간에 해당하는 그 근로자의 <u>평균보수일액</u>에서 그 취업한 날 또는 취업한 시간에 대한 보수를 뺀 금액의 100분의 90에 상당하는 금액을 지급할 수 있다. 다만, ……〈중간생략〉…… <u>최저보수액</u>을 1일당 휴업급여 지급액으로 하는 경우에는 <u>최저보수액</u>(별표 1 제2호에 따라 감액하는 경우에는 그 감액한 금액)에서 취업한 날 또는 취업한 시간에 대한 <u>보수를</u> 뺀 금액을 지급할 수 있다. ② ……[이하 생략]

3. 저소득근로자에 대한 휴업급여 보상기준의 개정안

가. 저소득근로자의 휴업급여 보상기준

저소득근로자의 휴업급여에 관한 규정은 일반적인 통상근로자의 임금수준에 비하여 상대적으로 저임금수준에 있는 근로자를 보호하기 위하여 도입한 휴업급여 산정제도이다. 산재보험법 제52조에서는 업무상 사유로 부상을 당하거나 질병에 걸린 근로자가 요양으로 취업하지 못한 경우에 지급하되, 1일당 지급액은 평균임금의

원×10일)+(1만 원 ×10일)}이므로 총소득은 월 241만 원이 된다.

100분의 70에 상당하는 금액으로 지급한다고 규정하고 있다. 그러나 이러한 방법으로 산정하는 것이 불합리한 저소득근로자의 휴업급여에 대하여는 산재보험법 제54조에 규정하고 있다. 산재보험법 제54조 제1항에 따르면, 1일당 휴업급여의 지급액이 최저보상기준금액의 100분의 80보다 적거나 같으면 그 근로자에 대하여는 평균임금의 100분의 90에 상당하는 금액을 1일당 휴업급여의 지급액으로 하고 있다. 다만, 그 근로자의 평균임금의 100분의 90에 상당하는 금액이 최저보상기준액의 100분의 80에 상당하는 금액보다 많은 경우에는 최저보상기준액의 100분의 80에 상당하는 금액을 1일당 휴업급여 지급액으로 한다. 이에 따라 산정한 휴업급여지급액이 「최저임금법」 제5조 제1항에 따른 시간급 최저임금액에 8을 곱한 금액(이하 '최저임금액'이라 한다)보다 적으면 그 최저임금액을 그 근로자의 1일당 휴업급여 지급액으로 한다(산재보험법 제54조 제2항). 이에 대한 최저보상기준액을 소득기준의 보수로 변경한다면 지급기준을 어떻게 변경하는 것이 적정한지 검토할 필요가 있다.

나. 저소득근로자에 대한 휴업급여 보상기준의 검토

휴업급여는 통상 근로자의 경우 평균임금을 기초로 평균임금의 100분의 70을 지급한다. 이러한 경우 통상근로자의 평균임금을 보수기준으로 변경하여 3개월 단위 평균보수일액을 산정하거나 1년 단위 보수일액으로 변경하면, 보험급여수준이 상승할 여지가 있다. 그러나 저소득근로자의 경우에는 평균임금이 통상근로자보다 낮기 때문에 보수기준으로 변경되더라도 역시 통상근로자에 비하여 상대적으로 불이익하다. 그렇다면, 현재 산재보험법에 의한 1일당 휴업급여의 지급액이 최저보상기준금액의 100분의 80보다 적거나 같으면 그 근로자에 대하여는 평균임금의 100분의 90에 상당하는 금액을 1일당 휴업급여의 지급액으로 하는 규정을 그대로 적용할 수 없다. 이 경우에도 평균보수일액이나 보수일액을 기준으로 보상기준을 변경하여야 하나, 80분의 100이나 90분의 100에서 어느 기준을 적용하는 것이 적정수준인지 일률적으로 단언하기가 어렵기 때문에 추후 연구를 통하여 재검토할 필요가 있다.

부분취업을 하여 휴업급여 최저임금액 수령자의 취업임금이 최저임금액 27,840원보다 많은 1일당 4만 원씩 받고 30일 중 15일간 취업한 경우 1개월의 수입을 계산하여 보면, 취업일 휴업급여는 없으며(최저임금액 27,840원 - 취업임금 40,000원), 미취업일 휴업급여는 417,600원(= 27,840원×15일)이며, 취업 기간 임금은 600,000원(= 40,000원×15일)}이므로 총소득은 월 1,017,600원으로 취업을 하지 아니하고 수령할 휴업급여 835,200보다 많다. 또 일일단위 부분취업을 하여 휴업급여 최저임금 수령자의 취업일 임금이 최저임금보다 적은 1일당 25,000원씩 받고 30일 중 15일간 취업한 경우에는 취업일 휴업급여는 1일 2,840원(= 27,840원 - 25,000원)이고, 산재보험법 제39조의 2 제1항 단서에 의하여 월 42,600원(= 2,840원×15일)이며, 미취업일 휴업급여는 417,600원(= 27,840원×15일)이며, 취업 기간에 해당하는 임금은 375,000원(= 25,000원×15일)이므로 총소득은 월 835,200원이 된다.

다. 저소득근로자에 대한 휴업급여 보상기준의 개정안

현행규정	개정안
제54조(저소득 근로자의 휴업급여) ① 제52조에 따라 산정한 1일당 휴업급여 지급액이 최저 보상기준 금액의 100분의 80보다 적거나 같으면 그 근로자에 대하여는 <u>평균임금</u>의 100분의 90에 상당하는 금액을 1일당 휴업급여 지급액으로 한다. 다만, 그 근로자의 <u>평균임금</u>의 100분의 90에 상당하는 금액이 최저 보상기준 금액의 100분의 80보다 많은 경우에는 최저 보상기준 금액의 100분의 80에 상당하는 금액을 1일당 휴업급여 지급액으로 한다.	제54조(저소득 근로자의 휴업급여) ① 제52조에 따라 산정한 1일당 휴업급여 지급액이 최저 보상기준 금액의 100분의 80보다 적거나 같으면 그 근로자에 대하여는 <u>평균보수일액</u>의 100분의 90에 상당하는 금액을 1일당 휴업급여 지급액으로 한다. 다만, 그 근로자의 <u>평균보수일액</u>의 100분의 90에 상당하는 금액이 최저 보상기준 금액의 100분의 80보다 많은 경우에는 최저 보상기준 금액의 100분의 80에 상당하는 금액을 1일당 휴업급여 지급액으로 한다.

4. 재요양 기간 중의 휴업급여 보상기준의 검토

가. 재요양 기간 중 휴업급여의 보상기준

(1) 요양급여의 보상기준과 범위

요양급여는 근로자가 업무상 부상 또는 질병에 걸렸을 경우 치유될 때까지 공단이 설치한 보험시설 또는 지정 의료기관에서 요양을 직접 행하게 하는 현물급여이다. 다만, 비지정의료기관에서 요양을 받은 경우나 산재환자가 자비로 실시한 요양 등 부득이한 경우에는 요양비를 지급한다. 산재보험법 제40조(요양급여) 제1항에 따르면, 요양급여는 근로자가 업무상의 사유로 부상을 당하거나 질병에 걸린 경우에 그 근로자에게 지급한다. 이 경우 요양급여는 제43조 제1항에 따른 산재보험 의료기관에서 요양을 하게 한다. 다만, 부득이한 경우에는 요양을 가늠하여 요양비를 지급할 수 있다

(같은 조 제2항). 부상 또는 질병이 3일 이내의 요양으로 치유될 수 있으면 요양급여를 지급하지 아니한다(같은 조 제3항).

(2) 재요양의 보상기준

산재보험법 제51조 제1항에 따르면, 요양급여를 받은 자가 치유 후 요양의 대상이 되었던 업무상의 부상 또는 질병이 재발하거나 치유 당시보다 상태가 악화되어 이를 치유하기 위한 적극적인 치료가 필요하다는 의학적 소견이 있으면 다시 제40조에 따른 요양급여를 받을 수 있다.[4) 이 경우 재요양의 요건과 절차 등에 관하여 필요한 사항은 대통령령으로 정한다(산재보험법 제51조 제2항). 재요양의 요건(시행령 제48조)을 살펴보면, ① 치유 후 상태가 악화되어 적극적인 치료가 필요한 경우로 당초의 상병과 재요양 신청한 상병 간에 의학적으로 상당 인과관계가 인정되고, 재요양을 함으로써 치료효과가 기대될 수 있다는 의학적 소견이 있는 경우, ② 내고정술에 의하여 삽입된 금속핀 등 내고정물의 제거가 필요한 경우, ③ 의지장착을 위하여 절단부위의 재수술이 필요하다고 인정되는 경우를 들 수 있다.

---

4) 요양급여의 지급요건을 살펴보면, 첫째, 「산업재해보상보험법」이 적용되는 사업장의 근로자일 것, 둘째, 업무상 사유에 의한 부상 또는 질병에 걸렸을 것, 셋째, 당해 부상 또는 질병이 4일 이상의 요양 기간을 필요로 한다. 이 경우 요양급여의 청구권자는 의료기관, 약국 및 근로자이며, 업무상 재해로 인한 사유 발생 시에 청구할 수 있다. 상기의 규정에도 불구하고 업무상의 재해를 입은 근로자가 요양할 산재보험 의료기관이 제43조 제1항 제2호에 따른 종합전문요양기관인 경우에는 「응급의료에 관한 법률」 제2조 제1호에 따른 응급환자이거나 그 밖에 부득이한 사유가 있는 경우를 제외하고는 그 근로자가 종합전문요양기관에서 요양할 필요가 있다는 의학적 소견이 있어야 한다(같은 조 제6항).

나. 재요양 기간 중의 휴업급여 보상기준에 대한 검토

산재보험법 제56조 제1항에서는 "재요양 당시의 임금을 기준으로 산정한 평균임금의 100분의 70에 상당하는 금액을 1일당 휴업급여로 지급하되, 1일당 휴업급여의 지급액이 최저임금액보다 적거나 재요양 당시 평균임금 산정의 대상이 되는 임금이 없으면 최저임금을 1일당 휴업급여로 한다."고 규정하고 있다. 이 경우 산정한 1일당 휴업급여 지급액이 최저임금액보다 적거나 재요양 당시 평균임금 산정의 대상이 되는 임금이 없으면 최저임금액을 1일당 휴업급여 지급액으로 한다(같은 조 제2항). 재요양으로 인한 취업불능 기간 동안의 생계보장을 위하여 지급하는 휴업급여는 역시 평균임금을 기초로 산정한다. 이러한 경우 보상기준을 보수기준으로 변경한다면 평균임금의 산정방법을 달리하여 3개월 단위 평균보수일액이나 1년 단위 보수일액으로 변경하여야 할 것이다. 그러나 평균임금을 기준으로 일정비율을 곱하여 산정하는 보상수준의 변경에 대하여는 추후 별도의 연구가 필요하다고 본다. 산재보험의 보상기준을 임금기준에서 보수기준으로 변경하는 시점에서 일부 보상수준이 증가하더라도 전체적인 차원에서는 종전의 수준에 비하여 불리하다고 볼 수 없다면, 구태여 보상수준을 개정하지 않는 것이 바람직하다.

또한 산재보험법 제56조 제3항에서는 장해보상연금을 지급받고 있는 자가 재요양을 하는 경우에 1일당 장해보상연금액(별표 2에 따라 산정한 장해보상연금액을 365로 나눈 금액을 말한다)과 1일당 휴업급여액을 합한 금액이 장해보상연금의 산정에 적용되는 평

균임금의 100분의 70을 초과하면 그 초과하는 금액 중 휴업급여에
해당하는 금액은 지급하지 아니한다고 규정하고 있다. 이 경우 휴
업급여의 산정 시 평균임금을 대체하는 지급기준을 변경할 필요가
있다. 재요양 기간 중의 휴업급여를 산정하는 경우에는 저소득 근
로자에게 평균임금의 90%를 휴업급여로 지급하는 규정은 적용된
다. 재요양 전에는 장해급여를 받았거나 장해연금을 받고 있는 상
태이므로 재요양자에게 저소득근로자에 적용되는 휴업급여 기준을
적용하면 장해연금을 받는 재요양자의 보험급여가 최초요양자보다
항상 많게 되어 불합리하다.[5]

재요양 기간 중의 상병보상연금은 재요양 개시일부터 2년 경과
후 휴업급여의 산정에 적용되는 평균임금을 기준으로 지급한다. 이
경우 평균임금이 최저임금액의 70분의 100보다 적으면 최저임금액
의 70분의 100을 평균임금으로 보아 상병보상연금을 산정한다. 이
러한 경우에도 보상수준을 변경하는 것은 바람직하지 아니하므로
보상기준만 변경하여야 할 것이다. 기존 수급자 보호차원에서 법
시행 당시 요양 또는 재요양하고 있는 자는 종전의 규정을 적용하
고 법 시행 이후 새로 요양 또는 재요양을 받는 자만 적용한다. 독
일의 경우 장해연금수급자는 장해연금을 계속 지급하고 재요양 시

---

5) 장해연금 수급자가 상병보상연금 수급자가 되는 경우에는 장해연금을 계속 지급하되,
상병보상연금은 해당 폐질등급의 연금 지급일수에서 수급 중인 장해연금 지급일수를
뺀 일수에 해당하는 금액을 지급한다. 장해등급 1급~제3급의 장해연금 수급자가 재요
양을 하면 장해연금을 계속 지급하는 대신 상병보상연금은 지급하지 않는다. 다만, 1
급~3급자가 재요양 중 폐질등급이 중해진 경우에는 그 중해진 시점부터 등급 상향조
정에 따른 연금 지급일수 차액을 지급한다. 재요양 종결 후 장해상태가 호전 또는 악화
되면 그 변경된 장해상태에 따라 장해급여를 지급하되 그 지급방법 등에 관해서는 대통
령령으로 정하도록 위임한다. 대통령령에서는 장해등급이 상향된 경우와 경감된 경우,
장해급여 지급형태가 일시금 또는 연금을 변경되는 경우, 각각의 경우에 장해급여 산정
에 적용할 평균임금의 적용 기준 등을 구분하여 규정할 예정이다.

휴업급여 청구권은 사회법전 제6권에서 인정하지 않고 있다. 따라서 연금운영기관이 소득불능을 확정했더라도 산재보험운영기관에 대한 구속력이 있다. 스위스의 경우에는 재요양 시 보험적용소득은 재요양 이전의 소득을 기준으로 하고 재요양 당시 소득활동을 하지 않았다면 휴업급여는 지급되지 않는다. 일본의 경우 재요양 시 당초 재해가 발생한 사업장 평균임금을 기준으로 산정한다.

다. 재요양 기간 중의 휴업급여와 개정안

현행규정	개정안
제56조(재요양 기간 중의 휴업급여) ①재요양을 받는 자에 대하여는 재요양 당시의 <u>임금</u>을 기준으로 산정한 <u>평균임금</u>의 100분의 70에 상당하는 금액을 1일당 휴업급여 지급액으로 한다. 이 경우 <u>평균임금</u> 산정사유 발생일은 대통령령으로 정한다. ②제1항에 따라 산정한 1일당 휴업급여 지급액이 최저임금액보다 적거나 재요양 당시 <u>평균임금</u> 산정의 대상이 되는 <u>임금</u>이 없으면 최저임금액을 1일당 휴업급여 지급액으로 한다. ③장해보상연금을 지급받는 자가 재요양하는 경우에는…… 장해보상연금의 산정에 적용되는 <u>평균임금</u>의 100분의 70을 초과하면 그 초과하는 금액 중 휴업급여에 해당하는 금액은 지급하지 아니한다.	**제56조(재요양 기간 중의 휴업급여)** ①재요양을 받는 자에 대하여는 재요양 당시의 보수를 기준으로 산정한 <u>평균보수일액</u>의 100분의 70에 상당하는 금액을 1일당 휴업급여 지급액으로 한다. 이 경우 <u>평균보수일액</u> 산정사유 발생일은 대통령령으로 정한다. ②제1항에 따라 산정한 1일당 휴업급여 지급액이 최저임금액보다 적거나 재요양 당시 <u>평균보수일액</u> 산정의 대상이 되는 <u>보수가</u> 없으면 최저임금액을 1일당 휴업급여 지급액으로 한다. ③장해보상연금을 지급받는 자가 재요양하는 경우에는 ……장해보상연금의 산정에 적용되는 <u>평균보수일액</u>의 100분의 70을 초과하면 그 초과하는 금액 중 휴업급여에 해당하는 금액은 지급하지 아니한다.

Ⅱ. 상병보상연금의 보상기준 개정안

1. 상병보상연금의 보상기준

상병보상연금은 요양개시 후 2년이 경과하여도 치유되지 아니하고 요양이 장기화됨에 따라 해당 피재근로자와 그 가족의 생활안정을 도모하기 위하여 휴업급여 대신에 보상수준을 향상시켜 지급하게 되는 보험급여이다. 상병보상연금을 지급받는 경우에는 그 시기부터 휴업급여의 지급이 중단된다. 따라서 장해등급 제1급에서 제3까지 해당되는 장해보상당연연금대상자는 상병보상연금의 지급대상이 되는 폐질등급이 동일하게 폐질등급 제1급에서 제3급까지 동일하므로 보험급여액이 변경되지 않으므로 추가로 상병보상연금에 해당하는 금액을 지급받지 못한다. 그러나 폐질등급에서 변경이 있는 경우 기존에 지급받던 장해보상연금액에 추가로 그 변경된 폐질상태에 따라 상병보상연금액을 지급받는다. 이 경우 지급받고 있는 장해보상연금이 있는 경우 폐질등급에 해당하는 상병보상연금 지급일수에서 뺀 금액을 지급하므로 전체적으로 폐질등급에 따른 상병보상연금액의 한도를 넘지 못하게 되어 있다(산재보험법 제69조 제2항).

지급요건은 첫째, 당해 부상 또는 질병이 2년이 경과되어도 치유되지 않았을 것, 둘째, 부상 또는 질병의 정도가 폐질등급 제1~3급에 해당할 것이 요구된다. 상병보상연금은 제1급이 경우에는 평균임금의 329일분, 제2급의 경우에는 평균임금의 291일분, 제3급의 경우에는 평균임금의 257일분을 지급한다. 저소득 근로자의 경우 평균임금이 최저임금액에 70분의 100을 곱한 금액보다 적을 때에는 최저임금액의 70분의 100에 해당하는 금액을 그 근로자의 평균임금으로 보아 산정하여 상병보상연금을 지급한다(법 제67조). 고령자의 경우 상병보상연금을 받는 근로자가 61세가 되면 그때부터 65세까지 매년 4%p씩 감액하여 지급하고, 65세 이후에는 20%p를 감액하여 지급한다(법 제68조).

2. 상병보상연금의 보상기준에 대한 검토

상병보상연금은 폐질등급이 제1급 내지 제3급에 해당하는 근로자에 대하여 평균임금을 기준으로 산정하여 상병보상연금을 지급한다. 이 경우 산재보험의 보상기준을 변경한다면 평균임금에 대신하여 3개월 단위로 환산을 한 평균보수일액을 대체하여 지급할 수 있다. 1년 단위 보수일액으로 대체하는 경우에는 보수일액을 기준으로 1급은 보수일액의 329일분, 제2급의 경우에는 보수일액의 291일분, 제3급의 경우에는 보수일액의 257일분을 지급할 수 있다. 산재보험법 제67조에 의하면, 저소득근로자의 경우 평균임금이 최저임금액에 70분의 100을 곱한 금액보다 적을 때에는 최저임금액의 70분의 100에 해당하는 금액을 그 근로자의 평균임금으로 보아 산정하여 상병보상연금을 지급한다고 규정하고 있다. 이 경우 최저임금을 기준으로 하는 금액과 소득세법에 의한 보수를 기준을 하는 경우에는 소득격차가 더욱 커질 우려가 있다. 따라서 현재 최저임금을 기준으로 최저임금액의 70분의 100을 기준으로 하고 있으

므로 보상수준이 상승될 여지가 있다. 재요양 기간 중의 상병보상
연금을 받게 된다면 재조정이 필요하다. 고령자의 상병보상연금은
일정율의 퍼센트를 줄이도록 되어 있으나, 이 경우에 평균임금 대
신에 평균보수일액이나 보수일액으로 용어를 변경하여 보상수준의
적정성을 재검토할 필요가 있다.

[표 4-2] 상병보상연금의 산정과 차액 비교

항목	종류	금액	차액	비고
3개월 단위 산정	평균임금	46,333		
	평균보수일액	46,333	없음	
1년 단위 산정	보수일액	60,493	14,160	
월급여 총액	임금기준	1,390,000	450,000	
	소득기준	1,840,000		
휴업급여	임금기준	973,000	315,000	(월 30일)70%
	소득기준	1,288,000		(월 30일)70%
상병보상연금	평균보수일액 기준	15,243,557	4,658,640	(1급기준)100%
	보수일액 기준	19,902,197		(1급기준)100%

3. 상병보상연금의 개정안

현행규정	개정안
제67조(저소득 근로자의 상병보상연금) ① 제66조에 따라 상병보상연금을 산정할 때 그 근로자의 <u>평균임금</u>이 최저임금액에 70분의 100을 곱한 금액보다 적을 때에는 최저임금액의 70분의 100에 해당하는 금액을 그 근로자의 <u>평균임금</u>으로 보아 산정한다. ② ……〈이하 생략〉	제67조(저소득 근로자의 상병보상연금) ① 제66조에 따라 상병보상연금을 산정할 때 그 근로자의 <u>평균보수일액</u>이 최저임금액에 70분의 100을 곱한 금액보다 적을 때에는 최저임금액의 70분의 100에 해당하는 금액을 그 근로자의 <u>평균보수일액</u>으로 보아 산정한다. ② ……〈이하 생략〉

Ⅲ. 장해보험급여의 보상기준에 관한 개정안

1. 장해급여의 보상기준

가. 장해급여의 등급별 보상기준

장해급여는 업무상 재해[6]를 당한 근로자가 요양 후 치유되었으나 정신적 또는 신체적 결손이 남게 되는 경우 그 장해로 인한 노동력손실전보를 위하여 지급되는 보험급여이다. 산재보험법 제57조에 따른 장해급여의 지급요건을 살펴보면, 첫째, 업무상 재해로 인한 부상 또는 질병의 치유 후 신체에 장해가 잔존하여야 하며, 둘째, 장해가 당해 업무상 부상 또는 질병과 상당인과관계가 있어야 한다. 또한 장해급여를 지급받기 위해서는 장해급여를 받을 권리가 있는 사람(이하 '수급권자'라 한다.)의 청구[7]에 의하여 지급되므로 수급권자가 청구 절차를 이행하여야 한다. 이 경우에는 원칙적으로 근로자가 청구권자가 되나, 사업주가 장해급여에 가늠하여 우선 지급을 한 경우에는 수급권을 대위하여 사업주에게도 보험급여의 청구권이 인정된다[8]. 장해보상급여는 수급권자의 장해상태에 따라 장해보상 일시금이나 장해보상연금의 지급을 그 신청에 따라 지급하

---

6) 업무상 재해는 산재보험법 제37조에 업무상 재해의 인정기준에 대해 열거하고 있으며, 업무와 재해 사이에 상당인과관계가 없으면 업무상 재해로 인정하지 않고 있다.

7) 산재보험법 제36조 제2항에 의거 수급권자의 청구에 따라 지급한다.

8) 수급권의 대위는 산재보험법 제89조에 의해 보험가입자가 근로자의 업무상 재해에 관하여 이법에 의한 보험급여의 지급사유와 동일한 사유로 민법이나 그 밖의 보험급여에 상당하는 금품을 미리 지급한 경우로서 그 금품이 보험급여에 대체하여 지급한 것으로 인정되는 경우에 그 수급권자의 보험급여를 받을 권리를 대위한다.

고 있다. 이 경우 장해보상급여는 제1급부터 제3급까지는 장해보상일시금으로는 선택할 수 없고 장해보상연금으로만 선택할 수 있으므로, 장해등급 제4급부터 제7급까지는 장해보상일시금과 장해보상연금의 2가지 형태에서 선택할 수 있고 제7급부터 제14급까지는 장해보상일시금의 지급방식만 있다.

나. 장해보상등급에 따른 보상수준

장해급여의 보상기준은 일시금의 경우 업무상 재해가 치유된 후 장해등급 제1급 내지 14급의[9] 장해 잔존에 대하여 장해 정도에 따라 평균임금의 1,474일분부터 55일분 상당액을 지급한다. 장해보상연금의 경우에는 업무상 재해가 치유된 후 장해등급 제1~7급 장해 잔존 시에 제1급 내지 제3급은 원칙적으로 연금을 지급하고, 제4급 내지 제7급에 대하여는 연금 또는 일시금 중 선택을 할 수 있다. 장해보상연금의 수급권자는 장해보상등급에 따라 연금의 최초 1~4년분의 2분의 1의 범위 내에서 선급금을 청구할 수 있다. 따라서 제1급 내지 제3급 장애자의 경우는 1~4년분의 2분의 1까지, 제4급 내지 제7급 장애자의 경우는 1~2년분의 2분의 1까지 청구가 가능하다. 이때 지급받는 선급금에 대해서는 대통령령이 정하는 바에 의해 이자율을 공제할 수 있다. 산재보험법 시행령 제54조에서는 선급금의 이자율을 100분의 2로 정하여 수급권자가 미리 지급받는 선급 연금액에 100분의 2를 곱한 금액을 뺀 금액을 지급하도록 규정하고 있다.[10] 장해급여는 장해등급에 따른 보상일수에 평

---

9) 산재보험법 제57조에 의한 동법 시행령 제53조 제1항 관련 별표 6 장해등급의 기준에 의한다.

균임금을 곱한 금액을 산정하여 지급한다. 산재보험의 보상기준을
임금에서 보수로 변경하는 경우 보수기준은 3개월 단위 평균보수
일액이나 1년 단위 보수일액으로 변경할 수 있다.

2. 장해급여의 보상기준에 대한 검토

가. 차액일시금제도에 대한 검토

장해보상연금을 지급받던 수급권자가 사망하는 경우에는 이미
지급받은 연금액을 지급 당시의 각각의 평균임금으로 나눈 일수의
합계가 해당 장해등급의 일시금의 일수에 미달되는 경우 그 차액
일수에 대하여 사망 당시의 평균임금을 곱한 금액을 유족에게 차
액일시금으로 지급한다. 이러한 차액 일시금 지급제도는 과거에는
수급권자가 사망한 경우에 한정하였으나, 현행법은 사망한 경우 이
외에도 대한민국 국민이었던 장해보상 연금수급권자가 국적을 상
실하고 외국에서 거주하고 있거나 외국에서 거주하기 위하여 출국
하는 경우, 대한민국 국민이 아닌 장해보상연금의 수급권자가 외국
에서 거주하기 위하여 출국하는 경우, 장해등급이 변경되어 장해보
상 연금의 지급대상에서 제외되는 경우 각각 장해보상연금수급권

---

10) 장해보상연금을 지급받는 방식에 있어서는 최초 1회 청구로 2회분부터 자동적으로 지
   급하며, 수급권자가 사망하거나, 장해보상연금을 지급받던 대한민국 국민이 국적을 상
   실하고 외국에 거주하고 있거나 외국에서 거주하기 위해 출국하는 경우, 대한민국 국
   민이 아닌 장해보상연금의 수급권자가 외국에서 거주하기 위하여 출국하는 경우, 장해
   등급이 변경되어 장해보상연금의 지급대상에서 제외되는 경우에는 수급권의 소멸로
   인하여 차액일시금이 있는 경우에만 지급하고 차액일시금이 없는 경우 소멸되는 것으
   로 현행법은 규정하고 있다.

이 소멸되는 것으로 정하였다. 이러한 경우에 장해보상연금을 받던 자에 대하여 차액일시금을 평균임금을 기준으로 산정하고 있으나, 해당금액을 평균보수일액이나 보수일액으로 변경하여 산정할 수 있다고 본다.

나. 장해보상일시금의 보상기준에 대한 검토

장해보상일시금을 새로운 보수기준으로 변경하는 경우에 3개월 단위 평균보수일액이나 1년 단위 보수일액을 기준으로 산정할 수 있다. 장해보상일시금의 경우 이러한 보수기준의 유형에 따라 보상 수준에 기존의 평균임금을 기준으로 하는 경우에 비하여 얼마나 차이가 나는지를 비교분석을 할 필요가 있다. 따라서 기존의 예시 된 [표 3 - 2]를 기준으로 하여 산정하고자 한다. 임금총액 1,940,000 원이지만 임금총액을 기준으로 평균임금으로 산정하는 것과 소득 세 기준의 보수총액을 기준으로 함에 있어서 각 장해등급별 차이 는 [표 4 - 2]와 같다.

장해등급	보상일수	평균임금기준액	보수일액기준	차액
	1일	46,333	60,493	14,160
1급	1474	68,294,842	89,166,682	**20,871,840**
2	1309	60,649,897	79,185,337	18,535,440
3	1155	53,514,615	69,869,415	16,354,800
4	1012	46,888,996	61,218,916	14,329,920
5	**869**	**40,263,377**	**52,568,417**	**12,305,040**
6	737	34,147,421	44,583,341	10,435,920
7	616	28,541,128	37,263,688	**8,722,560**
8	495	22,934,835	29,944,035	7,009,200
9	385	17,838,205	23,289,805	5,451,600
10	297	13,760,901	17,966,421	4,205,520
11	220	10,193,260	13,308,460	3,115,200
12	154	7,135,282	9,315,922	2,180,640
13	99	4,586,967	5,988,807	1,401,840
14	55	2,548,315	3,327,115	**778,800**

위의 [표 4-3]과 같이 평균임금을 기준으로 산정한 장해보상일시금의 제1급 기준은 68,294,842원이나 동일한 근로자의 보수일액을 기준으로 산정할 경우 89,166,682원이 산정되어 20,871,840원이 더 지급되므로 보수기준이 평균임금기준보다 유리하다. 장해7급을 기준으로 평균임금을 산정하면 28,541,128원이나 보수일액으로 산정할 경우 37,263,688원으로서 동일한 장해등급이라도 보수기준을 적용할 경우 8,722,560원을 더 지급받을 수 있다.

다. 장해보상연금의 보상기준에 대한 검토

재해근로자에게 지급되는 장해보상연금을 보수기준으로 변경하면 평균임금을 기준으로 산정할 때에 비해 얼마나 차이가 나며, 어느 산정기준이 유리한지 살펴볼 필요가 있다. 장해연금의 등급별 연금 기준에 대하여 평균임금과 보수일액을 기준으로 산정하면 다음과 같은 [표 4 - 4]와 같이 차액이 발생한다.

[표 4 - 4] 장해보상연금의 산정과 보상기준별 차액 비교

장해등급	보상연금	평균임금기준액	보수일액기준	차액
	1일	46,333	60,493	14,160
1급	329	15,243,557	19,902,197	**4,658,640**
2	291	13,482,903	17,603,463	4,120,560
3	257	11,907,581	15,546,701	3,639,120
4	224	10,378,592	13,550,432	3,171,840
5	193	8,942,269	11,675,149	2,732,880
6	164	7,598,612	9,920,852	2,322,240
7	138	6,393,954	8,348,034	**1,954,080**

장해보상연금의 적용에 있어서도 마찬가지 결과로서 장해등급 제1급의 경우 평균임금을 기준으로 할 경우 장해연금액은 15,243,557원이나 보수일액을 기준으로 할 경우 연간 4,658,640원을 더 지급받을 수 있다. 가장 낮은 등급인 제7급의 경우에도 연간 1,954,080원이 더 지급된다. 이러한 내용을 기초로 장해보상일시금과 장해보상연금에 대하여 평균임금과 보수일액을 기준으로 한 차액에 대한 비교표를 작성한 것이 아래 표이다.

[표 4-5] 장해급여의 종류 및 보상등급별 차액 비교

항목	종류	금액	차액	비고
3개월 단위 산정	평균임금	46,333	없음	
	평균보수일액	46,333		
1년 단위 산정	보수일액	60,493	14,160	
월급여 총액	임금기준	1,390,000	450,000	
	소득기준	1,840,000		
장해보상일시금	임금기준	40,263,377	12,305,040	5급 기준
	소득기준	52,568,417		5급 기준
장해보상연금	장해등급	임금기준	소득기준	차액
	제3급	11,907,581	15,546,701	3,639,120
	제5급	8,942,269	11,675,149	2,732,880
	제7급	6,393,954	8,348,034	1,954,080

라. 장해등급 재판정 시 보상기준에 대한 검토

장해등급에 따른 보상기준을 평균임금에서 보수기준으로 변경할 경우 보상수준이 높아진다. 따라서 장해등급 재판정제도가 도입되어 실행될 경우 적어도 2년 이상의 시차가 발생하므로 평균임금을 대체하는 보상단위를 도입할 때 평균임금을 적용하여 최초 적용받은 장해급여액은 장해등급 재판정 제도에 의해 조정된 재판정의 결과를 적용할 때 동일한 평균임금기준으로 적용될 수 있다. 최초에 장해보상연금은 평균임금으로 결정하고, 재판정 시에 다시 보수기준으로 변경된다면 보상기준의 변경에 따라 불이익한지를 둘러싸고 이의신청이 증가할 우려가 있다. 이러한 문제를 해결하기 위해서는 경과조치규정을 두거나, 유리한 보수기준을 선택할 수 있도록 조치를 할 필요가 있다.

마. 장해보상기준에 관한 개정안

장해급여의 보상기준을 보수기준으로 변경하는 경우 개정안은
다음과 같다.

현행 법령	개정안(예시)

별표 2.
 	
    장해급여표(제57조 제2항 관련)
               (평균임금기준)
이하 생략
	별표 2.
	
	    장해급여표(제57조 제2항 관련)
	              (평균보수일액기준)
	이하 생략

Ⅳ. 유족급여 보상기준의 개정안

1. 유족급여의 보상기준

가. 유족급여의 종류별 보상기준

유족급여는 근로자가 업무상의 사유로 사망한 경우에 유족에게
지급된다(산재보험법 제62조 제1항). 유족급여는 유족보상연금이나
유족보상일시금으로 평균임금의 1,300일분을 지급하되, 유족보상일
시금은 근로자가 사망할 당시 제63조 제1항에 따른 유족보상연금
을 받을 수 있는 자격이 있는 자가 없는 경우에 지급한다(같은 조
제2항). 그리고 유족보상연금을 받을 수 있는 자격이 있는 자가 원
하면 유족보상일시금의 100분의 50에 상당하는 금액을 일시금으로

지급하고 유족보상연금은 100분의 50을 감액하여 지급한다(같은 조 제3항). 그러나 유족보상연금을 받던 자가 그 수급자격을 잃은 경우 다른 수급자격자가 없고 이미 지급한 연금액을 지급 당시의 각각의 평균임금으로 나누어 산정한 일수의 합계가 1,300일에 못 미치면 그 못 미치는 일수에 수급자격 상실 당시의 평균임금을 곱하여 산정한 금액을 수급자격 상실 당시의 유족에게 일시금으로 지급한다(같은 조 제4항). 이 경우 유족보상연금의 지급 기준 및 방법, 그 밖에 필요한 사항은 대통령령으로 정한다(같은 조 제5항).

유족보상연금액은 다음의 기본금액과 가산금액을 합한 금액으로 한다. 기본금액은 급여기초연액(평균임금에 365를 곱하여 얻은 금액)의 100분의 47에 상당하는 금액을 말하며, 가산금액이란 유족보상연금수급권자 및 근로자가 사망할 당시 그 근로자와 생계를 같이하고 있던 유족보상연금수급자격자 1인당 급여기초연액의 100분의 5에 상당하는 금액의 합산 액을 말한다. 다만, 그 합산금액이 급여기초연액의 100분의 20을 넘을 때에는 급여기초연액의 100분의 20에 상당하는 금액으로 한정된다. 따라서 가산금액은 유족보상연금수급자격자가 최대 4인까지 인정된다.[11]

---

11) 일본의 경우 유족보상일시금은 급부기초일액의 1,000일분이며, 유족보상연금은 유족보상연급수급자격자가 1인인 경우 급부기초일액의 153(41%)일분(단 55세 이상의 처 또는 일정한 장해상태인 처는 175(47%)일분), 2인인 경우 급부기초일액의 201(55%)일분, 3인인 경우 급부기초일액의 223(61%)일분, 4인인 경우 급부기초일액의 245(67%)일분이다. 우리나라와 비교할 때 유족보상일시금은 우리나라가 300일분이 높으며, 연금의 경우 수급자격자가 1인인 경우에는 우리나라가 5-11%가 높으나, 최고한도인 4인인 경우에는 같은 수준이다.

나. 유족급여의 수급권

유족급여는 근로자가 업무상 사유로 사망 또는 사망으로 추정되는 경우 그 근로자가 사망할 당시 그 근로자와 생계를 같이하고 있던 유족의 생활보장을 위하여 지급하는 보험급여이다. 근로자의 업무상 사망은 업무상 사고에 의한 사망은 물론, 업무상 질병에 의한 사망과 사망으로 추정되는 경우에도 지급한다. 업무상 사망의 추정[12]은 사고가 발생한 날 또는 행방불명된 날에 사망한 것으로 추정하며, 생사가 밝혀지지 아니하였던 사람이 사고가 발생한 날 또는 행방불명된 날부터 3개월 이내에 사망한 것이 확인되었으나 그 사망 시기가 밝혀지지 아니한 경우에도 사고가 발생한 날 또는 행방불명된 날에 사망한 것으로 추정하여 유족급여를 지급한다.

유족급여는 근로자 사망 당시의 유족에게 지급되며, '유족'이란 사망한 자의 배우자(사실상 혼인 관계에 있는 자를 포함한다)·자녀·부모·손 자녀·조부모 또는 형제자매를 말한다. 유족급여는 연금지급이 원칙이며, 유족보상연금을 받을 수 있는 자격이 있는 자, 즉 유족보상연금 수급자격자는 근로자가 사망할 당시 그 근로자와 생계를 같이하고 있던 유족(그 근로자가 사망할 당시 대한민국 국민이 아닌 자로서 외국에서 거주하고 있던 유족은 제외한다)

---

12) 업무상 사망으로 추정되는 사고는 ① 선박이 침몰, 멸실 또는 행방불명되거나 항공기가 추락, 멸실 또는 행방불명된 경우에 그 선박 또는 항공기에 타고 있던 근로자의 생사가 사고가 발생한 날부터 3개월간 밝혀지지 아니한 경우, ② 항해 중의 선박 또는 항공기에 타고 있던 근로자가 행방불명되어 그 생사가 행방불명된 날부터 3개월간 밝혀지지 아니한 경우, ③ 천재·지변, 화재, 구조물 등의 붕괴, 그 밖의 각종 사고의 현장에 있던 근로자의 생사가 사고가 발생한 날부터 3개월간 밝혀지지 아니한 경우에는 사망한 것으로 추정하여 유족급여와 장의비를 지급하나, 공단은 사망의 추정으로 보험급여를 지급한 후에 그 근로자의 생존이 확인되면 그 급여를 받은 자가 선의인 경우에는 받은 금액을, 악의인 경우에는 받은 금액의 2배에 해당하는 금액을 징수하여야 한다.

중 처(사실상 혼인 관계에 있는 자를 포함한다)와 다음의 어느 하나에 해당하는 자로서, ㉠ 남편(사실상 혼인 관계에 있는 자를 포함한다.)·부모 또는 조부모로서 각각 60세 이상인 자(제1호), ㉡ 자녀 또는 손 자녀로서 각각 18세 미만인 자(제2호), ㉢ 형제자매로서 18세 미만이거나 60세 이상인 자(제3호)이다.[13] 유족보상일시금은 근로자가 사망할 당시 같은 법 제63조 제1항에 따른 유족보상연금을 받을 수 있는 자격이 있는 자가 없는 경우에 지급하며, 유족 간의 수급권의 순위는 ㉠ 근로자가 사망할 당시 그 근로자와 생계를 같이하고 있던 배우자·자녀·부모·손 자녀 및 조부모(제1호), ㉡ 근로자가 사망할 당시 그 근로자와 생계를 같이하고 있지 아니하던 배우자·자녀·부모·손 자녀 및 조부모 또는 근로자가 사망할 당시 근로자와 생계를 같이하고 있던 형제자매(제2호), ㉢ 형제자매(제3호)의 순서로 하되, 각 호의 자 사이에서는 각각 그 적힌 순서에 따른다. 이 경우 같은 순위의 수급권자가 2명 이상이면 그 유족에게 똑같이 나누어 지급한다. 그리고 부모는 양부모를 선순위로, 실부모를 후순위로 하고, 조부모는 양부모의 부모를 선순위로, 실부모의 부모를 후순위로, 부모의 양부모를 선순위로, 부모의 실부모를 후순위로 한다. 수급권자인 유족이 사망한 경우 그 보

---

13) 유족보상연금 수급자격자인 유족이 사망한 경우, 재혼한 때(사망한 근로자의 배우자만 해당하며, 재혼에는 사실상 혼인 관계에 있는 경우를 포함한다), 사망한 근로자와의 친족 관계가 끝난 경우, 자녀·손 자녀 또는 형제자매가 18세가 된 경우, 같은 법 제 63조 제1항 제4호에 따른 장애인이었던 자로서 그 장애 상태가 해소된 경우, 근로자가 사망할 당시 대한민국 국민이었던 유족보상연금 수급자격자가 국적을 상실하고 외국에서 거주하고 있거나 외국에서 거주하기 위하여 출국하는 경우, 대한민국 국민이 아닌 유족보상연금 수급자격자가 외국에서 거주하기 위하여 출국하는 경우에는 유족보상연금 수급자격을 잃게 되며, 이때 유족보상연금을 받을 권리는 같은 순위자가 있으면 같은 순위자에게, 같은 순위자가 없으면 다음 순위자에게 이전된다.

험급여는 같은 순위자가 있으면 같은 순위자에게, 같은 순위자가 없으면 다음 순위자에게 지급한다. 그리고 근로자가 유언으로 보험급여를 받을 유족을 지정하면 법령에서 정한 순위에 관계없이 유언으로 정한 지정에 따른다.

2. 유족급여 보상기준의 검토

가. 유족급여에 관한 다른 법률과의 비교

(1) 국민연금법의 보상기준과의 비교

국민연금법의 유족연금액은 사망자의 가입 기간에 따라 기본연금액의 일정률에 부양가족연금액이 더해져 매월 연금으로 지급된다. 가입 기간이 10년 미만이면 기본연금액의 1천분의 400에 해당하는 금액, 가입 기간이 10년 이상 20년 미만이면 기본연금액의 1천분의 500에 해당하는 금액, 가입 기간이 20년 이상이면 기본연금액의 1천 분의 600에 해당하는 금액에 각각 부양가족연금액을 더한 금액으로 한다.[14] 다만, 노령연금 수급권자가 사망한 경우의 유족연금액은 사망한 자가 지급받던 노령연금액을 초과할 수 없다(국민연금법 제74조). 국민연금의 유족연금 지급사유는 ㉠ 노령연

---

14) 공무원연금의 경우 유족연금에 대한 보상수준을 살펴보면 다음과 같다.

【가입기간별 유족연금액】

10년 미만	10년 이상~20년 미만	20년 이상
기본연금액의 40% ＋부양가족연금액	기본연금액의 50% ＋부양가족연금액	기본연금액의 60% ＋부양가족연금액

※ 다만. 노령연금수급권자의 사망으로 인한 유족연금액은 사망한 자가 지급받던 노령연금액을 초과할 수 없음

금 수급권자, ㉡ 가입 기간이 10년 이상인 가입자였던 자, ㉢ 가입자, ㉣ 장애등급이 2급 이상인 장애연금 수급권자가 사망하면 그 유족에게 유족연금을 지급한다. 다만, 가입 기간이 1년 미만인 가입자가 질병이나 부상으로 사망하면 가입 중에 생긴 질병이나 부상으로 사망한 경우에만 유족연금을 지급한다. 그리고 가입 기간이 10년 미만인 가입자였던 자가 가입 중에 생긴 질병이나 부상 또는 그 부상으로 생긴 질병으로 가입 중의 초진일 또는 가입자 자격을 상실한 후 1년 이내의 초진 일부터 2년 이내에 사망하면 그 유족에게 유족연금을 지급할 수 있다. 다만, 본인이나 유족이 반환일시금을 지급받은 경우에는 유족연금을 지급하지 아니한다(같은 법 제72조). 따라서 국민연금 유족연금은 근로자의 업무상 사망에 의한 산재보험의 유족급여와 보상수준을 직접 비교하기는 어렵다.

(2) 공무원연금법의 보상기준과의 비교

공무원연금법 제61조는 공무원이 공무상 질병 또는 부상으로 인하여 재직 중에 사망하거나, 퇴직 후 3년[15] 이내에 그 질병 또는

【 유족연금 예상월액 】

(단위: 원)

등급	가입기간 중 평균소득월액(B값)	연금보험료	가 입 기 간		
			10년 미만	10년~20년	20년
25	1,210,000	108,900	169,730	228,350	281,310
30	1,660,000	149,400	196,730	262,100	321,810
35	2,190,000	197,100	228,530	301,850	369,510
45	3,600,000	324,000	313,130	407,600	496,410

- 2007년도에 지급사유가 발생한 것으로 가정하여 현재의 'A'값(2007년도 1,618,914원)을 적용하였으며, 실제 연금수급월액은 연금수급당시의 'A'값 및 재평가율로 산정함(가입 기간 20년 초과 시 유족연금액 증가)
※ 10년 미만은 2003년~2007년(5년), 10년~20년 미만은 1993년~2007년(15년), 20년은 1988년~2007년(20년)에 가입한 것으로 가정하여 연금액 산정(국민연금공단, 『알기 쉬운 국민연금』, 2008, 145면).

15) 퇴직 후 3년이 지나서 사망한 경우에는 공무와 인과관계가 없는 것으로 보아 지급하지 않는 것으로 본다(최재식, 『공무원연금법 해설』, 공무원연금관리공단, 2001, 256면).

부상으로 인하여 사망한 때에는 그 유족에게 공무원 또는 공무원
이었던 자의 보수월액의 36배에 상당하는 금액의 유족보상금을 지
급하도록 규정하고 있다. 이는 사용자인 국가 또는 지방자치단체가
공무원의 고용과정에서 발생한 공무상 사망에 대한 재해 보상적
차원에서 지급하는 급여이다.[16]

보상기준은 보수월액을 기준으로 산정한다. 여기서 '보수월액'이
라 함은 공무원의 종류 및 급별에 따라 지급되는 월급여액으로서
봉급과 기말수당의 연지급 합계액을 12개월로 평균한 금액과 공무
원의 근속연수에 따라 지급되는 정근수당(가산금 중 추가가산금을
제외한다)의 연지급 합계액을 12개월로 평균한 금액을 합한 금액을
말한다. 그리고 연봉을 받는 공무원의 보수월액은 공무원의 종류
및 급별 등을 고려하여 대통령령이 정하는 금액을 말한다(같은 법
제3조 제1항 제4호). 그러나 장해보상금을 받았거나 장해연금을 받
던 자가 그 질병 또는 부상으로 인하여 사망한 경우에는 같은 법
제61조 제2항의 규정에 의한 유족보상금의 금액에서 이미 지급된
장해연금 또는 장해보상금의 금액을 공제하고 이를 지급한다(같은
법 시행령 제51조). 이는 같은 법 제45조 제1항의 "장해급여 또는
유족보상금과 다른 장기급여는 이를 병급한다."는 규정을 두기 때
문이다. 그러나 산재보험법에는 이러한 규정을 두고 있지 않다.

이것은 장해급여 또는 유족보상금의 지급사유와 다른 장기급여
의 지급사유가 같이 있는 경우에는 두 가지 급여를 모두 지급하지
만,[17] 같은 재해보상급여인 장해급여와 유족보상금은 병급을 인정

---

16) 최재식, 전게서, 256면.
17) 최재식, 전게서, 203면.

하지 않고 급여 상호 간에 조정한다는 것이다.[18] 공무원연금법은 다른 연금제도가 잘 구비되어 공무원의 공무상 사망에 대한 유족보상연금제도는 두고 있지 않고,[19] 다만, 공무원이 공무상 질병 또는 부상으로 인하여 재직 중에 사망하거나, 퇴직 후 3년[20] 이내에 그 질병 또는 부상으로 인하여 사망한 때에는 그 유족에게 공무원 또는 공무원이었던 자의 보수월액의 36배에 상당하는 금액의 유족보상금을 지급하고 있어, 연금지급 원칙인 산재보험법의 유족급여와 보상수준을 직접 비교하기가 어렵다. 그러나 공무원연금의 경우에는 그 유족에게 공무원 또는 공무원이었던 자의 보수월액의 36배(일액으로 환산하면 1,080일 분)에 상당하는 금액을 지급하고 있어, 공무원 또는 공무원이었던 자의 보수월액과 산재보험법의 근로자의 평균임금의 30일분의 수준이 동일한 수준이라고 본다면 평균임금의 1,300일분을 지급하는 산재보험의 유족보상일시금보다는 그 금액이 220일분이 적은 수준이다.

나. 산재보험법의 유족급여 보상기준에 대한 검토

현행 산재보험법에서 규정하고 있는 유족급여를 산정하는 경우 기초자료는 [표 3 - 3]에 의한다. 이 경우 유족급여를 산정하는 경우 어느 보상기준이 유리한지를 판단하기 위하여 평균임금이나 평균보수일액을 기준으로 산정한 유족급여액과 보수일액을 기준으로

---

18) 최재식, 전게서, 257면.

19) 사립학교교직원연금법의 사립학교교직원의 직무상 사망에 대한 재해보상은 공무원연금법상의 재해보상규정을 준용하도록 규정하고 있다(같은 법 제42조).

20) 퇴직 후 3년이 지나서 사망한 경우에는 공무와 인과관계가 없는 것으로 보아 지급하지 않는 것으로 본다(최재식, 『공무원연금법 해설』, 256면).

산정한 유족급여액을 산정하여 비교하고자 한다. 유족보상일시금의 경우 평균임금기준보다 보수일액기준으로 산정하는 것이 18,408,000원을 더 지급받게 된다. 그리고 유족보상연금의 경우에도 보수일액을 기준으로 산정할 경우가 현행 평균임금을 기준으로 산정하는 경우보다 수급자격자가 1인인 경우에는 2,687,567원, 수급자격자가 2인인 경우에는 2,945,988원, 수급자격자가 3인인 경우에는 3,204,408원, 수급자격자가 4인인 경우에는 3,462,827원을 더 지급받게 된다. 이를 비교하면 각각 다음의 [표 4 - 6]과 같다.

[표 4 - 6] 유족보상일시금의 차액비교

항목	종류	금액(원)	차액	비고
3개월 단위 산정	평균임금	46,333	없음	
	평균보수일액	46,333		
1년 단위 산정	보수일액	60,493	14,160	
월급여 총액	임금기준	1,390,000	450,000	
	소득기준	1,840,000		
유족보상일시금	임금기준	60,232,900	18,408,000	1,300일분
	소득기준	78,640,900		
유족보상연금	가산기준	임금기준	소득기준	차액
	1인(52%)	8,794,003	11,481,571	2,687,567
	2인(57%)	9,639,580	12,585,568	2,945,988
	3인(62%)	10,485,157	13,689,565	3,204,408
	4인(67%)	11,330,735	14,793,563	3,462,827

다. 유족급여 보상기준의 개선안

유족급여를 산정기준은 평균임금을 기준으로 하므로, 이 경우 평균임금을 3개월 단위로 산정한 평균보수일액이나 1년 단위로 산정한 보수일액으로 변경하여 산정할 수 있다. 유족연금은 기본연금과 가산연금으로 구분하고, 기본연금은 평균임금에 365를 곱하여 얻은 금액을 급여기초연액으로 산정하고 있다. 여기서 급여기초연액을 산정할 때 평균임금에 가늠하여 평균보수일액이나 보수일액으로 변경하여 산정할 수 있다.

현행 규정	개정안
[별표 3] 유족급여(제62조 제2항 관련)	
유족급여의 종류	유족급여의 금액	유족급여의 금액
유족보상 연금	유족보상연금액은 다음의 기본금액과 가산금액을 합한 금액으로 한다. 1. 기본금액 급여기초연액(평균임금에 365를 곱하여 얻은 금액)의 100분의 47에 상당하는 금액 2. 가산금액 유족보상연금수급권자 및 근로자가 사망할 당시 그 근로자와 생계를 같이하고 있던 유족보상연금수급자격자 1인당 급여기초연액의 100분의 5에 상당하는 금액의 합산 액. 다만, 그 합산금액이 급여기초연액의 100분의 20을 넘을 때에는 급여기초연액의 100분의 20에 상당하는 금액으로 한다.	유족보상연금액은 다음의 기본금액과 가산금액을 합한 금액으로 한다. 1. 기본금액 급여기초연액(평균보수일액에 365를 곱하여 얻은 금액)의 100분의 47에 상당하는 금액 2. 가산금액 유족보상연금수급권자 및 근로자가 사망할 당시 그 근로자와 생계를 같이하고 있던 유족보상연금수급자격자 1인당 급여기초연액의 100분의 5에 상당하는 금액의 합산 액. 다만, 그 합산금액이 급여기초연액의 100분의 20을 넘을 때에는 급여기초연액의 100분의 20에 상당하는 금액으로 한다.
유족보상 일시금	평균임금의 1,300일분	평균보수일액의 1,300일분

Ⅴ. 장의비 보상기준의 개정안

1. 장의비의 보상기준

가. 장의비 보상기준

장의비란 근로자가 사망한 경우에 장제를 실행하는 데 필요한 비용을 지급하는 보험급여를 말한다. 산재보험법 제71조 제1항의 규정에 의하면, "장의비는 근로자가 업무상의 사유로 사망한 경우에 지급하되, 평균임금의 120일분에 상당하는 금액을 그 장제(葬祭)를 지낸 유족에게 지급한다. 다만, 장제를 지낼 유족이 없거나 그 밖에 부득이한 사유로 유족이 아닌 자가 장제를 지낸 경우에는 평균임금의 120일분에 상당하는 금액의 범위에서 실제 드는 비용을 그 장제를 지낸 자에게 지급한다."고 규정하고 있다. 장의비가 대통령령으로 정하는 바에 따라 노동부장관이 고시하는 최고금액을 초과하거나 최저금액에 미달하면 그 최고금액 또는 최저금액을 각각 장의비로 한다(같은 조 제2항). 산재보험법 시행령 제66조의 규정에 의하면, 장의비의 최고금액은 전년도 장의비 수급권자에게 지급된 1인당 평균 장의비 90일분에다 같은 법 제36조 제7항에 따른 최고 보상기준금액의 30일분을 더하여 산정하며, 장의비 최저금액은 전년도 장의비 수급권자에게 지급된 1인당 평균 장의비 90일분에다 같은 법 제36조 제7항에 따른 최저 보상기준금액의 30일분을 더하여 산정한다. 이 경우 장의비 최고금액 및 최저금액을 산정할 때 10원 미만은 버리며, 장의비 최고금액 및 최저금액의 적용 기간은 다음 연도 1월 1일부터 12월 31일까지로 한다.

나. 장의비의 법적 성격과 수급권자

산재보험법은 근로자가 업무상 사유로 사망한 경우 그 장제에 사용할 수 있도록 장의비를 지급한다. 장의비는 손실된 소득을 보전하는 소득보장급여가 아니라 장제를 실행하는 데 소요되는 실비를 변상하는 보험급여[21]로서, 민사상 손해배상 영역의 적극적 손해의 영역에 속하며,[22] 조의금이나 위문금 또는 위자료와도 그 성격이 다르다.[23] 장제라 함은 시체를 매장 또는 화장뿐만 아니라 고인을 추모하기 위한 의식도 포함한다. 따라서 고인을 추모하기 위한 위령제,[24] 초혼제[25] 등과 같이 장의비의 성격에 비추어 실제로 장제를 치르거나 이에 갈음하는 장제 의식을 갖추었다면 장의비가 지급되어야 할 것이다. 그러나 사망의 추정 또는 가족관계의 등록 등에 관한 법률 제87조의 재난 등의 사망에 의하여 아무런 장제를 행하지 아니하였다면 장의비를 지급하지 아니하여도 위법하다고 할 수는 없을 것이다.[26]

장의비는 근로자가 업무상의 사유로 사망한 경우에 그 사망 근로자의 장제를 지낸 유족에게 지급하며, 장제를 지낼 유족이 없거

---

21) 이상국, 「산업재해보상보험법」, 552면.
22) 근로복지공단, 「사이버 직무교육교재 산재보험보상」, 2004, 139면.
23) 대판 1981. 10. 13. 80다2928.
24) 이상국, 전게서, 552면, 1970. 10. 14. 관리 9726.
25) 강길봉・허영표, 「실무산재보험법(하)」, 법정사, 1991, 97면.
26) 이상국, 전게서, 552면.

나 그 밖에 부득이한 사유로 유족이 아닌 자가 장제를 지낸 경우에
는 그 장제를 지낸 자에게도 지급한다. 따라서 장의비의 수급권자
는 반드시 유족만 되는 것은 아니라 할 것이다. 유족이 아닌 자가
장제를 실행한 경우 그 장제 실행자의 장의비 청구권은 장제실행
자가 가지는 고유한 수급권이라 할 것이며, 사망근로자의 유족으로
부터 동 수급권이 이전 기타 승계되었다고 할 수도 없을 것이다.[27]
따라서 근로자가 업무상 사망으로 유족이 없는 경우에는 유족급여
는 지급되지 않아도 장의비는 지급될 수 있다.[28]

2. 장의비 보상기준의 검토

가. 장의비의 지급수준에 대한 검토

산재보험법을 제외한 다른 사회보험에서 재해보상적 성격의 급
여 여부를 불문하고 장의비를 규정하고 있는 경우는 국민건강보험
법 제45조의 임의급여로서의 장제비를 제외하고는 그 입법례를 찾
기가 어렵다. 그러나 대부분의 국가에서는 산재보험에서 근로자의
업무상 사망에 대한 장의비를 지급하고 있으며, 일부 국가에서는
유족이 없는 경우에만 지급하는 국가도 있다.[29] 독일의 경우는 장
의비(Sterbgeld)는 근로자 사망시점의 표준소득(Bezu－gsgrosse)의

---

27) 황운희, 『미지급 사회보험급여 연구(산재보험을 중심으로)』, 한국학술정보(주), 2008,
140면.
28) 황운희, 『산업재해보상보험 미지급보험급여의 상속법리에 관한 연구』, 아주대학교대학
원 박사학위논문, 2007, 115면.
29) 근로복지공단, 『각국 근로자 보상제도의 비교』, 1997, 105면.

1/7이 유족에게 지급된다(제64조 제1항). 근로자가 자신의 거주지 밖에서 사망하였을 경우 산재보험에서 장례식장까지의 수송비를 추가로 부담한다(같은 조 제2항).

장의비는 장의비를 집행하여 장의비용이 발생하는 유가족에게 지급한다(같은 제3항).[30] 미국의 워싱턴 주의 경우 장례비는 고용안정기금에 의해 매년 결정되는 주 월평균임금의 200%까지 지급된다.[31] 일본의 경우는 장의비를 315,000엔에 급부기초일액의 30일분을 더한 액이지만, 이 금액이 급부기초일액의 60일분에 미치지 못하는 경우는 급부기초일액의 60일분을 지급한다.[32] 프랑스의 경우도 근로자의 업무상 사망의 경우에 유족급여 이외의 장의비를 실비의 범위 내에서 부령이 정하는 상한선의 범위 내에서 지급하며,[33] 스위스의 경우 최고 2,051스위스 프랑을 일시불로 지급한다.[34]

우리나라를 비롯한 세계 여러 나라에서 근로자의 업무상 사망에 대하여 장의비를 지급하고 있으나, 그 보상수준은 정액지급제[35] 또는 임금에 기초한 정율지급제, 그리고 정액지급방식과 정률지급방식을 함께 사용하는 경우가 있다.[36] 이를 비교하면 [표 4 - 7][37]과 같다.

---

30) 이현주 외 5인, 『주요국이 산재보험 급여체계 비교연구』, 한국노동연구원, 2003, 65면.

31) 이현주 외 5인, 전게서, 120면.

32) 이현주 외 5인, 전게서, 204면; 근로복지공단 홈페이지(http://www.welco.or.kr/), 노동보험연구원 - 외국의 산재보험제도.

33) 심창학, 『프랑스 산재보험제도 연구』, 한국노동연구원, 2003, 65 - 66면.

34) 근로복지공단 홈페이지(http://www.welco.or.kr/), 노동보험연구원 - 외국의 산재보험제도.

35) 장의비는 실비변상적 급여이므로 실제 소요된 비용을 정액화하여 소득수준에 따른 영향을 받지 않도록 개정하자는 주장도 있다(이현주 외 5인, 전게서, 321면).

36) 이현주 외 5인, 전게서, 321면.

37) 이현주 외 5인, 전게서, 319면 <표 5 - 25>를 참조하여 작성.

[표 4-7] 장의비 지급수준의 국가별 비교

독일	미국 워싱턴 주	일본	프랑스	스위스	한국 (2008년 기준)
- 사망시점의 표준소득의 1/7 - 장례식장까 지의 수송비	- 주에서 공포한 월평균임금의 200%	- 315,000엔 +급부기초일 액의 30일분 - 최저금액 급 부기초일액 의 60일분	- 실비의 범위 내에서 부령 이 정하는 상 한선의 범위 내에서 지급	- 최고 2,051 스위스 프랑	- 평 균 임 금 의 120일분 - 최고금액 : 11,531,470원 - 최저금액 : 8,222,860원

우리나라의 산재보험법은 장의비의 보상기준을 평균임금으로 산정하고 있다. 이 경우 장의비를 평균보수일액이나 보수일액으로 산정하여 비교하면 [표 4-8]과 같다. 산정결과에 의하면, 보수일액으로 산정하는 것이 11,699,200원을 더 지급받게 되어 수급권자에게는 유리하다.

[표 4-8] 장의비 보상기준의 차액 비교

항목	종류	금액(원)	차액	비고
3개월 단위 산정	평균임금	46,333	없음	
	평균보수일액	46,333		
1년 단위 산정	보수일액	60,493	14,160	
월급여 총액	임금기준	1,390,000	450,000	
	소득기준	1,840,000		
장의비	임금기준	5,559,960	1,699,200	장의비(120일분 기준)
	소득기준	7,259,160		

나. 장의비 보상기준의 개선안

현행규정	개정안
제71조(장의비) ① 장의비는 근로자가 업무상의 사유로 사망한 경우에 지급하되, <u>평균임금</u>의 120일분에 상당하는 금액을 그 장제(장제)를 지낸 유족에게 지급한다. 다만, 장제를 지낼 유족이 없거나 그 밖에 부득이한 사유로 유족이 아닌 자가 장제를 지낸 경우에는 <u>평균임금</u>의 120일분에 상당하는 금액의 범위에서 실제 드는 비용을 그 장제를 지낸 자에게 지급한다. ② ……〈이하 생략〉	제71조(장의비) ① 장의비는 근로자가 업무상의 사유로 사망한 경우에 지급하되, <u>평균보수일액</u>의 120일분에 상당하는 금액을 그 장제(장제)를 지낸 유족에게 지급한다. 다만, 장제를 지낼 유족이 없거나 그 밖에 부득이한 사유로 유족이 아닌 자가 장제를 지낸 경우에는 <u>평균보수일액</u>의 120일분에 상당하는 금액의 범위에서 실제 드는 비용을 그 장제를 지낸 자에게 지급한다. ② ……〈이하 생략〉

Ⅵ. 제도변경에 따른 기존수급권자에 대한 조치방안

1. 경과조치규정의 필요성에 대한 검토

산재보험법에서 보상기준을 임금에서 보수로 변경하는 경우에는 이에 따른 각종 보험급여가 재해 근로자나 그 유족에게 유리한지, 불리한지를 고려하여 경과조치규정을 마련할 필요가 있다. 또한 산재보험법의 법률, 시행령, 시행규정의 개정이 필요한지, 관련 용어를 변경하여 언제부터 사용할 수 있는지, 그 시행을 일정 시기로 유예할 사정이 있는지를 고려하여 경과조치규정의 필요성에 대하여 다음과 같이 검토할 필요가 있다.

첫째, 산재보험의 보상기준을 임금에서 보수로 변경하는 경우 적어도 현재보다는 유리한 보상수준으로 지급할 수 있다고 판단되므로 이에 관한 관점에서는 경과조치규정이 필요 없다고 볼 것이다.

둘째, 평균임금을 다른 용어로 대체하는 경우에는 산정방법, 관련 용어의 이해 등에 필요한 일정한 시기를 부여할 필요성도 그다지 필요하지 않을 것으로 보인다.

셋째, 휴업급여의 보상수준은 별다른 불이익이 있을 것으로 보이지 않는다. 따라서 요양으로 인한 휴업급여, 재요양으로 인한 휴업급여, 일부취업으로 인한 부분휴업급여에 있어서 휴업급여의 보상수준과 관련하여 경과조치규정이 필요하지 않을 것으로 판단된다.

넷째, 장해급여가 일시금의 경우에는 재해 당시의 보상기준과 연말정산 후 소득확정에 따른 보상수준의 결정에 따라 추가보상을 해야 할 필요성이 있으므로 이에 관한 법적 근거가 필요하다. 이러한 문제점을 해결하기 위해서는 일정한 기간까지 유예하여 가지급하거나 정정보상청구, 추가보상청구를 위한 법적 근거를 입법화할 필요가 있다. 또한 장해연금을 수령하는 자에 대하여 장해등급을 재판정하는 경우 기존의 수급권자에 대하여는 불이익이 없도록 할 필요가 있다. 장해재판정으로 인하여 종래보다 낮은 장해등급을 결정할 여지가 있기 때문이다. 또한 장해보상연금을 결정받은 근로자가 재판정을 받는 경우에 처음에 평균임금을 기준으로 보상기준이 결정되었다면, 재판정 시에도 이를 기준으로 보상기준을 결정할 것인지 문제가 된다. 이에 대한 경과조치규정이 필요하다.

다섯째, 유족급여나 장의비를 지급하는 경우에는 특히 주목해야 할 사항은 유족연금에 대한 법 적용문제이다. 이 법을 개정하여 시행하는 경우에도 경과조치규정은 필요가 없을 것으로 판단된다. 유족급여를 재해 당시에 보수기준으로 지급하더라도 기득권을 침해

하는 문제는 발생하지 않기 때문이다.

여섯째, 간병비는 보수를 기준으로 결정하는 것이 아니라 노동부 고시로 결정하여 지급하는 것이므로 보상기준의 변경에 따른 불이익이나 기득권의 침해문제는 발생하지 않는다. 따라서 경과조치규정을 둘 필요성이 없다.

2. 제도보완이 필요한 사항의 검토

가. 가지급보험급여의 법적 근거에 관한 사항

근로자가 연도 도중에 재해를 당하였으나, 소득세법에 의한 연말확정 시기에 해당되지 아니하기 때문에 직전연도의 소득이 없어 소득금액을 확정하기가 곤란할 수 있다. 이와 같이 소득을 확정할 수 없는 상태에서 임시적으로 사업주가 원천 징수한 자료에 근거하여 보상수준을 결정할 수 있도록 하기 위한 법적 근거를 마련하기 위한 것이다. 이 경우 근로복지공단은 사업주가 제시한 원천징수자료를 근거로 보험급여를 가지급할 것을 결정한다. 이때 공단은 재해근로자나 그 유족이 가지급 보험급여를 받은 후 정당한 사유 없이 연말정산 시기가 지난 이후에도 신청하지 아니한 경우에는 보수일액을 확정할 수 있도록 하는 장치도 필요하다.[38] 유의해야 할 점은 상기 가지급금의 결정은 명확한 소득을 산정하기 곤란한

---

38) 수급권에 대한 제한의 논란여지가 있을 것이나, 정정신청을 할 수 있도록 하는 경우에는 기한을 정하지 아니하되, 3년 시효에 걸리는 경우에는 이에 따른 처리가 가능하다고 본다.

시기를 고려한 제도이며, 소득이 불명확하여 산정이 곤란한 경우와 구별할 필요가 있다는 것이다. 상병보상연금은 이미 휴업급여를 결정할 당시에 보상수준이 결정되기 때문에 가지급보험급여의 대상에서 제외할 필요가 있다.

현행규정	개정안
신설	**제〇〇조(보험급여의 가지급)** ① 사업주 또는 재해근로자나 그 유족은 근로소득을 확정하기 곤란한 사유가 발생한 경우에는 사업주의 갑종근로소득원천징수자료(이하 '원천징수자료'라 한다)를 근거로 근로자의 업무상 재해로 인한 보험급여를 신청할 수 있다. ② 제1항에 의하여 공단은 사업주가 제시한 원천징수자료를 근거로 보험급여를 가지급할 수 있다. ③ 공단은 재해근로자나 그 유족이 제1항에 의한 가지급 보험급여(상병보상연금은 제외한다)를 받은 후 정당한 사유 없이 연말정산 시기가 지난 이후에도 신청하지 아니한 경우에는 보수일액을 확정할 수 있다.

나. 보상기준의 확정에 따른 정정신청에 관한 사항

근로자의 재해 당시를 기준으로 보상수준을 임시로 결정하여 가지급을 한 이후 연말정산을 한 경우, 차액이 발생하였음이 증명되는 경우에 비로소 보수정정신청을 받아 보상수준액을 확정하고 그 차액분을 지급하도록 하기 위한 법적 근거를 마련하기 위한 것이다. 사업주 또는 재해근로자나 그 유족은 근로소득에 대하여 연말정산을 한 후 소득금액의 차액이 발생한 경우에는 그 납입증명을 근거로 공단에 보수일액의 정정신청을 할 수 있다. 공단은 이러한 정정신청이 있는 경우에는 보수일액을 정정하고 그 차액을 지급하여야 한다.

현행규정	개정안
신설	**제○○조(보수일액의 정정신청)** ①사업주 또는 재해근로자나 그 유족은 근로소득에 대하여 연말정산을 한 후 소득금액의 차액이 발생한 경우에는 그 납입증명을 근거로 공단에 보수일액의 정정신청을 할 수 있다. ②공단은 제1항에 의한 정정신청이 있는 경우에는 보수일액을 정정하고 그 차액을 지급하여야 한다.

다. 가지급 보험급여의 차액청구에 관한 규정

이 규정은 재해근로자나 그 유족이 재해 당시를 기준으로 보수일액을 결정하여 '가지급 보험급여'를 수령한 후 차기연도에 연말정산을 한 결과 보수차액이 발생한 경우에 보수정정신청을 거쳐 보수차액을 청구할 수 있는 법적 근거를 마련하기 위한 것이다.

현행규정	개정안
신설	**제○○조(보험급여의 차액청구)** ①재해근로자나 그 유족은 가지급보험급여를 받은 후 연말정산을 한 결과 소득금액의 차액이 발생한 경우에는 공단에 보험급여의 차액청구를 할 수 있다. ②공단은 제1항에 의한 차액청구가 있는 경우에는 보수일액을 정정하고 그 차액을 지급하여야 한다.

Ⅶ. 근로기준법상 재해보상기준과의 관계

1. 재해보상에 관한 기준

가. 근로기준법에 의한 재해보상기준

근로기준법에서는 근로자가 업무상 재해를 당한 경우에 사업주가 개별책임방식으로 재해보상을 하고 있다. 재해보상의 종류에 대하여는 근로기준법 제78조(요양보상), 제79조(휴업보상), 제80조(장해보상), 제82조(장해보상), 제83조(장의비)를 정하고 있다. 이 외에 근로기준법에서 독특한 보상방식으로 법 제84조(일시보상), 제85조(분할보상)를 규정하고 있다. 근로기준법 제78조 제1항에 의하면, 요양보상은 근로자가 업무상 부상 또는 질병에 걸리면 사용자가 그 비용으로 필요한 요양을 행하거나 필요한 요양비를 부담하도록 하고 있다. 이러한 요양보상은 산재보험법상 업무상 부상이나 질병에 대한 요건은 동일하고 의료서비스 급부를 의미하는 현물급여를 주로 대상으로 한다는 점에서 공통적이다. 그러나 산재보험법은 4일 이상의 요양을 요구하는 경우에 인정된다는 점에서 차이가 난다.[39]

휴업급여는 근로기준법 제79조 제1항에서 "사용자가 법 제78조에 의한 요양 중에 있는 근로자에게 그 근로자의 요양 중 평균임금의 100분의 60의 휴업보상을 하여야 한다."고 규정하고 있다. 이 경우 휴업보상을 받을 기간에 그 보상을 받을 자가 임금의 일부를

---

[39] 근로기준법상 요양급여나 산재보험법상 요양급여는 유사성이 있으나, 평균임금을 기준으로 하는 보상방식이 아니므로 본 연구의 대상에서 제외한다.

받은 경우에는 사용자는 평균임금에서 그 지급받은 금액을 뺀 금액의 100분의 60의 휴업보상을 하여야 한다(같은 조 제2항). 장해보상에 대하여는 근로기준법 제80조 제1항에서 "근로자가 업무상 부상 또는 질병에 걸리고, 완치된 후 신체에 장해가 있으면 사용자는 그 장해 정도에 따라 평균임금에 별표에서 정한 일수를 곱한 금액의 장해보상을 하여야 한다."고 규정하고 있다. 이미 신체에 장해가 있는 자가 부상 또는 질병으로 인하여 같은 부위에 장해가 더 심해진 경우에 그 장해에 대한 장해보상 금액은 장해정도가 더 심해진 장해등급에 해당하는 장해보상의 일수에서 기존의 장해등급에 해당하는 장해보상의 일수를 뺀 일수에 보상청구사유 발생 당시의 평균임금을 곱하여 산정한 금액으로 한다(같은 조 제2항).

유족보상에 대하여는 근로기준법 제82조 제1항에서 "근로자가 업무상 사망한 경우 사용자는 근로자가 사망한 후 지체 없이 그 유족에게 평균임금 1,000일분의 유족보상을 하여야 한다."고 규정하고 있다. 이 경우 유족의 범위, 유족보상의 순위 및 보상을 받기로 확정된 자가 사망한 경우의 유족보상의 순위는 대통령령으로 정한다(같은 조 제2항). 장의비에 대하여는 근로기준법 제83조에서 "근로자가 업무상 사망한 경우 사용자는 근로자가 사망한 후 지체 없이 평균임금 90일분의 장의비를 지급하여야 한다."고 규정하고 있다.

나. 근로기준법에 의한 재해보상수준

근로기준법에 의한 재해보상은 사용자가 업무상 부상 또는 질병, 사망에 대하여 임금을 기준으로 평균임금을 산정하여 지급한다. 이 경우 평균임금을 산정하는 방법은 재해 당일을 기준으로 소급하여 3개월 단위를 기준으로 산정하는 방식이다. 평균임금을 사정하는 방법은 근로기준법 제2조 제6호에서 정하는 정의에 따른다. 따라서 평균임금을 산정하여야 할 사유가 발생한 날 이전 3개월 동안에 지급된 임금총액을 그 기간의 총일수로 나눈 금액을 말한다.[40]

근로기준법에 의한 재해보상은 무과실 책임주의에 따르고 평균임금을 기준으로 정액보상을 하며, 사업주가 개인의 재산을 담보로 직접 지급하는 개별책임방식을 채택하고 있다. 따라서 사용자가 재

---

40) 일본에서 노재보험의 급여는 요양보상급여, 개호보상급여 및 장제비의 정액부분을 제외한 급여는 기초일액으로 산정된다. 급여기초일액은 원칙적으로 재해가 발생한 날 또는 진단에 의하여 질병발생이 확정된 날 이전 3개월간의 총임금을 그 기간의 총일수로 나눈 금액, 즉 노동기준법 제12조의 평균임금에서 엔 미만의 단수를 절상한 것으로 말한다. 평균임금에 대하여는 노동기준법 제12조에서 규정하고 있는 내용을 소개하면 다음과 같다. 노동기준법 제12조 ① 이 법률에서 평균임금이라 함은 이를 산정하여야 할 사유가 발생한 날 이전 3개월간 그 근로자에 대하여 지불된 임금의 총액을 그 기간의 총일수로 나눈 금액을 말한다. 다만, 그 금액이 (1) 임금이 근로한 날 또는 시간에 의하여 산정되거나 성과급 임금지급제 그 밖의 도급제에 의하여 정하여지는 경우, 임금의 총액을 그 기간 중에 근로한 일수로 나눈 금액의 100분의 60(제1호), (2) 임금의 일부가 월, 주 그 밖의 일정한 기간에 의하여 정하여지는 경우, 그 부분의 총액을 그 기간의 총일수로 나눈 금액과 전호의 금액의 합산 액(제2호)의 1에 의하여 계산한 금액을 하회하여서는 아니 된다. ② 전항의 기간은 임금 마감일이 있는 경우 직전의 임금 마감일부터 기산한다. ③ 제1항과 제2항에서 규정한 기간 중 (1) 업무상 부상 또는 질병에 관련되어 요양을 위하여 휴업한 기간, (2) 산전·산후의 여성이 제65조의 규정에 의하여 휴업한 기간, (3) 사용자의 귀책사유에 의하여 휴업한 기간, (4) 육아휴직, 개호휴업 등 육아 또는 가족개호를 행하는 근로자의 복지에 관한 법률(1991년 법률 제76호) 제2조 제1호에서 규정하는 육아휴직 또는 동 제2호에서 규정하는 개호휴업(동법 제61조 제3항(동조 제6항 및 제7항에서 준용하는 경우를 포함)에서 규정하는 개호를 하기 위하여 휴업을 포함한다. 제39조 제7항도 동일)을 한 기간, (5) 시용 기간에 해당한 기간이 있는 경우에는 그 일수 및 그 기간 중의 임금은 전 2항의 기간 및 임금의 총액에서 각각 뺀다. ④ 제1항의 임금 총액에는 임시로 지불되는 임금 및 3개월을 초과한 기간마다 지불된 임금 및 통화 이외의 것으로 지불된 임금으로 일정한 범위에 속하지 아니한 것은 산입하지 아니한다. ⑤ 임금이 통화 이외의 것으로 지불되는 경우 제1항의 임금의 총액에 산입하는 범위와 평가에 관하여 필요한 사항은 후생노동성령으로 정한다. ⑥ 고용 기간 3개월 미만인 자는 제1항의 기간을 고용 후의 기간으로 한다. ⑦ 일용근로자는 그 종사하는 사업 또는 직업에 따라 후생노동장관이 정하는 금액을 평균임금으로 한다. ⑧ 제1항 내지 제6항에 따라 평균임금을 산정할 수 있지 없는 경우에는 후생노동장관이 정하는 바에 따른다.

산이 없는 경우에는 근로자를 신속하고 안정적으로 보호할 수 없는 문제점이 있다. 또한 재해보상의 수준도 사회보상방식에 의한 산재보험급여와 수준이 낮은 점에서 불리하다. 또한 구제방식에 있어서도 근로기준법에서는 보상액에 이의가 있는 경우에 근로기준법 제88조에 의한 노동부장관의 심사와 중재, 근로기준법 제89조에 의한 노동위원회에 의한 심사와 중재절차를 거치도록 하고, 재해보상을 하지 아니하는 경우에는 근로기준법 제110조 제1호에 의하여 2년 이하의 징역 또는 1천만 원 이하의 벌금에 처하도록 하고 있다.

[표 4-9] 재해보상과 산재보험의 보상수준

보상(급여)내용	근로기준법상의 재해보상	산재보험법상의 급여
요양보상(급여)	필요한 요양 또는 요양비(제78조)	산재보험 의료기관에서의 요양(제40조)
휴업보상(급여)	평균임금의 100분의 60 (제79조)	평균임금의 100분의 70 (제52조)
장해보상(급여)	평균임금에 별표에서 정한 일수를 곱한 금액(제80조)	별표 2에 따른 장해보상연금 또는 장해보상일시금(제57조)
유족보상(급여)	평균임금 1,000일분(제82조)	별표 3에 따른 유족보상연금 또는 유족보상일시금(제62조)
장의비	평균임금 90일분(제83조)	평균임금 120일분(제71조)
일시보상 (상병보상연금)	요양을 시작하여 2년이 경과하여도 완치되지 아니한 경우 평균임금 1,340일분 지급(제84조)	요양을 시작하여 2년이 경과하여도 완치되지 아니한 경우 폐질등급에 따른 연금 지급(제66조)
간병급여	-	노동부고시에 의한 실비용(제61조)
직업재활급여	-	직업훈련비용 및 수당

2. 산재보험법에 의한 보상기준과의 관계

가. 재해보상책임에서 사회보험책임으로의 전환

근로기준법도 산업재해에 대하여 사용자의 무과실책임을 원칙으로 한 재해보상에 관한 것이다. 연혁적으로는 과실책임에 의하면, 근로자의 재해구제를 위해서는 엄격한 입증책임이 요구되고, 소송절차를 거쳐야 하는 문제점이 있으므로 사회적 약자인 근로자를 보호하기 위해 사용자에게 무과실책임을 전제로 재해보상책임을 인정하게 된 것이다. 그러나 재해보상책임은 개별책임방식으로 인한 재해보상의 담보 능력에 한계성을 지니기 때문에 사회보험 원리에 따라 위험책임을 분산하고 공동책임으로 전환하게 된 것이다. 이 경우 근로자의 재해가 사용자의 고의나 과실로 인하여 발생한 경우에는 당연히 불법행위책임이 발생할 수 있고, 유해·위험한 작업으로 인하여 근로자의 건강을 훼손하거나 안전장치의 미흡으로 재해를 입게 한 경우에는 채무불이행책임을 이유로 손해배상을 청구할 수 있음은 물론이다.

그러나 재해보상은 재해자 본인의 과실 등에 대하여, 즉 사용자의 무과실에 대하여도 보상을 하는 것이므로 반드시 손해배상책임이 인정되는 것은 아니다. 따라서 근로기준법에 의한 재해보상은 법률적 정하여 사용자에게 과실이 없는 경우에도 재해보상을 하되, 재해보상의 기준을 최저한으로 정하여 강제하게 된다. 이러한 근로기준법의 특성으로 인하여 근로기준법에 의한 재해보상은 사회보험법으로서의 지향하는 산재보험의 보상수준과 차이가 날 수밖에 없다. 특히, 산재보험법에서 보험급여의 범위를 확대하는 경향은 보험급여의 확대(간병급여)와 연금화(상병보상연금), 직업재활급여 등은 근로기준법에 의한 재해보상과의 격차를 증대시키고 있다. 사회·경제적 변화와 피재근로자의 보호확대라는 측면에서는 재해보상과 산재보험은 차이를 나타내고 있다.[41]

[표 4-10] 재해보상과 산재보험의 원리 비교

	민사상 손해배상	근로기준법상 재해보상	산재보험법상 보험급여
귀책근거	과실책임의 원칙	무과실책임주의	무과실책임주의
책임귀속	사용자의 개별책임	사용자의 개별책임	사회보험방식
배상 또는 보상범위	채무불이행 또는 불법행위와 상당인과 관계에 있는 모든 손해(위자료 포함)	**평균임금**을 기준으로 보상내용 정액화	**평균임금**을 기준으로 보상내용 정액화. 다만 근로기준법상의 재해보상보다 많음.
배상 또는 보상방식	손해에 대한 금전적 배상	보상내용에 따른 금전적 보상. 원칙적으로 일시보상이나 예외적으로 분할보상 가능.	보험급여내용에 따라 현물급여(요양급여) 또는 현금급여 가능. 일시급여 또는 연금급여도 가능(유족급여 등).
구제절차	민사소송	행정구제 민사소송	행정구제 행정소송

나. 재해보상책임의 면제에 관한 검토

국가가 법률로 사용자에게 무과실책임을 근거로 재해보상책임을 부과하고 있더라도 산재보상책이나 손해배상책임의 범위에서 면책을 받을 수 있는지 문제가 된다. 근로기준법에 의하여 재해보상을 한 경우에는 사용자가 개별재산으로 재해보상을 하고, 다시 동일한 재해에 대하여 사용자가 납부한 보험료로 다시 산재보험을 지급하

---

41) 노상헌, "통근재해에 관한 판례법리와 산재보험의 사회보장화에 대한 검토", 『노동법연구』 제21호(2006), 214면.

는 것은 하나의 피해에 대하여 이중적 보상을 하는 결과가 되어 불합리하다. 따라서 동일한 재해에 대하여 근로기준법에 의한 재해보상을 받은 경우에는 그 한도 내에서 산재보험을 하여야 할 책임이 면책된다. 또한 사업주의 고의나 과실로 재해가 발생하여 과실책임이 동시에 성립되는 경우에는 민사배상의 한도 범위 내에서 재해보상책임이나 산재보상책임이 면책된다. 손해배상책임과 재해보상책임의 면책에 대하여는 근로기준법 제87조에서 규정하고 있다.

근로기준법 제87조에 의하면, 보상을 받게 될 자가 동일한 사유에 대하여 민법이나 그 밖의 법령에 따라 이 법의 재해보상에 상당한 금품을 받으면 그 가액의 한도에서 사용자는 보상의 책임을 면한다고 규정하고 있다. 따라서 근로기준법에서 정한 보상수준보다 산재보험법에서 정한 산재보상의 수준이 상대적으로 높은 경우에는 근로기준법에 의한 재해보상책임이 면책되어 별도의 산재보상을 청구할 수 없다. 예를 들어 근로기준법에서는 평균임금을 기준으로 휴업보상을 100분의 60을 지급하고 있으나, 산재보험의 보상수준이 보수기준으로 높아질 경우 보수일액의 100분의 70이 더 높아질 수 있다. 그러나 산재보험법은 평균임금의 최고한도를 정하고 있는 점에서 상한 제한이 없는 근로기준법에 의하여 재해보상의 수준이 일부 높아져 재해보상의 차액이 발생할 경우에는 그 금액에 대하여 일부 청구가 가능하다고 보아야 한다.

제5장

맺음말

5장
맺음말

본 연구과제의 제3장 및 제4장에서 각각 정리된 연구결과를 토대로 다음과 같이 요약한다.

1. 산재보험료의 산정기준과 산재보험의 보상기준

(1) 산재보험의 산정기준이 건강보험이나 국민연금과 같은 소득기준과 달리 임금기준으로 산정하므로 복잡하고 판단이 어려워 행정상 비효성이 초래되는 등 문제점이 있고, 4대 보험의 통합징수를 위해 보험료징수법의 개정이 추진되고 있다. 이러한 입법동향과 달리 산재보험의 보상기준도 임금체계를 전제로 운영한다면 이원 체계에 따른 불합리한 문제점을 해소하기가 어렵다.

(2) 건강보험이나 국민연금은 유사성에도 불구하고, 소득세법 제
20조에 기초한 경우에도 건강보험은 보수기준, 국민연금은
소득기준으로 표현하고 있으며, 해당법률의 성격, 수급대상,
급여의 종류와 연관성 등을 검토한 결과 급여종류에서는 서
로 다른 특성을 지닌다. 특히 건강보험은 현물급여가 위주가
되어 산재보험과 연관성이 적은 것으로 나타났다.

(3) 산재보험의 보상기준을 임금에서 소득세법 제20조에 의한 근
로소득에서 대통령령이 정하는 금품을 공제한 보수로 변경할
필요가 있다. 소득기준으로 변경하는 경우 사업장 임금체계
를 조속히 개편할 필요가 있다. 이에 대하여는 임금체계를 합
리적으로 개편하기 위한 정부의 지원이 전제되어야 한다.

(4) 개인적으로 근로자가 받고 있는 임금을 보수로 소득세법 제
20조를 근거로 산정한다면 현재 임금수준보다 보수 수준이
높아지게 된다. 소득세법에서는 특별상여금, 식사대(급식비),
야간수당 등 근로소득의 과세대상에서 차이가 나기 때문이
다. 특별상여금의 경우 임금범위에서는 제외하나, 갑근세, 건
강보험, 국민연금에서는 포함한다. 연장(야간)근로수당은 갑근
세에서는 1년에 240만 원까지 비과세로 하여 제외하나, 건강
보험, 국민연금, 고용보험 및 산재보험에서는 포함한다.

(5) 근로소득은 연도 도중 재해자의 경우에는 사업주에 의한 원
천징수자료를, 직전연도 소득이 있는 자는 연말정산자료를
근거로 개인별 소득을 확정할 필요가 있다. 직전연도 소득이
없는 자에 대하여는 소득확정이 곤란하므로 [가지급 보험급
여]의 방식으로 먼저 지급하고, 차기연도 2월의 연말정산 결

과에 따라 확정하여 '보수기준액'을 정정하고 산재보험급여
액의 차액을 지급하는 제도의 도입이 필요하다.

2. 산재보상기준의 개정안에 대한 연구결과

(1) 현재 평균임금은 3개월 단위를 기준으로 사실상 받고 있는
    임금총액을 반영하여 해당 기간의 역일수로 나누는 산정방법
    이다. 평균임금의 산정방법은 건강보험이나 국민연금이 1년
    단위로 하고 있는 데 비하여 산정 기간이 매우 짧은 편이다.

(2) 평균임금은 3개월 단위로 산정되므로 재해 당시를 기준으로
    근접하는 시기의 임금수준을 반영할 수 있는 장점이 있으나,
    우연적이고 일시적인 기간의 임금수준이 반영되어 지나치게
    높은 보상수준으로 연계된다는 비판이 제기되고 있다. 또한
    사업주는 1년간 임금총액을 기준으로 보험료를 납부하는 데
    비하여, 보상기준은 3개월 단위의 산정방법에 따라 보상하는
    경우 보험료납입액에 비하여 많은 보상금액을 받게 되어 보
    험재정을 악화시키고, 사업주가 형평성의 차원에서 비판을
    하는 실정이다. 따라서 보험재정을 악화시키지 아니하고, 보
    상기준이 근로자에게 불리하지 않다면 개편함이 바람직하다.

(3) 평균임금을 대체하는 방안으로서 산재보상기준을 임금에서
    보수로 변경할 경우 현재보다 유리하다면, 3개월 단위 평균
    보수일액에 의한 산정방법도 유리하여 근로자에게 불리하지
    않다. 그러나 3개월 단위 평균보수일액은 형평성의 논란을

그대로 반영하는 문제점이 있다.

(4) 1년 단위 보수일액으로 변경하는 경우에는 3개월 단위 산정방법과 우연적 보상금액의 증가문제를 해소할 수 있다. 그러나 재해발생 시기와 소득확정 시기의 사이에 보상수준을 결정하기 곤란한 문제점이 발생하여 가지급 보험급여의 방식 등 제도보완이 필요하다. 따라서 3개월 단위 또는 1년 단위의 산정기간에 대한 선택 문제를 정책적으로 결정할 필요가 있다.

(5) 산재보상기준을 임금에서 보수로 변경하는 경우에는 평균보수일액, 통상보수일액, 보수일액, 기준시간보수 및 기준보수, 가산보수수당 또는 가산수당, 보수월액 및 평균보수월액, 개인별 보수일액, 전체 근로자보수일액에 대한 새로운 개념을 도입할 필요가 있다.

(6) 적정금액 산정수준의 문제는 임금기준을 (ⅰ) 보수기준으로 변경하여 3개월 단위로 산정하는 방법(평균보수일액)과, (ⅱ) 1년 단위로 산정하는 방법(보수일액)을 선택하여 산정하는 방안을 강구할 수 있다. 이 경우 개인별 임금수준의 차원에서 현재 받고 있는 임금보다 보수를 기준으로 환산하는 것이 유리한지 아니면 불리한지를 검토하였다. 여기서 적정수준의 문제는 전체 근로자의 임금분포나 계층별 분포를 고려하는 것이 아니라, 개인 차원에서 받고 있는 임금수준에 비하여 보수수준으로 변경이 불리한지를 판단할 필요가 있기 때문이다. 또한 현행 근로기준법 시행령 제4조에서도 특별한 경우, 즉 평균임금을 산정할 수 없는 경우에는 '노동부장관이 정하는 바에 따르도록 규정하고 있다. 따라서 평균보수일액을 산

정할 수 없는 경우에는 노동부장관의 '고시'에 의하여 재해
근로자의 평균보수일액으로 정할 수 있을 것이다.

(7) 평균임금 증감률은 60세를 기준으로 전체 근로자의 평균임금
증감률을 기준으로 하는 방식에서 평균보수일액 또는 보수일
액으로 변경하고, 월평균임금총액은 월평균보수총액으로 용
어의 변경이 필요하다.

(8) 60세 이상 또는 퇴직자의 경우에는 소비자물가 변동률을 적
용하여 보상기준의 변경과 연계성이 없어 현재 방식을 그대
로 사용함이 바람직하다.

(9) 최고·최저보상기준금액에 산정 기간 7월 1일부터 6월 30일
을 기준으로 1명당 월별 월평균 임금총액을 합계하여 365로
나누어 산정한다. 이 경우 전체 근로자의 임금평균액의 1.8배
로 유지하는 것은 지나치게 높아질 우려가 있으므로 수준을
재조정할 필요가 있다.

3. 보험급여의 종류별 보상수준에 대한 연구결과

(1) '**휴업급여**'는 보상수준을 임금기준에서 보수기준으로 변경할
경우 소득세 기준의 범위에 해당하는 특별상여금 등이 포함
되어 보상수준이 높아질 것으로 보인다. 그러나 휴업급여는
평균임금을 기준으로 산정하나, 보수일액으로 변경하는 것이
보다 유리하다. 재요양 기간 중의 휴업급여도 동일하게 보수
일액을 기준으로 산정하는 것이 유리하나, 고령자의 휴업급

여를 삭감하는 경우에는 삭감비율로 커질 가능성이 있으므로
적정수준에 대한 재검토가 필요하다.

(2) '**상병보상연금**'은 휴업급여에 가늠하여 지급하는 것이므로 폐
질등급 제1급 내지 제3급의 경우에는 불이익이 없을 것으로
보인다. 보상기준을 평균임금에서 보수일액으로 산정방법을
변경하는 것이 보다 유리하다. 그러나 최저임금을 기준으로
일정비율을 적용하는 경우에는 최저임금의 수준과 통상근로
자의 보수수준 사이에 격차가 커질 우려가 있으므로 비율을
재조정할 필요가 있다.

(3) '**장해급여**'는 장해보상일시금과 장해보상연금으로 구분하고,
평균임금을 기준으로 보상수준을 결정하여 지급한다. 이 경
우 보상기준을 보수기준으로 변경한다면, 3개월 단위 평균보
수일액보다 1년 단위 보수일액이 유리하다. 그러나 장해재판
정의 경우에는 처음 장해판정을 할 당시 평균임금을 기준으
로 하고 재판정 시에 보수기준으로 변경하는 경우 보상기준
의 불일치문제가 발생할 우려가 있으므로 이를 보완하거나
경과조치규정을 둘 필요가 있다.

(4) '**간병급여**'는 평균임금을 기준으로 하지 아니하고 노동부 장
관이 고시하는 방법을 취하므로 보상기준의 변경과 관련하여
개정할 필요가 없다.

(5) '**유족급여**'는 '유족보상일시금'과 '유족보상연금'으로 구분한
다. 유족보상일시금은 임금기준에서 보수기준으로 변경 시 보
상수준이 상향될 여지가 높다. 따라서 일시금의 경우에는 유
족에서 현재보다 유리한 수준으로 지급할 수 있다. 보상기준

을 1년 단위 보수일액으로 변경하는 것이 3개월 단위에 비하
여 유리하다. 일본의 경우 유족보상일시금은 급부기초일액의
1,000일분이며, 우리나라보다 낮은 수준이다.

(6) '**유족급여**'는 유족보상일시금의 경우 평균임금을 기준으로 보
상기준을 산정하고 있으나, 보수기준으로 산정하여 지급하는
것이 유리하다.

 - '유족보상일시금'의 경우 우리나라는 평균임금액이 1,300일분
으로 일본보다 300일이 많으며, 일본의 경우 유족보상일시금
은 급부기초일액의 1,000일분이다.

 - '유족보상연금'의 경우 수급자격자 1인에 대해 5%씩 가산하기
때문에 일본보다 5∼11%가 높은 편이고, 최고 한도인 67%까
지 인정한다. 일본의 경우 유족보상연금은 유족보상연급수급자
격자가 (i) 1인인 경우 급부기초일액의 153일분(41%)<다만,
55세 이상의 처 또는 일정한 장해상태인 처는 175일분
(47%)>, (ii) 2인인 경우 급부기초일액의 201일분(55%), (iii)
3인인 경우 급부기초일액의 223일분(61%), (iv) 4인인 경우 급
부기초일액의 245일분(67%)이다.

 - 다만, 보상기준을 보수기준으로 변경함에 따라 보상수준이 높
아질 가능성이 있으므로 가산율은 1인당 5%씩 가산하는 방식
을 그대로 유지할 것인지에 대한 재검토가 필요하다.

(7) '**장의비**'는 우리나라를 비롯한 세계 여러 나라에서 근로자의
업무상 사망에 대하여 장의비를 지급하고 있다. 그러나 그 지
급수준은 (i) 정액지급제 또는 (ii) 임금에 기초한 정율지급
제, (iii) 정액지급방식과 정률지급방식을 함께 사용하는 방식

으로 구분된다. 우리나라에서 지급하는 장의비는 실비변상적
인 성격을 지니나 평균임금을 기준으로 산정하고 있다. 이 경
우에 보수기준을 평균임금이나 평균보수일액보다 보수일액을
변경하는 것이 유리하다.

참고문헌

가. 국내문헌

강길봉・허영표(1991), 『실무산재보험법(하)』, 법정사.

국회(2001), 『2001년도 환경노동위원회 국정감사 요구자료 Ⅰ・Ⅱ』

근로복지공단(1995), 『각국의 산재보험제도연구: 뉴질랜드, 오스트레일리아편』

------(1997), 『각국 근로자 보상제도의 비교』

------(1996a), 『노재보험 특별가입제도 해설(일본)』

------(1996c), 『통일 전후 산재보험과 재활체계에 관한 한・독 세미나』

------(2000a), 『일본 노동자재해보상보험법령』

------(2000b), 『고용・산재보험 통합징수 등에 관한 법률 제정을 위한 워크숍 개최자료(안)』, 내부자료.

------(2000c), 『통합징수에 관한 설문조사 결과보고』, 내부자료.

------(2001), 2001년도 환경노동위원회 국정감사 요구자료, 2001.

------(2004), 『사이버 직무교육교재 산재보험보상』

김상환, "평균임금에 관한 고시 부작위의 위헌 확인 ― 행정입법 의무의 헌법적 근거 ― (헌재 2002. 7. 18. 2000헌마707)", 『헌법재판소결정해설집 2002』, 헌법재판소, 2003.

김수복(2008), 『산업재해보상보험법』, (주)중앙경제.

김영모(1995), 『사회보장개혁론』, 중앙대학교출판부.

김용하 외(1997), 『산재보험 운영효율화 방안』, 한국보건사회연구원.

김형배(2007), 『노동법(제4판)』, 박영사.

김호경(2000), 『산재보험 중장기 재정추계』, 한국노동연구원.

노동부, 『산재보험사업연보』, 각년도.

－－－(2000a), 『제1차 산업재해예방 5개년 계획(2000~2004)』, 2000.

－－－(2000b), 『고용보험제의 주요 내용』

－－－(2000c), 『고용보험 업무편람』

노상헌(2004), "국민연금법제의 현황과 과제", 『법제연구』 제27호, 한국
　　　　법제연구원.

박석돈(2005), 『사회보장론』, 양서원.

박세일(1991), "산업재해의 예방과 보상제도에 관한 연구－법경제학적
　　　　접근을 통한 문제제기 및 대안제시", 『법학』 제30호, 서
　　　　울대법학연구소.

박찬용 외(2000), 『사회안전망 확충을 위한 소득보장체계 개편방안』, 한
　　　　국보건사회연구원.

방하남·허재준·심규범·강현주·안학순(1999), 『사회보험 통합방안
　　　　연구』, 한국노동연구원.

사회보험통합추진기획단(1999), 『최종회의 결과보고』, 내부자료.

산재보험정책연구회, 『산재보험정책연구』, 제1호, 제2호, 제3호.

신태식·김병석(2008), 『산업재해보상 및 방지론』, 형설출판사.

심창학, 『프랑스 산재보험제도 연구』, 한국노동연구원, 2003.

유광호(2005), 『한국의 사회보장』, 유풍출판사.

윤조덕(1996), 『산재보험급여 및 관련임금체계에 관한 연구』, 한국노동
　　　　연구원.

－－－(1999), 『산재보험과 노동운동(우리나라와 독일의 비교를 통하여)』,
　　　　한국노총 중앙연구원.

윤조덕 외(1999), 『사회보험통합에 대비한 산재보험의 역할 재정립방안
　　　　연구』, 한국노동연구원.

－－－－(2001a), 『산재보험 재활사업의 중장기 발전전략』, 한국노동연구원.

－－－－(2001b), 『산재보험요율 결정 및 제도개선 방안』, 한국노동연구원.

윤찬영(2008), 『사회복지법제론(개정 4판)』, 나남출판.

－－－(2007), 『사회복지의 이해』, 학현사.

이광찬(1999), 『한국산재보험의 문제점과 개혁방향』, 사회복지정책 제9집.

이기영 외(1998), 『산재보험제도 운영주체의 다원화 방안에 관한 연구』, 한국조세연구원.

이병태(2007), 『노동법』, 중앙경제사.

이상국(2001), 『산재보험급여의 구상권에 관한 연구』, 단국대 박사학위논문.

－－－(2001), 『산업재해보상보험법』, (주)청암미디어.

－－－(2006), 『산재보상책임과 구상권의 행사』, 한국학술정보(주).

이원덕 외(2001), 「고용 및 산재보험의 역할」, 생산적 복지 국제 심포지엄 자료집, 보건복지부.

이익섭(1996), "산재장애근로자의 실태와 그 대책", 『21세기 한국산업복지의 방향 모색』, 제10회 연세대학교 사회복지연구소 사회복지학술발표회.

이인재 등, 『사회보장론(개정 2판)』, 나남출판.

이현주 외 5인, 『주요국의 산재보험 급여체계 비교연구』, 한국노동연구원, 2003.

임종률(2008), 『노동법(제7판)』, 박영사.

전광석(2007), 『한국사회보장법론』, 법문사.

－－－(2004), "사회보험법의 현황과 과제", 『법제연구』 제27호, 한국법제연구원.

조경배(2004), "고용보험법제의 현황과 과제", 『법제연구』 제27호, 한국법제연구원.

존 우딩·찰스 레벤스타인(2008), 『노동자 건강의 정치경제학』, 한울.

최병호·고경환(2000), 『우리나라 사회보장비 현황과 수준 제고방안』, 보건복지포럼, 한국보건사회연구원.

최재식(2001), 『공무원연금법 해설』, 공무원연금관리공단.

한경식(1998), 『산업재해의 구제법리에 관한 연구』, 청주대박사학위논문.

－－－(2007), 『산업재해 보상 및 배상론』, 한국학술정보.

한국노동연구원(1999), 『산재보험 선진화 방안과 정책과제』, 한국노동연구원 산업복지연구센터 개소기념 심포지엄.

－－－－－－－(1999), 『산재보험제도 합리화 방안』, 한국노동연구원.

ㅡㅡㅡㅡㅡㅡㅡ(2005), 『임금제도 개편을 위한 노동법적 과제』
허재준(2001), 『고용보험 징수체계 개선방안』, 한국노동연구원.
허재준·유길상(2000), 『일용근로자 고용보험 적용방안』, 한국노동연구원.
황운희(2008), 『미지급 사회보험급여 연구(산재보험을 중심으로)』, 한국
    학술정보(주).
ㅡㅡㅡ(2008), 『산업재해보상보험 미지급보험급여의 상속법리에 관한
    연구』, 아주대학교대학원 박사학위논문.

나. 외국문헌

David Durbin and Pholip S. Borba, Ed., Workers' *Copmpensation Insurance:
    Claim Costs, Prices, and Regulation*, Kluwer Academic Publishers, 1993.
OECD, *Review of Labour Market and Social Safety－net Policies in Korea*,
    Paris, 2000.
Peter M. Lencsis, *Workers Compensation: A Reference and Guide*, Quarum
    Books, 1998.
Social Security Administration, *Social Security Programs Throughout the
    World*, 1999.
Williams C. Arthur, Jr. *An International Comparison of Workers' Compensation*,
    Kluwer Academic Publishers, 1991.
國立社會保障·人口問題研究所編, 『社會保障制度改革』, 東京大學出
    版會, 2005.
秋元美世 外, 社會保障の制度と行財政, 有斐閣, 2001.
安田純子, "社會保險料·公的料金徵收における效率的な仕組みづく
    り", 「知的財産創造」 2007년 7월호.
日本 厚生勞動省(http://www.mhlw.go.jp) 자료

표 목차

이승길

▌약력

성균관대학교 법과대학 및 동대학원 졸업(법학박사)
한국경영자총협회 노동경제연구원 연구위원(전)
산업연구원 연구위원(전)
경기지방노동위원회 공익위원(심판)
서울중앙지방법원 조정위원(노동)
국무총리실 행정심판위원회 위원
고용보험심사위원회 위원
산재보험심사위원회 위원
아주대학교 법학전문대학원 교수(노동법)

▌저서 및 논문

『성과주의인사와 임금법제』(2005, 법문사)
『노동법의 쟁점사례』(2007, 세창출판사)
「임금채권보장제도 실태분석 및 개선방안 연구」
「일본에 있어 임금채권보장법의 동향」
「휴업급여제도 개선방안 연구」
외 다수

이상국

▌약력

단국대학교 대학원 법학과 졸업(법학박사)
공인노무사 제3회 합격(1991년)
동아대학교 법학과 겸임교수(전)
강원지방노동위원회 심판위원(전)
서울지방노동위원회 조정위원(현)
한국서비스정책연구원 연구위원
선우상선주식회사 상무이사
노무법인 상생 상임고문

▌저서 및 논문

『산업재해보상보험법』(2006, 대명출판사)
『징계권행사와 법률지식』(2008, 고시계사)
『사회보험법』(2009, 고시계사)
「산재보험급여의 구상권에 관한 연구」(박사학위논문)
「사용자의 징계권에 관한 연구」(2008, 한양법학회)

이영선

▍약 력

고려대학교 노동대학원 인력관리학과 졸업(경영학석사)
한국공인노무사회 부회장
(사)전국보험사무대행기관연합회 부회장
수원지방법원 민사조정위원
수원지방검찰청 형사조정위원
근로복지공단 산재심사위원회 심사위원
노무법인 한길 대표노무사

▍저서 및 논문

「건설일용근로자의 근로조건보호에 관한 방안 연구」(석사학위논문)
「골프장업 노사관계 유형분류에 따른 노사관계 발전방안」(경인지방노동청)
『산재보험 업무편람』(산업노동연구원)
「임금체불사전예방 및 체불근로자의 권리구제 확대 방안 등에 관한 연구」(노동부)

황운희

▍약 력

아주대학교 대학원 법학과 졸업(법학박사)
오산대학 강사(전)
수원 신한노무법인 대표노무사
아주대학교 법학전문대학원 겸임교수
근로복지공단 업무상질병판정위원
중소기업청 규제개혁영향평가자문위원

▍저서 및 논문

「산재보험의 유족급여 수급권자 결정에 관한 연구」(2002, 석사학위논문)
「노인복지시설의 행정 및 시설관리」(공저: 2004, 한국노인복지시설협회)
「산업재해보상보험 미지급보험급여의 상속법리에 관한 연구」(2007, 박사학위논문)
「행정지원직군 도입에 관한 법적, 제도적 정책 연구」(공저: 2007, 아주대학교)
「미지급 사회보험급여 연구」(2008, 한국학술정보) 등

산재보험료의 통합징수와 보상기준의 개편

합리적 산재보험의
정책방안 연구

초판인쇄 | 2009년 12월 28일
초판발행 | 2009년 12월 28일

지은이 | 이승길, 이상국, 이영선, 황운희
펴낸이 | 채종준
펴낸곳 | 한국학술정보㈜
주　소 | 경기도 파주시 교하읍 문발리 파주출판문화정보산업단지 513-5
전　화 | 031) 908-3181(대표)
팩　스 | 031) 908-3189
홈페이지 | http://www.kstudy.com
E-mail | 출판사업부　publish@kstudy.com
등　록 | 제일산-115호(2000. 6. 19)

ISBN　978-89-268-0655-5 93360 (Paper Book)
　　　　978-89-268-0656-2 98360 (e-Book)

내일을여는지식 은 시대와 시대의 지식을 이어 갑니다.